Le cœur des autres

DU MÊME AUTEUR

Aux éditions Plon

Si j'avais défendu Eve, épouse Adam, 2001

Chez d'autres éditeurs

Biologie des passions, Odile Jacob, 1986
Casanova, la contagion du plaisir, Odile Jacob, 1990
Celui qui parlait presque, Odile Jacob, 1993
La Chair et le diable, Odile Jacob, 1996
L'Art de parler la bouche pleine, Editions de la Presqu'Ile, 1997
La vie est une fable, Odile Jacob, 1998
Qu'est-ce que l'homme ?, Odile Jacob, 2000
Faust : Une histoire naturelle, Odile Jacob, 2000
La Dispute sur le vivant, Desclée de Brouwer, 2000
Pour une nouvelle physiologie du goût, 2000

Jean-Didier Vincent

Le cœur des autres

Biologie de la compassion

Plon

ISBN 2-259-19110-X.

A mon père.

« Sans un cœur qui compatit à autrui, on n'est pas humain. »

Mencius, *Livre de Mencius* II, A, 6.

Introduction

« L'autre est indispensable à mon existence. »

Jean-Paul Sartre, *L'Etre et le Néant* [1]*.

L'homme ne peut se passer de l'homme. Il habite le cœur de l'autre et l'autre habite son cœur. Cette facilité de s'accueillir réciproquement n'appartient qu'au genre humain. Le cœur dont je parle n'est pas le muscle écarlate dont les contractions font circuler le sang, mais le siège que les croyances anciennes attribuaient aux sentiments, resté depuis le symbole de nos émotions et le blason de nos vertus. Une métaphore, en somme, tellement plus romantique que le cerveau, « ce cœur si blanc » : ce ne sont pas des cerveaux que les amoureux gravent dans l'écorce des arbres, mais des cœurs percés d'une flèche. « C'est par le cœur que nous connaissons les premiers principes. C'est sur ces connaissances du cœur et de l'instinct qu'il faut que la raison s'appuie. » A cette pensée de Pascal, j'ajoute que c'est par le cœur que nous faisons connaissance les uns des autres.

Le cœur n'est plus à la mode. Certes, il n'a pas cessé de battre au diapason de nos passions, mais c'est au cerveau qu'en revient la gestion et c'est dans cet organe qu'il nous faut désormais rechercher le

* On trouvera les notes en fin de volume, p. 255.

pourquoi et le comment de notre besoin passionné de l'autre.

L'enfant nouveau-né ne se nourrit pas seulement de lait, mais aussi du regard et des gestes de sa mère, le premier autre auquel il se trouve confronté. Par l'intermédiaire de ses sens qui peu à peu s'éveillent, il pénètre le cœur maternel et s'y installe avec larmes et bagages. En retour, il ouvre son cœur aux autres, leur offrant son savoir inné et le produit de ses découvertes. La *compassion* préside ses premiers rendez-vous avec la vie avant de devenir le fil conducteur de son existence.

Compatir, c'est souffrir de la souffrance d'autrui ou jouir de son plaisir ; plus largement, c'est éprouver en soi les passions d'autrui. La compassion exige la présence *effective* et *affective* de l'autre. Face à cet autre, je me trouve devant mon semblable : il est ému et je suis ému par son émotion.

Au terme trop religieux de « compassion », beaucoup d'anthropologues contemporains préfèrent celui d'*empathie* qui signifie littéralement se projeter dans l'autre en éprouvant ce qu'il ressent. L'animal est capable d'empathie. Un rat sait apprécier la souffrance d'un congénère et peut lui venir en aide. Avec un peu d'anthropomorphisme, il n'est pas difficile de prétendre que ce rat éprouve de la pitié et, pourquoi pas, qu'« il a bon cœur ». Plus sérieusement, l'empathie apparaît comme une fonction indispensable à la vie sociale chez les vertébrés. Son développement sur des millions d'années, grâce à l'augmentation des capacités cognitives et à l'enrichissement du répertoire émotif, a contribué à l'évolution des primates conduisant notamment à cet animal de société qu'est l'homme. Rien ne s'oppose donc à ce que l'on parle d'empathie lorsqu'il s'agit de montrer les racines animales de la compassion. Cette dernière me paraît être, en revanche, le propre de l'homme : prendre part aux passions de l'autre.

Dans la passion se mêlent intimement le sentir et l'agir. La compassion ne réside pas seulement dans l'éprouvé de l'autre, mais aussi dans le mouvement qui anime le moi en direction d'autrui. Cet être d'amour et de tendresse appartient à la même espèce humaine que celui qui fait violence à autrui. Ce que les éthologistes appellent l'agression intraspécifique, c'est-à-dire la menace ou l'affrontement entre individus, est monnaie courante chez les animaux. Mais l'humain est animé par la haine, forme grimaçante et retournée de l'amour. Il est un puits de compassion, c'est pour cela qu'il est méchant — on trouve tellement de vilains objets au fond des puits ! J'appelle *contrepassion* cette version négative de la compassion pour souligner la similitude intrinsèque entre l'une et l'autre de ces « formes de vie ».

Face à cette primauté des passions, on m'opposera que l'homme est avant tout un être de raison. Certes, mais lorsque cet admirable logicien est livré dès sa naissance à la solitude ou que des causes organiques l'empêchent de percevoir convenablement la présence de ses congénères, le voici empêché dans l'exercice normal de son humanité. L'exemple anecdotique des enfants-loups et celui autrement fréquent des autistes illustrent tragiquement mon propos.

Le trafic des passions entre les hommes me paraît l'emporter sur le commerce des idées pour fonder une communauté où chacun trouve les conditions de son existence. Les biologistes qui étudient les émotions montrent la place de celles-ci dans les comportements où les animaux se lient ou s'affrontent, mais il n'est pas de bête au monde qui soit capable comme l'homme de mourir dans la passion ou de vivre pour l'amour de son prochain. La compassion me paraît être l'attribut constitutif de son *âme*.

Le mot « âme », tellement enrubanné de spiritualité, de métaphysique et de théologie, passe pour une incongruité sous la plume d'un biologiste. Les naturalistes parlent plus volontiers d'esprit[2] et d'activité mentale. En théorie, faire de cette dernière une production du cerveau n'a rien qui puisse contrarier un biologiste. Celui-ci acceptera également (au prix parfois d'un déchirement) qu'entre le contenu de l'esprit et l'intérieur du cerveau, ou encore entre les phénomènes mentaux et les structures physico-chimiques qui les réalisent, il n'existe pas d'entité immatérielle porteuse de sens.

Est-il préférable de parler d'*états mentaux* ? Représentations pures de la réalité et porteuses de sens, d'intention par exemple, ces états mentaux seraient en même temps des *états cérébraux*. Ces derniers fourniraient les machineries neuronales utilisées par les premiers pour produire des comportements. Mais alors, pourquoi des états mentaux si ceux-ci sont infirmes en l'absence d'états cérébraux ? Les états mentaux sont, en effet, pure apparence : ils n'existent que dans la mesure où ils apparaissent[3]. A quoi servent ces apparences ? N'est-ce pas la réalité seule qui compte, c'est-à-dire les états cérébraux ?

Contester la validité de la notion d'état mental ne veut pas dire s'en prendre à la pensée. Lorsque j'énonce : « Ça court ; ça sent la chair fraîche ; ça se mange ; ça s'attrape ; une fois mangé, c'est bon ; ça fait du bien », j'essaie simplement de traduire la série de *pensées* en œuvre chez un lion à propos d'une gazelle. En utilisant le terme de pensée, je ne fais aucune référence à l'esprit, je désigne simplement les *processus de catégorisation et d'instrumentation de l'animal sur le monde*, quel que soit le niveau d'abstraction où ceux-ci se situent. La connaissance que l'animal a de son environnement est enregistrée dans son cerveau sous forme de représentations et ses modalités d'intervention y sont inscrites sous forme de schémas d'action. J'ai proposé d'appeler *représentactions* ces ensembles de perception et d'action[4].

L'humain se distingue de la bête par la richesse

extraordinaire et l'abondance de ses représentactions. Elles sont réalisées dans des territoires cérébraux plus ou moins spécialisés selon les informations qui leur sont transmises par les organes des sens (aires auditives, visuelles, tactiles, etc.). Par le jeu de neurones connectés en réseaux, le sujet découvre le monde et *se* le représente. D'autres neurones se chargent de l'organisation des déplacements, des gestes subtils de la main, des mimiques faciales et des contractions vocales. Images et mouvements sont indissociables : le regard est un geste des yeux, le toucher réalise un don ou une prise.

Le terme de *psyché* semble le plus approprié pour désigner le champ spécifique à l'homme où se réalisent ces opérations complexes. Mais pourquoi s'en prendre à la notion d'états mentaux et récuser le terme d'« esprit » si c'est pour proposer celui de « psyché » qui en grec désigne l'âme ? Avant tout parce que celle-ci concerne exclusivement l'humain en impliquant un échange de sens avec l'autre : *l'autre qui pense en moi et à la place de qui je pense*. Par psyché, j'entends l'*ego*, ses états et ses actes ; l'ego sous la double forme grammaticale du Je et du Moi. La psyché englobe donc l'état et l'acte. Selon une opinion assez répandue, un comportement serait comme une réaction pure par laquelle l'organisme répond à ce qui advient dans son environnement. Je considère, pour ma part, que l'acte résulte d'un mouvement expressif dans lequel il est en position seconde par rapport à l'état. Autrement dit, c'est l'*état qui précède l'acte* et non l'inverse. Je ne suis pas en état de bien-être parce que je viens de commettre une bonne action, c'est l'état de bien-être, le bonheur éprouvé par anticipation, qui conduit ma bonne action à s'accomplir. Le « Je » sent et éprouve avant d'agir. La psyché permet ainsi le déploiement de la subjectivité et restaure la primauté du *sujet* détrôné par le réductionnisme cérébral. Je n'aurai donc aucun embarras à parler d'état d'âme lorsque celui-ci se réfère à la psyché.

Loin d'introduire une dimension spiritualiste contraire aux bonnes mœurs scientifiques, le concept de « psyché » restaure le corps dans ses prérogatives. Quel est, en effet, ce corps où l'âme tient ses états ? Un lieu où s'épanchent les passions : avoir faim, avoir soif, avoir froid n'évoquent que les plus élémentaires. Epicure parle à leur propos de voix de la « chair ». Dans son essai sur la philosophie antique, Pierre Hadot[5] rappelle que, pour Epicure et ses disciples, la chair n'est pas séparée de l'âme, et qu'il n'y a pas de plaisir, ni de souffrance sans que la psyché n'en ait le sentiment — « une expérience donc mais aussi un choix : ce qui compte avant tout, c'est de délivrer la chair de sa souffrance, donc de lui permettre d'atteindre le plaisir ».

Le plaisir et la souffrance forment un couple où l'un ne va pas sans l'autre et qui constitue l'assise du désir. Je montrerai les substances chimiques, hormones et neuromédiateurs, à l'œuvre dans le corps du sujet pour répondre aux sollicitations du monde — monde propre du sujet qui contient les objets de son désir : aliments pour satisfaire sa faim ; vêtements et abris pour le protéger des intempéries ; ornements de son apparence ; instruments de son pouvoir ou de sa soumission ; et, surtout, les objets de sa compassion, l'autre, les autres.

Les dimensions corporelle et extracorporelle — la chair et le monde dans leur version humaine — sont en interaction continue. La signification d'un objet change avec l'état du corps. Ainsi, un aliment offert à ma vue à l'heure du déjeuner lorsque le taux de sucre est au plus bas dans mes cellules devient l'objet de mon appétit et provoque en retour des sécrétions hormonales, ainsi qu'une libération cérébrale de neuromédiateurs (dopamine, endorphines) qui accroissent mon appétit. Deux heures plus tard, mon repas achevé, ma digestion commencée et mon sang saturé de sucre, le même plat, s'il m'est présenté, devient un objet de dégoût et produit dans mon estomac et dans mon cerveau une sécrétion de substances entraînant un état nauséeux.

Il ne me paraît pas incongru après avoir évoqué l'exemple d'un aliment de parler d'autrui, nourriture affective de l'homme et objet exquis de son désir. Comme pour un plat, mon attrait pour quelqu'un peut se changer en répulsion selon les fluctuations de ma psyché. Le désir exprime la quête de plaisir qui attache le sujet à son objet. Dans sa forme opposée, il constitue l'aversion tendant à les séparer.

Dans le face-à-face de l'homme avec l'homme — la rencontre de deux psychés —, il s'agit de deux chairs qui compatissent et de l'échange passionné entre deux corps en émoi. Faut-il pour autant retomber dans le vieux dualisme opposant la raison aux passions ? Non, bien sûr. Ce serait négliger les progrès que les sciences de la cognition (notamment grâce à l'imagerie cérébrale fonctionnelle) ont fait faire à la connaissance des mécanismes de l'intersubjectivité. Decety parle à leur propos d'un *sens des autres*[6]. Fonction composée « d'une part de la résonance motrice entre soi et l'autre, d'autre part du processus de prise de perspective du point de vue subjectif d'autrui ». Ce sens inné, tel que la vision, l'audition ou toute autre fonction organique, a été façonné par l'évolution pour résoudre des problèmes d'adaptation qui ont permis la sélection naturelle de l'espèce humaine. Le bébé dispose à sa naissance de mécanismes neuronaux câblés génétiquement. Ils lui permettent d'édifier sa psyché, véritable efflorescence de formes en devenir, dans l'imitation des formes vives de l'autre. Ces phénomènes qui lient intimement les actions et leurs représentations dans le cerveau de deux sujets constituent, selon moi, les racines évolutives de l'être humain et lui donnent son authentique substance. Avec la réserve, toutefois, qui me conduit à distinguer empathie et compassion. Les sciences cognitives nous donnent une description de l'humain comparable à celle d'un arbre avec ses racines qui plongent dans le sol de l'évolution et ses branches qui hésitent ou à s'élancer vers le ciel ou à s'entremêler avec celles des arbres voisins pour former une forêt dense, la société des hommes. Absorbées dans l'observation de l'écorce, les sciences ne nous disent rien d'une profondeur qui s'épuise à la surface de l'image du cerveau. Sous cette « peau de l'âme[7] », circule une sève qui alimente la substance de l'arbre[8]. Là se trouve peut-être une explication de la force mystérieuse du regard : les yeux offrent, en effet, une solution de continuité dans la surface de l'individu ; une brèche par où s'engouffre la compassion.

Si l'existence des hommes se résumait à des échanges d'informations entre des corps intelligents se comprenant mutuellement grâce à des codes partagés, entre des corps dont les émois et les tourments sont au seul service de leurs facultés intellectives, on ne voit pas pourquoi la concorde et l'harmonie ne régneraient pas entre eux. Les hommes seraient naturellement bons et le resteraient sous le gouvernement de la raison « selon les deux principes qui lui sont antérieurs : l'amour de soi et la pitié[9] ». A la rationalité instrumentale ou effective s'ajouterait la rationalité expressive ou affective. Produit achevé de l'évolution des espèces récapitulées dans son développement individuel, l'homme serait alors ce chef-d'œuvre dont se moque Hamlet : « Comme il est noble dans sa raison, infini dans ses facultés, ses mouvements, son visage, comme il est résolu dans ses actes, angélique dans sa pensée, comme il ressemble à un dieu ! La merveille de l'univers, le parangon de tout ce qui vit. » Hélas, pauvre homme !

L'intersubjectivité, la sociobiologie ne s'en embarrasse guère. L'altruisme que cette discipline étudie fait intervenir la sélection naturelle à un niveau situé entre l'individu et l'espèce où ce n'est pas tant le sujet qui est en cause que ses gènes — un trésor autrement précieux que son âme pour ces naturalistes radicaux.

Il est possible d'aborder ce qui rapproche les individus entre eux à un niveau purement biologique, sans faire intervenir la sociologie et la défense de l'espèce comme fin dernière de tous les mécanismes du vivant. Le lien entre la mère et l'enfant, prototype des liens qui s'établissent ensuite entre les individus, repose sur des câblages cérébraux innés et hérités de l'évolution. Ils sont activés par des hormones sécrétées dans le corps et le cerveau (notamment l'ocytocine, « molécule du lien », ou la dopamine, neuromédiateur du désir).

Des anomalies génétiques héréditaires ou accidentelles, auxquelles s'ajoutent les dysfonctionnements de la société dans laquelle grandit l'individu, peuvent fournir une explication valable de la violence comportementale de l'homme, expression de la contre-passion. Les animaux offrent des modèles d'agressivité pour se défendre et protéger leurs petits ou de conduites prédatrices pour se nourrir. Dans tous ces cas, il est facile de reconnaître une valeur adaptative. J'avoue être moins convaincu par des arguments biologiques lorsqu'il s'agit d'expliquer la furie qui enflamme régulièrement l'espèce humaine ou l'ivresse contagieuse qui s'empare des hommes à la vue du sang. Le caractère adaptatif du « mal » ne me paraît pas alors évident. Comment le même François d'Assise peut-il être successivement le jeune adolescent épris de lui-même qui participe à la boucherie de Collestrada[10] dans l'impatience de la victoire escomptée et le *poverello* dont le cœur débordant de compassion bat dans la multitude des autres cœurs ? François, l'« homme post-moderne » selon l'expression de Boff[11] qui me permettra de célébrer le triomphe de la compassion. Qui sont ces chrétiens qui violent et massacrent pendant les cruelles croisades au nom d'un Evangile où Jésus, « en voyant cette foule d'hommes, fut ému de compassion pour eux parce qu'ils étaient harassés et abattus comme des brebis sans pasteur » (Matthieu 9, 36) ? Quel darwinien perverti peut dire la valeur adaptative de la Shoah ? Et d'où vient chez nos contemporains la force du ressentiment — un mot nietzschéen qui désigne l'envie, fiel de nos sociétés modernes : avoir tout ce qu'a l'autre et plus si possible ; réussite intolérable de l'autre qui fait de ce dernier l'objet du ressentiment, forme rampante et inépuisable de la contrepassion.

D'où vient alors la résurgence de l'irrépressible besoin de solidarité et le succès de cette nouvelle religion de l'humanitaire ? De l'homme, tout simplement. Il n'y a que les humanistes pour ne pas savoir cela.

Dans la figure universelle de la compassion, j'identifie le passage mystérieux de l'animal à l'homme, du trafic des émotions à celui des sourires et des larmes et du jeu des hormones à celui des symboles. Les régions du cerveau et leur activation en miroir fournissent un substrat anatomique, déjà présent chez le singe, à la communication interindividuelle fondée sur la représentation des gestes des mains et de la face, amplifiée et complexifiée chez l'homme aux dimensions du langage ; mais elles ne rendent qu'imparfaitement compte de cette intériorité partagée entre deux êtres. Le langage ne peut, en effet, s'adresser à l'autre que dans la mesure où ce dernier est présent à l'intérieur de celui qui parle.

Le concept d'*identification* (dans le sens de « s'identifier à l'autre ») occupe une place centrale dans l'œuvre de Freud[12]. Il en fait l'opération principale par laquelle le sujet humain se constitue. A côté de la relation à la mère dont les conditions organiques sont évidentes, je m'efforcerai à partir de ma « préhistoire personnelle » de retrouver l'autre dans l'évocation compassionnelle du père, prototype à partir duquel je me suis construit. On voudra bien ne pas y voir un exercice d'égotisme, mais l'exploitation du seul exemple dont je puisse disposer.

Après avoir parcouru les avenues et les chemins de traverse de la biologie, le dernier mot est à la philosophie. Compassion et puissance de l'être ne sont pas réductibles l'une à l'autre, mais entretiennent des rapports dialectiques. Ontologiquement, la compassion est le pouvoir de don et d'abandon ou la capacité d'accueil de l'autre en tant qu'autre. « La raison n'est ni la première, ni la dernière instance de l'existence humaine » dit le philosophe Jean Ladrière[13]. L'expérience de base est le sentir *(sentio ergo sum)* ; ce n'est pas le *logos,* mais le *pathos* : la capacité d'être affecté et d'affecter. On n'a peut-être pas assez considéré que *la conscience est en soi un affect.* Le monde vital[14] de l'être humain, son monde originaire se manifeste à travers les affects. Le langage d'avant la raison a jailli au sein d'un ensemble de sensations porteuses de sens. Il est pathétique et émouvant par son contenu passionnel qui, autant sinon plus que la raison, détermine l'essence de l'homme.

Comme l'affirme Scheler[15], comprendre c'est connaître le dedans de l'autre en lui donnant du sens. La compassion est chez l'humain la modalité fondamentale de la connaissance. La première phrase de la *Métaphysique* d'Aristote — « Tous les hommes aspirent par nature à la connaissance » — peut alors s'entendre comme l'expression du besoin naturel d'autrui.

L'intériorisation de l'éprouvé de l'autre suscite le désir ; désir de l'autre qui bascule dans l'infini, un infini que Hegel qualifiait de « mauvais infini » — autre de l'autre de l'autre de l'autre, une altérité où s'épuise le sens comme dans cette ancienne réclame pour la peinture Ripolin. Il est vrai que dans cette publicité, les hommes se tournent le dos ! A cette ribambelle d'autres, on peut aussi préférer le « Grand Autre », comme dirait Jacques Lacan.

Finalement, la compassion au sens où je l'entends est centrée sur la personne humaine dans sa relation aux autres qui lui permet de prendre conscience d'elle-même. Elle est ainsi le moteur de la construction de cette personne. Ce constat attribue aux émotions le rôle primaire dans l'existence du moi. Il en découle un second constat : l'existence indubitable d'autres « moi » ; une connaissance intérieure de ce que vit l'autre ; la faculté de reconstituer en quelque sorte la perspective de l'autre. Constat que j'ai résumé dans *Biologie des passions* par la phrase : « Je suis parce que je suis ému et parce que tu le sais[16] ».

En observant le substrat biologique sur lequel se constitue la personne, le neuroscientifique qui écrit ce livre ne cherche pas à éclairer un étage de significations qui n'est pas le sien, mais tente de déblayer les conditions de l'accès à ces niveaux de conscience, en apportant à une « phénoménologie pure » le soutien dialectique d'une biologie qui puise ses ressources à la fois dans *l'évolution* des espèces et le *développement* de l'individu.

PREMIÈRE PARTIE

LA COMPASSION

« Il y a des occasions où les passions peuvent paraître être transfusées d'une personne à l'autre instantanément, avant même de savoir ce qui les a excitées chez la personne principalement concernée. »

David Hume,
Théorie des sentiments moraux.

1

Emoi, émois et moi

« Ainsi la vie s'anime, elle suit le vent discrètement, arrive la nuit et ma joie soudain soulève la montagne. »

Lecture de Tu Fu.

L'émoi traduit la présence du monde dans le corps du sujet. Celui-ci fait constamment l'épreuve du monde ; son émoi est continu, fluctuant au gré de son sentir. Il convient de distinguer l'émoi (singulier) des émois (pluriel) ou émotions par lesquels le sujet se manifeste au monde : ce qu'il fait paraître de ses réactions intérieures à un objet ou à une situation qui l'affecte. Ces émotions s'expriment à l'interface entre le corps et le monde : la peau, les actions et attitudes, la tête de l'animal et le visage de l'homme — véritable scène où le corps se donne en spectacle. A la différence de l'émoi qui n'appartient qu'à chacun, « les actions expressives présentées par l'homme et les mammifères inférieurs sont innées, c'est-à-dire qu'elles n'ont pas été apprises par chaque individu[1] ». Chez l'homme, les émotions sont comme des débordements de l'âme qui irriguent sa compassion.

Dépeindre l'émoi qui en permanence me parcourt revient à donner un relevé incomplet, superficiel et dénaturé de mes sentiments. Un arrêt sur émoi, en quelque sorte, qui ne peut rendre compte du flux continu de mes sentiments. Les émotions qui en émergent sont en revanche facilement identifiables et peuvent faire l'objet d'une description.

Dans celles-ci, Ekman[2] ne retient que six catégories : la joie, la surprise, la peur, la colère, le dégoût et la tristesse auxquelles on ajoute parfois l'intérêt et la honte. On distingue encore les émotions qui ralentissent le cœur et celles qui l'accélèrent. Parmi ces dernières on trouve les émotions qui élèvent la température cutanée (celles qui font rougir) et celles qui la refroidissent (celles qui font pâlir).

L'émoi fait le bonheur des romanciers. On y rencontre les sentiments moraux, les intermittences du cœur et les mouvements affectifs qui sont comme la houle de notre psyché. Ces mouvements subtils de la subjectivité ne sont communicables à autrui que par la parole. Sur ce point, je citerai William James, fondateur de la psychologie scientifique et frère de l'écrivain américain Henry James, le génial analyste des mouvements cachés de l'âme et des manifestations fugitives de l'émoi qui sont comme la « figure dans le tapis[3] ». « La littérature purement descriptive de l'émotion, écrit William James, est devenue, depuis Descartes, une des parties les plus ennuyeuses de la psychologie. Et non seulement des plus ennuyeuses, mais encore des plus vides ; car ses subdivisions vous font généralement l'effet d'être artificielles ou sans importance, et ses prétentions à l'exactitude d'être toutes factices. Malheureusement, à peu près tout ce que les psychologues ont écrit sur l'émotion rentre dans cette littérature. Si encore leurs descriptions présentaient l'intérêt de celles des romanciers ! Le roman nous attache en nous faisant partager les émotions qu'il analyse ; la vie nous a tellement familiarisés avec les objets et les conjonctures qui les font naître que la moindre page parée d'un peu de psychologie vécue nous fait immédiatement vibrer[4]. »

Ces propos sévères ne sont peut-être plus d'actualité : les psychologues aujourd'hui sont de vrais savants et les romanciers ne s'intéressent plus guère à la psychologie.

Les émotions sont un produit de l'évolution

Depuis Darwin, on considère que les émotions représentent un processus adaptatif majeur pour la survie de l'individu et de l'espèce ; un bagage inné qui confère un avantage sélectif dans la lutte pour la vie.

Le rôle des émotions peut être ramené à deux grandes fonctions : communication et adaptation. La première permet d'envoyer un signal à l'adresse d'un congénère ou d'un étranger — l'avertir de l'état dans lequel se trouve le sujet, peur ou joie par exemple. La seconde consiste à préparer l'organisme lorsque celui-ci est confronté à une situation nouvelle et à gérer son accommodation aux fluctuations de son environnement. Je ne parlerai pas de cet aspect utilitaire des émotions qui concerne principalement le phénomène de stress et je n'aborderai ici que la communication émotionnelle.

Les émotions se manifestent par des signaux innés qui disent aux congénères la peur, la joie ou tout ce que l'animal éprouve. Ceux à qui cet affichage est destiné disposent de moyens également innés pour le comprendre. Le caractère universel des messages les rend accessibles à des étrangers même si ceux-ci n'appartiennent pas à la même espèce. La proximité et l'apprentissage permettent d'affiner cette compréhension. Un chien apprend par conditionnement à reconnaître les émotions de son maître. Cela ne signifie pas forcément qu'il les partage. D'une façon générale, les animaux disposent, selon les espèces, de moyens très variés d'expression des émotions à travers différents canaux de communication.

Pour les mammifères, l'odeur joue un rôle majeur. Par exemple, l'urine d'un rat qui a reçu des chocs électriques, lorsqu'elle est présentée à d'autres rats, induit chez ceux-ci les signes manifestes de la plus grande frayeur.

Le son offre également un canal de transmission à distance de l'émotion : cris d'alarme à l'approche du prédateur, vocalisations de détresse chez les petits séparés de leur mère, etc. Je reviendrai sur les manifestations sonores variées et complexes observées chez les primates en abordant la question du langage.

Chez les espèces diurnes, oiseaux et reptiles, dont les membres vivent en contact rapproché, la vue s'impose grâce aux formes et aux couleurs changeantes de certaines parties du corps. La tête d'un iguane qui vient de perdre un combat passe du vert clair au brun sombre. Les poissons dont nous ne connaissons le plus souvent que la triste apparence sur l'étal du marchand sont capables dans l'eau de communiquer par des signaux visuels. Il en est de même de certains invertébrés. Le poulpe, par exemple, cette bête intelligente au cerveau millionnaire en neurones, est capable de transmettre à l'autre, grâce aux changements de couleur de sa peau, un relevé sur l'état de sa subjectivité.

Quand on évoque la vision, on pense évidemment à l'*expression faciale* des émotions. Celle-ci s'est développée chez les singes dont le talent « grimacier » est légendaire. Elle existe cependant chez le chien, le chat et le cheval dont les babines et les muscles faciaux sont des indicateurs de la colère ou de la soumission. Il est remarquable que ces capacités d'expression faciale se rencontrent surtout chez les animaux domestiques ; on s'est même demandé si elles n'ont pas facilité le rapprochement avec l'homme. Aucune de ces bêtes n'est toutefois capable d'entrer en concurrence avec le singe et l'homme dans le domaine des mimiques.

Si l'autre vous mène par le bout du nez, sachez que vous le devez à l'évolution. Les singes (l'homme compris) se différencient des autres primates et de l'ensemble des mammifères par la possession d'un nez qui a remplacé la truffe et le museau[5]. Le développement de leurs capacités expressives va de pair avec celui de leur musculature faciale. Un singe a la possibilité de dissocier la contraction des différents muscles de la tête, notamment ceux des lèvres de ceux des narines ; une disposition qui atteint son apogée chez l'homme. Le fait, en revanche, que la plupart des humains aient perdu leur aptitude à remuer les oreilles n'a pas affecté de façon sensible leurs dons expressifs. Mais il ne faut pas s'y tromper, malgré la gamme fabuleuse des nuances affectives qui sculptent le visage humain et suivent les fluctuations de l'émoi, le nombre des émotions qu'un individu exprime sur sa face varie étonnamment peu quand on passe du macaque au chimpanzé et à l'homme. Selon Dantzer[6], il est vraisemblable que l'origine évolutive de l'anatomie complexe de la face ait été liée aux habitudes alimentaires. La multiplicité des muscles faciaux correspondrait à l'étendue puis à la variété du menu : « à mangeur omnivore, face éloquente[7] ». L'expression émotionnelle n'aurait fait ainsi qu'utiliser les moyens musculaires mis en place pour d'autres adaptations. On note à l'appui de cette thèse que l'expression faciale de la surprise, du dégoût ou de la joie n'a pas d'équivalent chez les primates non humains. En tant que primate humain et gourmet impénitent, j'ai quelque satisfaction à penser que la richesse de mes émotions est le produit de mon éclectisme alimentaire[8].

Le masque des émotions

Darwin a consacré une part importante de son travail à étudier l'expression faciale des émotions. « On doit comprendre pourquoi différents muscles sont activés lors des différentes émotions ; pourquoi, par exemple, les extrémités des sourcils sont relevées et les angles de la bouche abaissés chez une personne souffrant de chagrin ou d'anxiété. » Il pense qu'un certain nombre de contractions musculaires suffit à dépeindre avec précision l'état émotionnel d'un sujet. Il s'appuie sur les travaux de Duchenne de Boulogne (1862) qui, dans son livre sur la physionomie humaine, se targue de pouvoir, à l'aide de la stimulation électrique et de la photographie, « peindre correctement les lignes expressives de la face humaine que l'on pourrait, selon lui, appeler l'orthographe de la physionomie en mouvement[9] ».

Pour Darwin, les émotions sont un trait universel de l'homme hérité de l'évolution. Une émotion se traduit par les mêmes symptômes dans le corps du sujet et les mêmes expressions sur son visage indépendamment de sa race et de sa culture. Il n'y a pas différentes manières d'être triste, que l'on soit papou ou pasteur baptiste.

L'expression de la tristesse, les traits qui altèrent le visage sont dans la *nature* de l'homme et naturellement identifiables par lui sur le visage d'un autre. Le drame représenté sur la façade se joue aussi à l'intérieur de la nef avec la participation du cœur, des glandes et autres viscères. Un autre partenaire ajoute son grain de sel, un gros grain d'esprit selon les auteurs modernes : la *cognition*.

On ne peut prononcer le mot *nature* sans que se fasse entendre le mot *culture*, les deux inséparables de l'anthropologie. La culture prend ses racines chez nos parents anthropoïdes et se déploie comme un trait universel de l'espèce humaine[10]. Sacha Guitry, qui ne manquait pas de culture, disait que l'homme n'était jamais qu'un singe vaniteux qui se prenait pour un homme.

Qu'en est-il de cette fameuse universalité des émotions ?

A la fin des années 1960, les travaux d'Ekman ont montré que la lecture des émotions était la même quels que soient les visages ou la culture concernés[11]. Des Papous, qui n'avaient jamais vu d'Américains auparavant, ont contracté les mêmes muscles que ces derniers lorsqu'il leur fut demandé à quoi leur face ressemblerait s'ils venaient à perdre un enfant. Leur visage photographié, présenté ultérieurement à des étudiants américains, fut parfaitement reconnu comme étant celui du chagrin. Les contractions de muscles déterminés (unités d'action) traduisent la colère, la surprise, la joie, la tristesse, le dégoût. Ekman et Friesen[12] ont codifié cette expression faciale (FACS, pour *Facial Action Coding System*). On observe généralement plus de 90 % de concordance entre l'identification subjective et le FACS.

L'extériorité des émotions (l'apparence) s'impose à l'intériorité du corps. Les sujets *sont émus parce qu'ils ont l'air émus* : des comédiens à qui l'on demandait de réaliser avec leurs muscles faciaux le masque d'une émotion éprouvaient effectivement dans leur corps les symptômes correspondants, comme si l'ordre moteur adressé par l'émotion à la face, avait enclenché en même temps le clavier des réponses viscérales. Suzanne Bloch[13] est allée plus loin dans l'analyse. Elle a demandé à des acteurs de représenter six émotions de base (joie, tristesse, colère, peur, amour érotique et tendresse maternelle) en effectuant le type respiratoire, facial et postural correspondant à chacune d'elles (par exemple, pour la colère, amplitude et fréquence respiratoire très élevées, inspiration et expiration par le nez, lèvres fortement serrées). Le sujet entrait alors dans l'émotion qui était ressentie comme vraie. Feindre une émotion, c'est la vivre : les sommets du triangle expression-corps-psyché sont indissociables.

On comprend le rôle du masque au théâtre : une sorte d'emprise de possession qui déclenche chez le comédien des conduites en accord avec l'état émotif imposé par le masque.

Emotion et évaluation

Face à cette vision théâtrale de l'individu passionné, le pragmatisme anglo-saxon a introduit, il y a une trentaine d'années, une approche utilitariste des émotions qui peut se résumer à un ensemble de questions du type : « Comment gérer ses émotions et pour quoi faire ? » Celles-ci ne sont pas sans rappeler la « pensée » de Pierre Dac : « Qui suis-je ? D'où viens-je ? Qu'y a-t-il à manger pour le dîner ? » Scherer, considéré comme le chef de file en Europe de ce courant, affirme que « l'épisode émotionnel déclenché par un événement *pertinent* pour un individu est totalement dépendant de l'évaluation (*appraisal*) faite par l'individu, de manière cognitive, consciente ou inconsciente[14] ».

Ce mariage entre émotion et cognition marque le retour de la raison raisonnante qui syllogise, ordonne, catégorise et ne juge guère par le sentiment. Le sujet, c'est-à-dire vous et moi, y est réduit à n'être « qu'un opérateur d'algorithmes », façon savante de désigner un calculateur. « Danseur ou calculateur[15] », le portrait « cognitif » évoque bien peu l'être brûlant de passion dont j'observe parfois le reflet dans une glace.

Les émotions, en termes cognitifs, deviennent des objets de transaction, de gestion optimisée, de résolution et de régulation dans le sens donné à ce dernier terme par l'économie de marché. Les émotions apportent la valeur ajoutée aux apprentissages et à la fabrication des représentactions dans le cerveau ; elles introduisent aussi des pertes qui apparaissent dans le bilan sous forme de valeurs négatives.

Les émotions font leur entrée au laboratoire au début des années 1960 avec les travaux de Schachter et Singer[16]. Leurs expériences offrent le canevas général de celles qui ont suivi. La plupart font appel à la tromperie et à la manipulation de cobayes humains. Fondés sur des données exprimées en pourcentage à la manière des sondages, et comme pour ces derniers, les résultats sont ensuite livrés à l'interprétation qui ne fait parfois qu'ajouter son parti pris à la complication des protocoles expérimentaux.

Dans leur expérience principale, des « sujets » reçoivent une injection sous-cutanée d'un produit désigné sous le nom fantaisiste de « suproxine », prétendument destiné à améliorer la vision au bout d'une demi-heure. Il s'agit en réalité d'adrénaline, une substance qui fait battre le cœur plus vite et plus fort. Des témoins subissent le même traitement, mais avec une injection de sérum physiologique (l'indispensable placebo). Certains sujets sont avertis avant l'injection d'effets secondaires possibles, indépendants du soi-disant résultat final. Pendant la période d'attente, un faux sujet joué par un comparse simule en présence du sujet l'euphorie ou l'indignation.

Les résultats confirment l'attente de Schachter et Singer. Les sujets ayant reçu de l'adrénaline se laissent communiquer la prétendue émotion de leur voisin de salle d'attente d'autant plus facilement qu'ils sont ignorants des effets secondaires du produit. L'adrénaline induit donc une activation indifférenciée ne débouchant sur une émotion que dans un contexte approprié et à condition d'ignorer les causes de l'activation corporelle. Les sujets utilisent leur environnement relationnel pour construire et interpréter les changements physiologiques. Ils se livrent à une véritable évaluation. A défaut d'information sur la nature véritable des troubles corporels liés à la présence d'adrénaline dans leur sang, ils les interprètent dans le sens de l'euphorie ou de la colère par effet de mimétisme avec l'émotion simulée par leur voisin, et ce malgré une situation physiologique semblable dans les deux cas.

C'est donc la cognition et non les composantes physiologiques (battements du cœur, etc.) qui détermine la forme de l'émotion (euphorie, colère). Le corps du sujet est réduit au rôle de simple exécutant.

Dans d'autres expériences, souvent citées depuis, Lazarus et ses collègues[17] donnaient des instructions verbales différentes à des cobayes exposés à des films montrant des scènes violentes et propres à susciter l'anxiété, par exemple une circoncision. Les commentaires mettant l'accent sur les artifices utilisés pour filmer les événements (sauce Ketchup au lieu du sang, etc.) et encourageant les témoins à intellectualiser et mettre à distance la scène, entraînaient une réduction des manifestations d'angoisse ou de colère sur le plan subjectif et physiologique. En revanche, les propos renforçant l'aspect traumatique et l'empathie pour les personnages du film provoquaient une augmentation des réponses.

D'après Lazarus, l'évaluation peut se décomposer en plusieurs étapes. L'évaluation primaire cherche un sens à la situation par rapport au bien-être ; l'évaluation secondaire analyse les ressources permettant d'y faire face ; une fois l'action engagée, une « ré-évaluation » modifie éventuellement les paramètres.

L'émotion est donc la composante affichée du travail à huis clos effectué par le conseil d'administration du sujet.

Les psychologues anglo-saxons utilisent volontiers le terme « coping » qui peut être traduit en français par « ajustement », mais qui possède la signification plus étendue de « faire avec », « faire face », « se débrouiller », « s'en tirer », « affronter ». Tous ces processus relèvent davantage de l'intelligence que du cœur.

Dans ces approches, les émotions sont avant tout l'affaire de la cognition. Celle-ci fait référence à un traitement de l'information par des configurations neuronales que ces dernières conduisent ou non à des configurations mentales. L'évaluation peut donc inclure ou non une réflexion consciente quant à la signification d'un événement. La plupart des processus d'évaluation sont automatiques et tout ce que le sujet *sait* porte sur le caractère agréable ou non, surprenant ou familier du fait.

Ne s'agit-il pas d'une nouvelle manifestation du vieux dualisme corps-esprit auquel il est décidément difficile de se soustraire ? En affirmant la primauté du mental sur le corporel, les cognitivistes n'expriment-ils pas leur soumission au *cogito* cartésien ? Mon corps serait l'esclave de ma cognition — autant dire de mon esprit. En fait, toutes ces expériences qui font appel à la présence de l'autre — sous forme de comparses dans les expériences de Schachter et Singer ou d'images de cinéma dans celles de Lazarus — peuvent s'interpréter sous l'éclairage de la compassion.

Pourquoi la cognition devrait-elle faire plier la chair pour l'utiliser à ses fins ? Le propre des émotions, c'est de proclamer à la surface du corps les passions qui agitent ce dernier. Ce discours de la chair s'adresse d'abord à l'autre avant d'être l'objet d'un débat intérieur. James, le romancier, écrit que « chacun de nous est un faisceau de réciprocité pour lequel l'autre existe comme complice ou révélateur de nos secrets ». L'autre occupe le devant de la scène. C'est à lui que mon émotion s'adresse, à cet autre comme moi et régulateur de mon moi, à cet étranger dont le cœur est venu habiter ma psyché au risque d'en révéler ses secrets.

A côté de l'autre, il y a « les autres » qui constituent le corps social donnant aux émotions une dimension collective.

Sociologie des émotions

Notre société du spectacle a abandonné l'usage du masque et privilégie désormais la représentation des émotions à visage découvert. On pourrait penser que la communication entre les acteurs sociaux y gagnerait en liberté et en franchise. Ce serait oublier que le registre de base de nos mimiques émotionnelles nous a été imposé par l'évolution et qu'il est constitué tout au plus d'une petite dizaine de programmes neuronaux[18]. Paradoxalement, cette prétendue libération n'a pas favorisé la richesse, la subtilité et l'élargissement des modalités expressives et elle ne les a pas affranchis de leurs contraintes génétiques. Les sociétés modernes qui ont « tombé le masque » ont laissé à sa place les émotions primaires envahir les visages, s'imposer dans leur réalisme nu et proliférer jusqu'à brouiller les transparences fluides de l'émoi individuel.

Dans la société du spectacle, les acteurs jouent « gros » de façon à être compris par l'ensemble du public. Les *mass media* répandent des images en gros plan des six émotions immédiatement lisibles et intégrées dans l'espace corporel de cet état central collectif. Une sorte de contagion émotive saisit les corps des individus qui réagissent comme s'ils étaient eux-mêmes producteurs de l'émotion représentée à l'image. Scherer remarque que « lors de catastrophes de différentes sortes, il semble quasiment entré dans la norme qu'au lieu de procéder à une analyse des causes probables, on couvre l'événement par des extraits des réactions émotionnelles des personnes concernées, sans même que ce soit, souvent, sous la forme d'interviews structurées. Il semble que la présentation de l'expression de colère d'une personne est considérée comme plus importante que l'analyse impartiale et non affective des raisons de cette colère par un journaliste. Une simplification de l'analyse et de la responsabilité des événements ciblés va de pair avec cette tendance[19] ».

La prise en compte médiatique des événements du 11 septembre 2001 illustre dramatiquement ce phénomène. Pendant plusieurs jours ce ne furent qu'images en gros plan de tristesse, de peur, de colère d'individus privés de leur singularité pour n'être plus que les agents contagieux d'un immense climat émotionnel affectant la planète. En décembre 2001, le *New York Times* raflait sept prix Pulitzer — une performance jamais réalisée —, dont six pour la couverture des attentats du World Trade Center. La série « *Portraits of grief* » (« portraits de douleur ») répandait sur les lecteurs de ce journal — un public cultivé — des tombereaux d'affliction. En dehors de la volonté d'accroître sa diffusion, on ne peut soupçonner la rédaction du noir dessein de manipuler l'opinion. Il n'empêche que la compassion ainsi généralisée — totalisante — glisse sur la psyché des individus comme un torrent qui emporte tout sur son passage sans imprégner le sol de son eau bienfaisante.

On perd ainsi ce qui fait la spécificité des émotions, la *pénétrabilité.* Universelles et innées, les émotions sont en effet modulables par les civilisations humaines. Celles-ci introduisent des nuances et variations sous forme de « règles de présentations » qui indiquent le type d'expression souhaitable. Les individus qui participent à un groupe social constituent, selon la métaphore du grand sociologue Elias[20], les nœuds d'un réseau qui double le réseau neuronal et le réseau génétique, à la façon d'un filet tramail avec ses trois nappes superposées de mailles.

La rupture d'un seul nœud (non respect des règles émotionnelles chez un individu) fait trembler tout le filet. Pour Elias[21], il existe une différence entre culture et civilisation. La culture est un phénomène naturel, hérité de l'évolution qui ne vise pas directement l'homme, mais ses réalisations. Le terme se rapporte à des produits de l'homme qui sont là « comme les fleurs des champs[22] », œuvres d'art, livres, systèmes religieux ou philosophiques révélateurs des particularités d'un peuple, « qui apparaissent, mûrissent, se fanent et ne reviennent jamais ». La notion de civilisation est spécifiquement humaine ; elle gomme les différences entre les peuples. Le terme désigne l'aboutissement d'un processus qui touche essentiellement les mœurs et domestique l'affectivité de l'homme par la régulation des émotions. Etre civilisé consiste à contrôler ses affects dans le respect des règles établies. Il peut s'agir de ne pas montrer sa colère, d'inhiber sa tristesse ou au contraire d'exprimer celle-ci avec éclat. De même que chaque individu possède son propre style émotionnel, on peut considérer que les émotions contribuent au style d'une civilisation. Scherer a montré le rôle socialisant par excellence de la honte. Celle-ci suit strictement les normes de la société : elle est conservatrice au même titre que la colère est révolutionnaire. Elle implique un idéal du moi, des instances de jugement et de répression qui évitent les débordements de l'égoïsme. Faire honte à l'autre, c'est tenter de le ramener dans le droit chemin. Les émotions avec toutes leurs nuances sont des facteurs essentiels de civilisation dans la mesure où la finalité de cette dernière est de les contrôler et de les utiliser.

Quand la « massification » des affects installe au-devant de la scène les motifs d'une « guerre juste », on peut alors vérifier au niveau collectif la précession de l'état sur l'acte qui fonde ma théorie des émotions. La manipulation des émotions par un gouvernement suffit à entraîner dans l'action belliqueuse un peuple soudain oublieux de sa civilisation pacifique. Pareillement, on comprend la puissance émotive — tellement supérieure au pouvoir destructeur d'une bombe — dont disposent les terroristes.

On peut se demander si le grand retour des émotions livrées aux masses dans leur authenticité (leur brutalité) est le signe d'une nouvelle civilisation fondée sur l'affectivité ou à l'inverse d'une « décivilisation » avec perte des bonnes mœurs au profit d'une exhibition obscène d'émotions arrachées à l'intimité mystérieuse de l'émoi. Les deux sont peut-être à l'œuvre dans un monde inhumain où fleurit parallèlement la mode humanitaire.

2

Sourires, rires et pleurs

> « Par la violence du dépassement, je saisis, dans le désordre de mes rires et de mes sanglots, dans l'excès des transports qui me brisent, la similitude de l'horreur et d'une volupté qui m'excède, de la douleur finale et d'une insupportable joie ! »
>
> G. Bataille, *Les Larmes d'Eros*[1].

Sourires, rires et pleurs ne sont pas, à proprement parler, des émotions mais des *mouvements expressifs*. Ces phénomènes sont spécifiquement humains et sont étroitement liés à la compassion car ils impliquent la présence de l'autre.

Le sourire s'adresse à autrui ; il est à la fois invitation et réponse. Le rire est une réaction au comique dont Bergson affirme qu'il n'existe pas « en dehors de ce qui est proprement humain ». Bergson dit encore du rire qu'il est communicatif, une espèce de « geste social[2] ». On peut considérer qu'une société capable de rire d'elle-même témoigne d'un état avancé de civilisation. Les pleurs enfin, s'alimentent auprès d'un cœur compatissant. Par ses pleurs, l'individu se montre solidaire du destin de tous les hommes dans le grand fleuve de la vie où les larmes d'Eros se mêlent aux rires de la mort.

Les sourires

Ce sont des floraisons de l'âme. Ils éclosent sur le visage du bébé quand celui-ci n'est encore qu'un fœtus dont la psyché rudimentaire ne perçoit les tumultes du monde qu'à travers les eaux qui le baignent. Il sourit à une vie dont il ignore encore qu'elle est la sienne. En fusion affective avec la mère — c'est le ventre de la maman qui sourit, me disait un échographiste poète —, le fœtus sourit à partir du septième mois de grossesse, notamment lors des phases de sommeil paradoxal. A quoi rêvent les fœtus ? Selon Michel Jouvet, ils révisent comme de bons écoliers les instructions contenues dans leur programme génétique[3] : une manière de répétition avant l'entrée en scène et l'affirmation précoce par le bébé de sa petite personne.

Pendant quelque temps (dix à vingt jours), le sourire du nourrisson ne s'adresse à personne ; ce qui ne veut pas dire qu'il n'est pas, déjà, porteur de sens. Le petit sujet possède une représentation innée de l'acte de sourire dans son cerveau. Les informations venues des muscles qui sourient renforcent sa connaissance intime de ce geste facial et l'accrochage à son état de bien-être. Le sujet connaît son propre sourire de l'intérieur avant de le reconnaître sur un visage. Il faut deux à trois semaines pour que le sourire émanant de son corps coïncide avec celui d'un autre. Ce sourire « social » peut parfois survenir beaucoup plus tard (quatre à cinq mois). Il est déclenché par la vue d'un visage de face et la voix haut perchée, adoptée spontanément par l'adulte qui s'adresse à un nourrisson.

Reconnaissant le sourire de sa mère, l'enfant ne s'adresse d'abord qu'à elle ; plus tard, il sourira aux autres, mais de façon sélective. Le bébé a ses têtes ! A cinq mois, il choisit déjà son interlocuteur. Peu à peu le sourire se charge du désir de séduire. De six mois à deux ans, on observe un sourire avec abaissement de la mâchoire qui indique l'anticipation du plaisir. L'enfant sourit d'impatience avant de sourire de satisfaction, la bouche entrouverte et les yeux mi-clos.

Des chercheurs[4] ont étudié le déclenchement du sourire par divers leurres représentant un visage. Un disque blanc orné de deux taches noires suffit à produire un sourire chez un bébé de six semaines. A deux mois, il faut y ajouter les sourcils et vers cinq mois, le trait horizontal de la bouche. Mais rien ne vaut le sourire maternel !

Le sourire de l'enfant attend une réponse. « L'être au monde du bébé » repose sur les mimiques affectives de la mère qui sont l'armature (l'âme) de la sculpture qui prend forme. Confronté à un visage inerte, non réactif, l'enfant perd son tonus et s'affaisse, argile inanimée.

Voix silencieuse de l'émoi, le sourire flotte sur le visage comme un reflet venu des profondeurs à la surface d'un lac. Parmi les formes changeantes, insaisissables, un sourire paraît plus vrai, plus immuable que les autres ; il est ancré dans l'intériorité du sujet. Ekman[5] l'appelle « sourire Duchenne » *(Duchenne smile)* en hommage au médecin-plasticien qui en a fait l'étude au XIXe siècle à l'aide de la photographie et de l'électricité. Au relèvement des commissures des lèvres par contraction des *grands zygomatiques*, il associe l'intervention d'un muscle superficiel circulaire qui entoure le globe oculaire : l'*orbiculaire.* Ce muscle fait sourire le regard comme la monture d'un bijou révèle l'éclat d'une pierre. Mais, élément important, seule la partie latérale du muscle au niveau de la patte d'oie se contracte dans le sourire Duchenne. C'est la petite note musculaire qui donne tout son sens à la mélodie. Ce type de sourire est lié à un état intérieur de contentement ou d'amusement. On ne peut dire si c'est le geste souriant qui entraîne la sensation de bien-être ou l'inverse ; la fusion entre l'être et le paraître est ici totale.

L'autre n'est pas nécessaire — rares moments de bonheur où le sujet revit dans la solitude un événement heureux du passé. Le déclencheur peut être un objet trouvé, un fragment du temps perdu, un lieu, un livre, une scène de la vie ordinaire. Mais il s'agit encore de compassion. Celle-ci émane de la présence humaine invisible qui est restée accrochée à l'objet silencieux.

A côté de ce sourire « vrai », d'autres sourires se produisent : sourire simple de la bouche par relèvement des commissures ; sourire mixte de la bouche accompagné d'une contraction *complète* des orbiculaires ; sourire avec ouverture de la bouche qui découvre les dents, le plus spectaculaire, le plus social, le moins authentique ; sourire mondain avec contact oculaire accentué et cillement des yeux ; sourire unilatéral avec une seule commissure relevée ; sourire asymétrique, une commissure relevée, l'autre abaissée, etc. Tous ces sourires sont ou non associés à un état affectif qui est aléatoire, parfois contradictoire lorsque, par exemple, un sujet triste s'efforce de sourire.

Le sourire Duchenne est involontaire, sans être toutefois incontrôlable. L'acte est ici inséparable de l'état. En le bloquant volontairement, on supprime le sentiment de contentement produit par couplage direct. Il se mêle parfois à d'autres sourires.

Le sourire bouche ouverte n'apparaît pas avant dix à dix-huit mois, lorsque les jeux sociaux se développent. Chez le jeune enfant, jusqu'à six ou sept ans, tous les sourires, et non le seul sourire Duchenne, possèdent un contenu affectif joyeux. Lorsque l'on demande à des enfants de six ans qui assistent à un spectacle de clowns de s'empêcher volontairement de sourire, ils suppriment en même temps leur sentiment de joie, attestant ainsi du couplage direct entre vécu et expression. Plus âgés, vers huit ou dix ans, les enfants peuvent parfaitement bloquer leurs rires et sourires tout en continuant de ressentir du contentement intérieur. Ce découplage entre l'être et le paraître traduit les capacités acquises par l'enfant dans l'art de dissimuler et de socialiser ses émotions[6].

Le groupe de Masters[7] a étudié de façon systématique le jeu expressif de politiciens aux Etats-Unis et dans différents régimes politiques. Lelord et André donnent, dans leur excellent vade-mecum des émotions[8], une illustration de ces travaux qui montrent notamment qu'en régime démocratique on pouvait prévoir le nom du candidat victorieux sur la seule analyse de son expressivité faciale. Leur premier exemple est celui d'un mauvais comédien ou d'un homme politique non formé à la démocratie. Le sourire est « vide », réalisé avec seulement les zygomatiques, les yeux restant impassibles ; c'est le cas de Slobodan Milŏsević. Le deuxième exemple est celui d'un bon comédien et homme politique habile ; le sourire est « faux » avec contraction des zygomatiques et de *tout* l'orbiculaire (plissement des yeux) ; il est illustré par Richard Nixon. Le troisième exemple est celui d'un comédien excellent, vrai « joyeux luron » au point d'être lui-même convaincu de sa sincérité : le sourire est de type Duchenne avec contraction des zygomatiques et de la seule *partie externe* de l'orbiculaire ; les yeux « sourient » en même temps que la bouche, c'est le cas de Bill Clinton.

C'est Voltaire, peut-être, qui dans la préface de *L'Ecossaise* donne la meilleure analyse du vrai et du faux dans le sourire[9] : « Le sourire de l'âme est préférable au sourire de la bouche. »

La valeur adaptative du sourire et sa signification physiologique ne sont guère évidentes. On pourrait évoquer une fonction inspiratoire et olfactive, à savoir un humage et flairage à distance de l'autre ; la dilatation des narines et l'ouverture de la bouche favorisent l'afflux des phéromones et des senteurs spécifiques de l'autre : un geste de dégustation de l'autre.

La fonction de signal est plus évidente. Dans ce concept strictement éthologique, l'émission du signal serait innée, précâblée dans le cerveau — il correspondrait au sourire Duchenne. Celui-ci impliquerait la présence d'un récepteur spécifique, c'est-à-dire d'une représentation également innée et précâblée, qui permettrait la reconnaissance du signal par celui à qui s'adresse le sourire. Ce sourire « communicant » susciterait à sa réception la « compassion-compréhension » de l'autre.

Une autre interprétation fait intervenir l'extraordinaire capacité d'imitation de l'homme. Devant un sourire, le sujet imiterait spontanément le geste de l'autre. Ce sourire imité induirait par rétroaction directe, chez l'observateur-imitateur, un état émotionnel semblant provenir de son propre corps.

Le sourire est un produit de l'évolution, il n'y a aucune raison pour qu'il se soit posé sur le visage de l'homme comme l'oiseau sur la branche. Mais c'est un caractère récent, probablement dérivé à partir de l'ancêtre commun avec les singes hominoïdés actuels. Il n'est guère raisonnable d'espérer découvrir un jour le sourire Duchenne fossilisé d'un individu ayant appartenu à une espèce hominine disparue. Lucy, Dear Boy, Cinderella, Georges, Charlie, Roger et les autres[10] ont cessé de sourire pour toujours, et aucun ordinateur ne pourra nous restituer l'ineffable saveur des contractions de la *pars lateralis* de leur *reticularis.* Je me souviens du rire d'un ami chimpanzé avec sa bouche fendue sur des dents blanches ourlées du rose des gencives : un bel éclat de rire que j'ai partagé avec lui[11]. Mais il ne savait pas sourire — pour la bonne raison qu'il n'avait pas de muscles pour le faire. En revanche, lorsqu'il mettait ses lèvres en trompette *(hoot)*, émettant un instant les sons « o o o », c'était à mon tour d'être incapable de l'imiter.

Il existe un riche répertoire de mimiques animales dont beaucoup ressemblent aux nôtres. Il conviendrait de les analyser plus systématiquement à partir de l'étude des muscles et de leur phylogenèse pour savoir s'il s'agit de simples analogies ou de véritables homologies[12].

J'ai dit plus haut qu'il était impossible de retrouver le sourire de nos ancêtres ; cela n'est pas tout à fait vrai. Le sourire fossile existe, immortalisé dans la pierre par les mains d'habiles sculpteurs. Le sourire dit primitif parcourt la statuaire de toutes les civilisations naissantes, comme si cette représentation était inscrite dans les programmes génétiques de l'artiste au même titre que le sourire sur la figure de l'enfant qui vient de naître. Manifestation de l'intériorité de l'artiste, le visage sculpté dans la pierre illustre l'équilibre miraculeux de l'être au sein d'un monde en devenir. Malraux le pressent quand il écrit : « Lorsque l'art grec, encore lié à l'Egypte, avait découvert le sourire, il avait découvert aussi un nouvel équilibre du corps[13]. »

Pour conclure, le sourire est, je crois, l'instrument le plus subtil et le plus efficace de cette compassion qui fait de l'homme un homme. Il est aussi le moteur incomparable de l'amour. « L'amant regarde les yeux de ce qu'il aime, un seul sourire peut le mettre au comble du bonheur, il cherche sans cesse à l'obtenir[14]. » Sourire, c'est offrir le bonheur en partage — marché de dupes quelquefois.

Le rire

Le rire est une manifestation sonore qu'accompagnent des mouvements rythmiques de la face et du thorax. Dans sa forme habituelle, le rire s'apparente à une réaction stéréotypée, le plus souvent involontaire et incontrôlable, en réponse à un facteur qualifié de comique. Le phénomène ne peut, toutefois, être considéré comme un simple réflexe moteur, car il est conscient et correspond à une véritable bouffée d'intelligence pure qui nécessite, dit Bergson[15], une anesthésie momentanée du cœur. Dans tout rire, il y a un calcul de la psyché, un éclair analytique qui vient se briser sur la sinistre opacité du réel. C'est une manifestation spécifiquement humaine, car seul l'homme rit et fait rire. Un objet ne provoque le rire que lorsqu'il est employé de façon maladroite, résiste ou conspire contre son utilisateur. Un animal ou un comique professionnel font rire parce qu'ils représentent des caricatures d'individus familiers ou connus sur lesquelles le rieur peut exercer sa verve intellectuelle. J'ai entendu un acteur connu lire en public quelques passages de l'ouvrage de Bergson sur le rire : il était irrésistible !

Provine[16] a donné une étude scientifique exhaustive du rire à partir de l'enregistrement de 1 200 rires d'hommes et de femmes américains en contexte naturel. Ses observations principales portent sur la fonction sociale du rire. Moins de 20 % des rires étaient des réponses à un effort comique formel. Rien n'est plus sinistre qu'une histoire drôle quand elle ne fait pas rire. La plus grande proportion de rires conversationnels suit des remarques banales et semble liée à une ambiance joyeuse, à un contexte de groupe et non à de la comédie. Tout le monde a le souvenir de ces réunions d'amis où l'on rit d'un rien, par amorçage en chaîne dans un nuage sonore de bonheur. La contagion du rire repose, en effet, essentiellement sur un phénomène acoustique. Le simple fait d'entendre rire incite les sujets à rire. Provine pense que les humains possèdent des détecteurs auditifs, des circuits neuronaux sensibles uniquement à cette vocalisation typique de l'espèce humaine, couplés à des circuits moteurs générateurs du rire : une représentaction précâblée dans le cerveau de l'homme.

Provine fait toutes sortes d'observations qui intéressent la physiologie et la sociologie. Il a observé une différence de la quantité du rire selon le sexe. En règle générale, les femmes rient plus que les hommes. S'y ajoute l'observation étonnante que, en moyenne, le locuteur rit 46 % plus souvent que le destinataire. Et qu'une locutrice rit 127 % plus que son interlocuteur masculin, qu'un locuteur rit 7 % moins que son interlocutrice. Provine formule l'hypothèse que le rire peut être un signal de dominance/soumission ou d'acceptation/rejet. Le rire du chef est-il différent du rire de l'employé ?

L'étude de la structure acoustique du rire n'est pas sans intérêt[17], même si, à coup sûr, décrire le rire ne fait pas rire[18]. Il consiste en une succession de segments sonores, caractérisée comme la parole par un *decrescendo* naturel : l'amplitude des derniers segments dans un rire est inférieure à celle des premiers, ce qui s'explique probablement par la diminution de la pression subglottique au cours de l'expiration.

Le rire apparaît en règle générale après une phase de parole et ne l'interrompt pas. Il est donc probable qu'un mécanisme neurologique règle l'emplacement du rire dans la parole, la priorité d'accès au canal de vocalisation qui est unique étant donné à la parole. Néanmoins, il existe une forme hybride, intermédiaire entre parole et rire, où le locuteur rit pendant qu'il parle ; c'est un rire contrôlé consciemment.

Il est à noter que dans le rire humain les segments sonores sont produits par l'interruption du courant d'air lors d'une seule expiration. Chez les chimpanzés, il existe une vocalisation que Provine appelle le « rire » des chimpanzés. Comme le rire humain, elle est composée d'une suite de sons et de pauses, mais les chimpanzés produisent un seul son par expiration et un seul son par inspiration. Ils ne sont pas capables de moduler le courant d'air expiratoire. La frontière entre rire et cri n'est pas non plus évidente chez le chimpanzé comme elle l'est chez l'homme.

Une publication de Fried[19] fait état d'une zone du cerveau humain située à la face interne de l'hémisphère gauche dans la partie antérieure de l'aire dite motrice supplémentaire dont la stimulation électrique déclenche un rire associé à un état joyeux du sujet. Le rire obtenu au cours d'une intervention neurochirurgicale à visée thérapeutique était reproductible et la patiente trouvait, à chaque fois, un stimulus extérieur quelconque auquel elle attribuait son rire. Le rire et l'intensité de l'impression subjective étaient proportionnels à l'amplitude de la stimulation électrique. Une telle zone corticale ne semble pas exister chez le singe. Il serait d'ailleurs abusif de parler d'un centre cortical du rire chez l'homme, et préférable d'y voir une région stratégique au cœur de l'ensemble des circuits neuronaux impliqués dans cette forme de représentaction qu'est le rire.

Il existe aussi un rire pathologique fait d'accès incoercibles de rires et de cris, sans stimulus déclencheur et dépourvu de tout contexte affectif. Il est dû à des lésions des voies nerveuses inhibitrices du tronc cérébral qui libéreraient un centre moteur responsable de ces « crises de rire ». Je ne pense pas que l'on puisse parler de rire à propos de ces phénomènes neurologiques[20].

Il ne faut pas confondre ce rire pathologique avec le fou rire, explosion de rire difficile à contenir, qui résulte probablement d'un embrasement progressif des structures corticales un peu à la manière d'une crise épileptique (ou d'un orgasme). Généralement, un tel rire « soulage » et fait du bien. On peut citer encore le « rire nerveux » qui chez certaines personnes scande toute conversation qu'elles peuvent avoir ; le phénomène s'apparente à des troubles compulsifs obsessionnels.

Le rire reste avant tout un mode de communication. Parler de rire communicatif est un pléonasme. Qui dit émetteur, dit récepteur. Le cerveau de l'homme possède des zones réceptrices du rire. Il s'agit des aires auditives et de l'*insula*. L'aire droite paraît activée davantage que la gauche ; observation qui est cohérente avec la nature affective du stimulus. Les deux amygdales sont également impliquées avec, là encore, une prédominance hémisphérique droite[21] (voir annexe 1, p. 243).

Ce qui ressort de l'étude du rire montre son caractère unique : il n'appartient exclusivement ni au domaine des émotions, ni à celui des sentiments et encore moins des fonctions physiologiques. Pour ce qui est de la physiologie, on serait bien en peine de montrer une fonction précise du rire : il est peu probable qu'il dilate la rate, cet organe immunitaire, même si on a pu parler de son rôle stimulateur des défenses de l'organisme. Je me contenterai de dire que le rire fait du bien ; qu'il amène une rupture de tension, véritable effet de relâchement tonique qui peut contribuer à lutter contre le stress. Par sa contagiosité enfin, il rapproche les individus entre eux et assure une fusion affective de bon aloi — même s'il s'exerce parfois sur le dos d'un malheureux.

Ceci me conduit à évoquer l'aspect compassionnel du rire. On rit avec les autres, mais on rit aussi de l'autre. Il ne s'agit plus de compassion mais de cruauté. Le contentement de soi qui accompagne le rire se teinte alors d'un gris qui peut tirer sur le noir. Le rire devient l'instrument de la contrepassion : ricanement chargé de ressentiment, suc amer de la haine et de la détestation des autres.

Dans ce domaine des sentiments, le rire n'est pas trop éloigné du sourire qui peut lui aussi être amer, découplé de l'amusement et de la joie. Les expériences de stimulation électrique montrent que l'on passe sans discontinuité du sourire au rire en augmentant l'intensité du courant.

Le masque du sourire s'accentue dans le rire jusqu'à la convulsion des traits du visage et à la torsion du tronc (se tordre de rire, être plié de rire, etc.).

Le rire en solitaire est rare. Un sujet riant en privé de lui-même se vit comme la projection d'un autre qui soudain apparaît risible à ses yeux : il rit de cet étranger et son rire vient briser le ridicule qui menaçait de l'engloutir. Une société capable de rire d'elle-même permet aux individus qui la composent de vivre en paix entre les éclats de rire qui la secouent de temps à autre. J'en veux pour preuve le gigantesque éclat de rire de Mai 68 qui a sauvé la France de l'ennui.

Les pleurs

Débordement de l'âme ou plus prosaïquement épanchement sécrétoire, les larmes renvoient à la métaphore d'une source qui jaillit de nappes enfouies dans le corps et qui tantôt noient les yeux, inondent le visage, tantôt coulent en filet discret le long du nez.

Les larmes restent un mystère pour le physiologiste et pour le psychologue. Selon ce dernier, les larmes traduisent les tourments de l'individu ; elles sont, d'après Darwin, « l'expression naturelle primitive des souffrances de toute nature ». Mais elles accompagnent aussi une joie extrême ou une rage violente. Leur signification ne peut donc être interprétée qu'en fonction du contexte qui concerne à la fois l'attitude (le style émotif) du sujet — certains se servent de leurs larmes comme d'une arme destinée à neutraliser un éventuel adversaire sous les effets paralysants de la compassion — et la culture, grande utilisatrice des larmes dans certaines sociétés.

Les sanglots offrent une dramatisation accrue en associant aux pleurs une respiration spasmodique et un soulèvement des épaules.

Les pleurs, selon Wallon[22], constituent une liquidation de l'hypertonus. Comme le rire, ils paraissent traduire l'implosion d'une bulle tendue à éclater qui occupe l'espace corporel : une tension qui renaît alors même qu'elle paraissait se résoudre et se répète de façon incoercible. Pour les pleurs, cet hypertonus affecte les viscères, alors que pour le rire, il concerne surtout les muscles squelettiques : *on pleure avec ses tripes, on rit avec ses muscles*.

Les larmes ne sont pas toujours associées à la souffrance : pleurs colériques traduisant le plus souvent une intense frustration ; larmes de la faim chez le nourrisson ; larmes de surprise ; pleurs de joie ; pleurs d'attendrissement. Il n'est guère d'émotions intenses qui ne puissent susciter des larmes. Leur seuil d'apparition varie avec les individus, le lieu et le moment. Certains d'entre nous sont incapables de résister à une sonnerie militaire, ou à un chant religieux, d'autres s'effondrent en larmes lors d'un enterrement, d'un mariage ou d'une remise de décoration.

Les larmes sont produites par les glandes lacrymales, commandées par le système nerveux parasympathique qui a en charge les fonctions de préservation du corps, comme la digestion, ou de l'espèce, comme la fonction sexuelle. Apparemment, elles ne servent pas à grand-chose : assurer une protection des yeux et amortir les effets sur les globes oculaires d'une surpression lorsque celles-ci se produisent au cours de certains efforts comme les vomissements ou la toux. Si les larmes ont une telle importance chez l'homme, c'est surtout en raison de leur fonction de communication. Celle-ci justifie leur place dans toutes les cultures.

Comme le sperme, les pleurs sont une sécrétion qui se répand à l'extérieur du corps à destination d'un autre individu. Ce rapprochement conduit Barthes à parler du « pouvoir germinant des larmes[23]. »

Moins subtiles que les phéromones, moins privatives que la semence masculine, les larmes sont éminemment visibles, véritables fusées de détresse, elles signalent un besoin d'aide et demandent une intervention immédiate des secours : *un appel à compassion.*

Le sujet compatissant exprime en retour par ses larmes sa compréhension de la souffrance d'autrui. Pleurs qui au-delà d'une seule créature souffrante peuvent s'adresser à l'ensemble des hommes.

Jésus, qui versa à trois reprises des larmes, prouve ainsi son humanité, et la femme pécheresse (« Se tenant à ses pieds, elle commença à les arroser de ses larmes, et elle les essuyait avec ses cheveux », Luc 7,38) scelle par ses larmes le mariage mystique de l'homme et de la femme : compassion de la femme pour le fils de l'homme, compassion de l'homme pour la pécheresse (« Alors il dit à cette femme : "Vos péchés vous seront remis" », Luc 7,48). Aucune physiologie, aucune éthologie ne dira mieux que ces deux versets du Nouveau Testament le sens *laïc* que j'attache à la compassion.

La troisième béatitude (« Bienheureux ceux qui pleurent parce qu'ils seront consolés », Matthieu 5,5) a servi de fondement à une attitude religieuse qui a parcouru tout le Moyen Age en établissant « un lien déterminant pour la religion chrétienne entre l'idée d'une récompense divine promise aux affligés et celle d'un don divin du pouvoir de pleurer[24] ». On retrouve dans ce « don des larmes » les manifestations extracorporelle et corporelle de ce que j'ai appelé un « état d'âme » : une manifestation extérieure visible — les larmes — correspond à un émoi, manifestation intense sensible nommée *componction* que les théologiens définissent comme une « tristesse selon Dieu » ; il s'y surajoute un élément intellectif, la *contrition*, sorte d'évaluation-ajustement qui permet à celui qui pleure, grâce à la cognition de ses péchés, de se rapprocher de Dieu.

Cet exemple permet d'apprécier l'importance des larmes pendant au moins cinq siècles de culture chrétienne englobant l'Occident et l'Orient. On retrouve les larmes à d'autres moments de l'histoire, dans d'autres civilisations, d'autres cultures. Il faudrait suivre leur flot ininterrompu qui entraîne le guerrier et la veuve, le moine et l'hérétique, décrire leur polyphonie de deuil, leur bruit sourd sur le sol des cellules carmélitaines, les sanglots des champs de bataille lorsque les canons se sont tus, mais aussi les larmes d'amour, les pleurs de joie de Blaise Pascal dans la nuit du lundi 23 novembre de l'an 1664[25], les larmes retenues du capitaine Dreyfus que l'on dégrade, les larmes des fusillés que le bandeau sur les yeux ne peut essuyer.

Je conclurai avec un texte célèbre de Barthes : « Qui fera l'histoire des larmes ? Dans quelles sociétés, dans quels temps a-t-on pleuré ? Depuis quand les hommes (et non les femmes) ne pleurent-ils plus ? Pourquoi la " sensibilité " est-elle à un certain moment retournée en " sensiblerie " ? Les images de la virilité sont mouvantes ; les Grecs, les gens du XVIIe siècle pleuraient beaucoup au théâtre. Saint Louis, aux dires de Michelet, souffrait de ne pas avoir le don des pleurs ; une fois qu'il sentit les larmes couler doucement sur sa figure, " elles lui semblèrent si savoureuses et très douces, non pas seulement au cœur mais à la bouche " (de même, en 1199, un jeune moine se mit-il en route vers une abbaye cistercienne, dans le Brabant, pour obtenir par les prières le don des larmes)[26]. » Notre société a, semble-t-il, perdu le don des larmes — « grâce » accordée à l'homme, remplacé par l'utilisation spectaculaire et médiatique des larmes, qui est une foutaise.

3

Autrui : la mécanique de la compassion

« Tout ce qui vaut pour moi vaut pour autrui. »
J.-P. Sartre, *L'Etre et le Néant*.

L'autre accomplit pour nous une fonction dont nous sommes incapables : « nous voir comme nous sommes ». Mais cet autre qui nous voit comme tels est un être factice, une pure créature de la psyché qui permet à celle-ci de se doter d'une « conscience de soi ». La question est éminemment philosophique, mais pour autant que « soi » et « l'autre » sont aussi des êtres de chair pourvus d'un cœur ému et d'un cerveau pensant, rien n'empêche le biologiste de mettre en lumière quelques mécanismes — neuronaux pour la plupart — qui animent le sujet dans sa relation à autrui et à lui-même comme un autre. Une première manière d'atteindre cet autre est d'essayer de lui ressembler.

L'imitation

L'origine sociale n'a plus qu'une influence faible face à l'extraordinaire pression exercée par la contagion imitative. Le mimétisme revendiqué s'affiche souvent comme une liberté et un individualisme affranchis des contraintes.

L'épidémie qui transforme, lors de mouvements de révolte, des jeunes gens ordinaires en une armada d'« abrutis » reproduits à l'identique, fournit un exemple terrifiant de l'ampleur foudroyante que peut prendre ce phénomène.

Il y a une sorte de paradoxe à ce que l'individuation, trait affirmé de l'espèce humaine, s'accompagne d'une imitation généralisée qui unifie le groupe en le dynamisant et en lui imposant la production incessante de similitudes garantes de sa perpétuation. Chaque sujet constitue un modèle pour l'autre dans une réciprocité et une diffusion qui ne s'arrêtent que là où cesse la proximité avec l'autre. « De là cette définition du groupe social : une collection d'êtres en tant qu'ils sont en train de s'imiter entre eux ou en tant que sans s'imiter actuellement, ils se ressemblent et que leurs traits communs sont des copies anciennes d'un même modèle[1]. »

L'imitation est d'ordre biologique : une capacité intrinsèque du cerveau — le cerveau d'un individu qui exige en retour la participation effective et affective d'autrui.

La meilleure preuve de cet ancrage dans le biologique réside dans l'observation de l'imitation chez des animaux non humains. Cette faculté cognitive est difficile à étudier car il convient de ne pas prendre un simple dressage pour un apprentissage par imitation. A cette réserve près, il existe une imitation authentique chez les oiseaux et les primates, notamment chez les singes hominoïdes. L'imitation s'est développée dans ces deux groupes éloignés sur le plan évolutif, en réponse à des contraintes comparables du milieu, le plus souvent imposées par la vie en société.

Pour vivre ensemble, il convient de reconnaître l'autre, de l'identifier — ce que les singes et les oiseaux sociaux (perroquets ou corbeaux) savent faire — et d'être capable de calquer son comportement sur celui de l'autre, ce dont les deux groupes d'animaux semblent également capables[2].

Cependant, que ce soit dans le domaine de l'identification ou dans celui de l'imitation, un pas quantitatif considérable sépare les primates humains des primates non humains. Le psychologue américain Tomasello[3] pense que ce qui manque à ces derniers est la capacité de s'identifier à leurs congénères. Cette capacité passerait par celle de l'imitation réciproque. Un bon exemple de ce qui sépare le jeune enfant du chimpanzé a été donné par l'expérience des Kellogg[4], qui tentèrent d'élever leur enfant Donald en même temps qu'un bébé chimpanzé appelé Gua. En bons théoriciens de l'apprentissage social, ils espéraient que l'exposition à un nouvel environnement naturel révélerait des capacités inemployées du chimpanzé. Hélas, les résultats furent non seulement décevants, mais dangereux : au bout de quelques mois, Gua avait fait peu de progrès dans l'imitation de Donald ; ce dernier se comportait en revanche comme un parfait petit chimpanzé.

L'histoire de Kanzi, le bonobo, relève la réputation des grands singes en matière d'imitation[5]. Kanzi était un enfant abandonné. Il était venu au monde dans un centre de primatologie sous le regard indifférent d'une mère plus soucieuse d'ébats érotiques que d'obligations maternelles. Matata, une guenon d'âge mûr, avait bien vite adopté le petit. Lorsque Kanzi atteignit l'âge d'un an, il accompagna sa mère adoptive dans le laboratoire où les chercheurs tentaient d'apprendre à la vieille guenon un langage grâce au maniement de signes graphiques. Kanzi ne quittait jamais la guenon et jouait librement dans ses pattes pendant qu'elle était à ses leçons. On peut être une bonne mère et une intellectuelle médiocre. Tout ce qu'on essayait en vain d'apprendre à Matata, Kanzi l'acquit spontanément et par imitation, en dehors de toute récompense ou encouragement — comme par inadvertance. A la stupéfaction des éducateurs, il fut bientôt en possession d'un savoir qui ne lui était pas destiné. Kanzi est aujourd'hui le singe le plus célèbre de la planète des singes. Avec sa maîtresse, madame Sue Savage-Rumbaugh, il a tourné dans de nombreux films de télévision où il fait étalage de ses talents linguistiques (il utilise plus de cinq cents mots et possède des rudiments de grammaire) et de ses capacités imitatives.

En matière d'imitation, aucun animal ne surpasse l'homme. « Ce gars-là, il a un miroir dans la tête[6] ! » Cette réflexion de Trochu à propos d'un de ses camarades d'école s'applique effectivement à tous les hommes. Toutes les observations psychologiques ou éthologiques s'accordent pour reconnaître l'importance de l'imitation chez l'humain. Je laisserai momentanément de côté le langage, dans lequel le rôle de l'imitation est fondamental, pour m'en tenir à l'imitation gestuelle dans laquelle l'enfant brille par son talent.

Il n'existe pas d'accord sur l'âge où commence l'imitation. Darwin craignait de s'être trompé en la constatant à quatre mois. Meltzoff et Moore ont montré qu'elle se manifestait dès les premières heures de la vie[7].

Une autre tendance manifeste et précoce est l'imitation de soi-même ou propension irrésistible au redoublement — répétition rythmique de quelques sons ou de gestes manuels — avec, selon Baldwin, « passage graduel de la répétition immédiate de son propre mouvement à la répétition d'un mouvement fait par un autre[8] ».

Cette observation, qui date de la fin du XIXe siècle, met déjà l'accent sur ce que Jeannerod appelle les représentations partagées[9] qui lient l'action d'un sujet à celle effectuée par un autre. Dans son acception la plus stricte, ce partage signifie que les deux individus qui réalisent simultanément la même action dans les mêmes conditions présentent dans leur cerveau respectif une activation semblable correspondant à une « représentaction » identique[10].

L'enfant, cet « acteur-né », tire la langue, sourit, grimace, fait toutes sortes de mouvements de la face, des membres et des mains, un répertoire inné que l'adulte à son tour imite pour faire « l'intéressant » auprès du bébé ; celui-ci, peu à peu, répond en imitant l'adulte devenu « l'imitateur imité ».

Les capacités imitatives du nourrisson s'amplifient sous la pression de l'émulation, qui prend en compte non plus le geste en lui-même mais son objet[11]. Le désir de cet objet devient le véritable moteur de l'imitation et l'acte apparaît comme la conséquence de l'état passionné.

Le miroir de la psyché[12]

Pour devenir une personne, le jeune enfant suit un véritable parcours initiatique : passage de l'imitation de l'autre à celle de soi, puis de l'imitation de soi à la conscience de soi. Chaque passage comporte la traversée d'un miroir. Ce « jeu » de miroirs permet à l'humain de s'auto-affecter[13], c'est-à-dire de contrôler et manipuler sa psyché. Le *je* est l'acteur d'une comédie dramatique qui se déroule, sans entracte, au passé, au présent et au futur, dont il est tout à la fois le metteur en scène et le public : « *je* se la joue ». L'émotion est la substance même du théâtre et la compassion fournit le ressort dramatique dont le jeu tire son énergie. Le psychologue français Zazzo a passé une bonne partie de sa vie à observer des enfants se regarder dans une glace. Il a mené des études systématiques sur plusieurs centaines de jeunes à des âges allant de leur naissance à leur septième année. Ses observations, d'une richesse inégalée[14], ont, en leur temps, été éclipsées par l'aveuglante présence du miroir de Lacan et de son stade.

Que regarde dans un miroir le très jeune enfant (six mois) ? Avant tout son visage, c'est-à-dire une partie de son corps qui lui est normalement invisible : il ne peut être à la fois la vue et le point de vue (« visage » vient du latin *visus*, vue). Nous ne connaissons notre visage que par l'intermédiaire d'une surface réfléchissante, d'une photo, d'un portrait, mais jamais directement. Ce qui fait dire à Zazzo que des jumeaux identiques indifférenciables à nos yeux sont les derniers à voir qu'ils se ressemblent. L'« illusion autoscopique », qui fait que nous croyons nous connaître depuis toujours, vient de ce que l'image du visage découverte tardivement comme « nôtre » vient se fondre secondairement dans ce « reflet intérieur » qui, lui, existe dès la naissance. L'enfant voit dans la glace un visage qui le regarde — « visage, miroir de l'âme », figure des plus éculées parmi les clichés poétiques. La situation est donc celle de deux miroirs qui se font face : un problème qui a fasciné les peintres notamment Vélasquez et Picasso. Le tableau *Les Ménines* représente la famille de Philippe IV : au centre de la toile, l'infante, entourée de ses demoiselles d'honneur et de la naine Marie Barbola ; sur la moitié gauche, Vélasquez s'est représenté en train de peindre la scène. Pour entrer dans le tableau, devenir son propre modèle — un autre parmi les autres —, le peintre doit utiliser la méthode de l'autoportrait et peindre devant un miroir qui reflète les modèles posant derrière la toile et non devant. Le piège du regard se referme sur un deuxième miroir qui normalement fait face au premier et dans lequel apparaissent le roi et la reine selon un jeu de reflet dont aucun dispositif optique ne peut rendre compte. Le cerveau du peintre s'est détaché du réel pour ne plus opérer que dans des représentations pures ; mais en devenant le sujet de sa peinture, il authentifie sa présence et échappe au royaume des illusions.

Dans les expériences de Zazzo[15], l'enfant est placé devant un miroir en pied (une psyché !) qu'il peut contourner (passer « de l'autre côté du miroir »). Deux artifices viennent compléter le dispositif : une tache colorée faite sans attirer son attention sur son front ou son nez et la présence derrière lui d'un objet lumineux ou d'une personne familière, généralement la mère.

Jusqu'à l'âge de douze mois, il réagit comme s'il voyait un autre enfant derrière la glace : il tape sur le miroir, sourit, entame un dialogue gestuel ; il ne touche pas la tache ; ne se retourne pas vers l'objet ou la personne située derrière lui, et lorsqu'il a la capacité de se déplacer, contourne le miroir pour y chercher ce qu'il a vu s'y refléter : la mère et lui-même comme un autre.

De douze à seize mois, ce comportement subsiste, enrichi de jeux de mains et jeux de bouche. L'enfant agite ses mains comme pour provoquer cet autre qui l'imite, embrasse la glace et vient toucher la trace qu'il y a laissée avant de recommencer son baiser.

Entre seize et dix-huit mois se produit la crise que Zazzo a décrite comme un « phénomène d'évitement » : attitude de perplexité et d'embarras qui se traduit par un détournement de la tête et qui contraste avec la jubilation des mois précédents. L'enfant ne touche toujours pas la tache sur son visage et ne se retourne pas vers l'objet situé derrière lui.

Deux à cinq mois après le début de la réaction d'évitement, l'enfant porte enfin la main à la tache sur son visage. A l'âge de deux ans, tous les enfants réussissent cette épreuve d'identification visuelle de leur propre visage. Une semaine ou deux après le succès à l'épreuve de la tache, l'enfant commence à employer le pronom personnel « je ».

La surprise est venue de la poursuite des expériences au-delà de deux ans. En effet, l'enfant continue à aller se chercher derrière le miroir. Cette conduite inattendue persiste six mois après qu'il s'est reconnu. Quant au contournement pour aller retrouver la mère, il ne disparaît totalement que vers l'âge de sept ans — l'âge dit de raison. A cinq ans, 20 % des enfants présentent encore cet étrange comportement. A l'âge adulte, seuls quelques poètes se détournent du monde réel qui conspire dans leur dos en passant de l'autre côté du miroir.

Les animaux sont-ils capables de suivre le parcours initiatique qui conduit l'enfant à la conscience de soi ? Quelques chimpanzés ont réussi l'épreuve de la tache[16]. Les macaques et les chiens s'arrêtent au stade d'évitement. Celui-ci prend une allure spectaculaire chez le chien, l'animal recule devant son image, gémit, défèque, ou s'approche jusqu'à la toucher : « L'animal en rétro-action avec le reflet de son propre réflexe [est] comme prisonnier, il ne parvient pas à s'en détacher[17]. » Ce n'est qu'à l'âge de deux mois qu'un chiot, qui jusque-là jouait avec son double spéculaire comme avec un compagnon ordinaire, commence à s'enliser dans le comportement inacceptable de cet autre. Même embarras spectaculaire chez le macaque : quand un macaque rencontre un autre macaque, chacun présente *tour à tour* son derrière à l'autre. Mais dans la situation du miroir, plus d'alternance. Le macaque tourne son dos au miroir et offre la vision de son arrière-train en guise de présentation. Quand il regarde entre ses pattes, que voit-il ? L'autre qui présente simultanément son derrière : rupture du rite, c'est la panique ; cris et affolement.

On comprend mieux la situation de l'enfant de seize mois en période d'évitement : *comment imiter celui qui vous imite ?* Il y a là une impossibilité qui ne peut se résoudre que dans la conscience de soi. En construisant en même temps une représentation de l'espace, l'enfant opère un dédoublement entre la réalité et ses simulacres.

La physiologie s'est également emparée du thème du miroir. Dans les années 1990, l'équipe de Rizzolati a découvert une propriété singulière de certains neurones du cortex prémoteur du macaque[18]. Ces neurones effectuent des « codages » pour les programmes d'action dont l'exécution est ensuite confiée aux neurones du cortex moteur. Une électrode placée pour les besoins de l'expérience à proximité d'une de ces cellules nerveuses recueillait une décharge de potentiels d'actions lors d'un geste précis et spécifique de la main (saisie d'un objet entre le pouce et l'index, par exemple). Mais, à la surprise des observateurs, quelques-uns de ces neurones pouvaient être activés de façon comparable lorsque le singe observait l'expérimentateur ou un congénère exécuter devant lui la même action. Ces neurones, appelés « neurones miroirs », étaient donc actifs pour un geste donné, que celui-ci soit réellement effectué par l'animal ou qu'il observe son exécution par un tiers. Il imitait le geste de l'autre « dans sa tête », sans passer à l'acte.

Ces données font partie des observations scientifiques dont la valeur métaphorique l'emporte sur la consistance des faits eux-mêmes. Le « neurone miroir », c'est un peu l'« Alice au pays des merveilles » de la neurophysiologie. Sa valeur n'en est pas moindre. Une des hypothèses avancées par Rizzolati et Arbid[19] est fondée sur le fait que les « neurones miroirs » sont répartis dans la région F5 du singe. Celle-ci pourrait être l'homologue chez l'homme de l'aire de Broca, qui joue un rôle essentiel dans les programmes moteurs produisant la parole. « Si tel était le cas, conclut Jeannerod, les neurones miroirs pourraient constituer un système de communication fondé sur la reconnaissance gestuelle, pour les mouvements des doigts et les mouvements des lèvres : ce système aurait pu évoluer ensuite vers un système de reconnaissance du langage parlé[20]. »

Revenons au jeune enfant dont on soupçonne que les « neurones miroirs » s'activent devant son image dans la glace. Il comprend que celui qui l'imite derrière le miroir n'est autre que lui-même. Une situation comparable à celle de Vélasquez dans ses *Ménines* : un miroir en face d'un miroir. Il devient le sujet de sa représentation des autres. Les développements parallèles de ses facultés langagières lui permettent alors de dire *je*.

La mise en place de ces solutions cognitives conduit à ce que les philosophes appellent l'*aperception*[21]. Dans le cerveau se projettent sur le miroir intérieur les actions de son propre corps. En l'absence de sensibilité[22], autrement dit de l'éprouvé du corps, le miroir intérieur est semblable à une glace placée dans l'obscurité qui ne renvoie plus que des images indistinctes et aux contours brouillés.

Portrait de l'autre en animal

L'homme est un animal qui fait ce qu'aucun autre animal ne peut faire, c'est-à-dire, selon deux points de vue opposés, presque rien sinon ce qui reflète la différence.

Le premier point de vue sera celui d'un éthologue qui a observé les animaux dans leur milieu naturel et qui possède de solides données sur la génétique et l'évolution[23]. En bref, celui-ci retiendra, comme étant communs aux animaux et aux hommes, l'identification des individus entre eux, l'établissement des liens affectifs durables, la coopération avec les congénères dans l'accomplissement de tâches et la résolution de problèmes, l'aptitude au mensonge et à la manipulation, la communication affective basée sur la connaissance de l'état émotionnel de l'autre, et finalement l'existence de véritables foyers culturels autour d'un style comportemental et d'une technologie (chez les chimpanzés). Ces observations scientifiques ne doivent pas être confondues avec l'opinion des éthologues spontanés qui se désignent eux-mêmes sous le terme d'« amis des bêtes » : « Il ne leur manque que la parole ! »

Il est vrai que l'on connaît d'authentiques comportements de consolation, des réactions à la souffrance de l'autre qui restent rares en milieu naturel et traduisent davantage les capacités adaptatives et l'intelligence de l'animal que sa compassion pour autrui. Ces manifestations surviennent dans un contexte de crise comme la perte d'un partenaire ou la mise en danger d'un petit. Je ne m'attarderai pas non plus sur le cas des animaux de compagnie dont l'homme a fait des chimères subjectives auxquelles il prête ses sentiments les plus intimes grâce à tout un jeu subtil d'apprentissages latents et de conditionnements qui échappent à son contrôle volontaire[24].

L'homme a un sens inné du vivant et de ce qui est animé (l'animal). Sa capacité à appréhender une intériorité (subjectivité regardée) ne rencontre pas de réciprocité chez l'animal. Ce dernier ne spécule pas en retour sur cet homme tantôt prédateur, tantôt maître : il fait avec !

Un dernier point que nous enseignent les ethnologues : dans certaines cultures, il n'existe pas de clivage entre les hommes et les animaux. A défaut des longs développements que cette question mériterait, il me paraît néanmoins possible d'affirmer qu'en dépit des constructions culturelles qui la relativisent, la conviction qu'*autrui est humain* demeure ancrée au plus profond des croyances de l'homme.

Le second point de vue — celui que j'aborde dans cet ouvrage — est fondé sur la capacité unique que possède l'homme de compatir, c'est-à-dire de ne pas seulement être capable d'imiter les actions d'autrui, de ressentir ses émois en se mettant à sa place (empathie) ou de partager de façon symétrique ses émotions (sympathie) — ce que l'animal peut faire —, mais aussi de *comprendre* ce que cet autre éprouve dans sa psyché en se faisant juge ou complice de ses buts et en ne séparant pas, dans le courant qui se crée entre eux, raisons et sentiments.

Esprit es-tu là ?

Théorie de l'esprit, modularité de l'esprit, naturalisation de l'esprit : jamais l'esprit n'a autant été évoqué que depuis son entrée dans le champ des sciences de la nature[25]. Il est vrai que les révélations de l'imagerie cérébrale fonctionnelle sont autrement convaincantes que les coups frappés par une table tournante lors d'une séance de spiritisme. En grande partie, grâce aux données de l'exploration du cerveau par l'image et par l'électrode, les sciences cognitives ont su échapper aux rigueurs physico-mathématiques de l'esprit de géométrie pour ouvrir la porte au pathétique et aux subtiles modulations affectives de l'esprit de finesse. Deux conceptions ont pour ambition d'expliquer dans le cadre du naturalisme cognitiviste la façon dont les humains se comprennent les uns les autres : la *théorie de l'esprit* et celle de la *simulation.*

Qu'appelle-t-on théorie de l'esprit ? L'expression est ambiguë car elle renvoie à une théorie explicative du fonctionnement de l'esprit. Les champions de la « théorie théorique » n'ont pas cette prétention[26]. Ils postulent que chaque individu serait un psychologue né et disposerait d'une connaissance implicite (une théorie) de l'esprit lui permettant de spéculer sur les multiples manifestations du psychisme des autres. Ce savoir s'installerait progressivement dans le cerveau de l'enfant et doterait ce dernier de règles lui permettant d'attribuer des états mentaux aux autres et d'en déchiffrer le contenu.

L'acquisition de la « mentalisation » se ferait par la maturation de trois modules spécialisés. Le premier, *theory of body mechanism* (Toby), permet au bébé de découvrir que les autres possèdent une énergie interne qui leur permet de se mouvoir : le bébé se reconnaît comme un mobile parmi les mobiles. Les deux suivants, *theory of mind mechanism* (Tomm 1 et 2), reconnaissent l'intentionnalité : grâce à Tomm 1, qui débute au cours de la première année, le bébé interprète les personnes comme poursuivant des buts au sein de leur environnement ; Tomm 2, au cours de la deuxième année, permet à l'enfant de prêter à l'autre des attitudes propositionnelles (penser que, croire que, désirer que).

La théorie de la simulation défendue par Jeannerod[27] offre une conception apparemment voisine car elle repose sur la notion d'états mentaux, mais différente car elle permet une vérification empirique et se traduit facilement en termes d'activité nerveuse. « Nous parvenons à savoir ce que pensent les autres [...] parce que nous sommes capables de simuler à l'intérieur de nous-mêmes leurs états mentaux et de nous mettre à la place des autres : en somme, je vous comprends parce que je fais semblant d'être vous » ou, en jouant sur les mots, parce que j'utilise les mêmes systèmes neuronaux pour être et vous « con-être ».

Les chercheurs en sciences cognitives de Lyon rassemblés autour de Jeannerod et Decety ont contribué à éclairer le rôle de l'imitation et de la simulation dans ce qu'on pourrait appeler le partage du geste et de la pensée. Leurs travaux, qui reposent sur une anatomie fonctionnelle du cerveau en action grâce à l'imagerie cérébrale (RMNF et TEP)[28], ne sont accessibles qu'après un repérage sommaire des lieux (voir Annexe 1, p. 243).

Lorsque le sujet accomplit un acte volontaire, tel que celui de saisir un objet entre le pouce et l'index, la région du cortex moteur primaire qui commande les muscles de ces doigts est mise en action[29]. Parallèlement, l'activité de l'aire dite *prémotrice* située plus en avant traduit la préparation programmatique du geste qui accompagne le rôle d'exécution du cortex moteur primaire. On observe également l'allumage des régions pariétales reliées à la sensibilité des muscles mise en jeu par la réalisation du geste.

Ces régions du cerveau sont aussi sollicitées lorsque le sujet imagine le geste sans le faire (image motrice) ou lorsqu'il observe autrui en train de l'accomplir. Les mêmes zones sont donc impliquées dans l'action, que celle-ci soit réalisée, imaginée ou observée. Il s'agit d'une simulation en temps réel car la durée de l'image motrice est identique à celle du geste effectué.

Si le sujet utilise les mêmes ensembles neuronaux pour agir, se représenter l'action ou la simuler lorsqu'elle est effectuée par autrui, comment peut-il faire la distinction entre ses propres agissements et ceux de l'autre ? Problème dit de « l'agentivité » : agir ou être agi ? C'est au cerveau d'en décider. Il dispose pour cela de signaux sensoriels en provenance de son propre corps qui lui indiquent qu'il est bien en train d'effectuer le geste. Par ailleurs une copie de la commande motrice (copie d'efférence) est capable de prédire les conséquences sensorielles de l'acte. La confrontation de la copie et des données venant des muscles atteste de la conformité entre le programme moteur et sa réalisation.

Pour participer normalement à la vie d'une communauté d'individus, un sujet doit donc connaître l'auteur de ses propres actes : *lui-même*. Cette capacité suppose la connaissance de *soi* différent de l'*autre*, mais ne signifie pas nécessairement la conscience de soi. Une aire du cortex où convergeraient les informations en provenance de l'espace extracorporel (autrui) et celles originaires de l'espace corporel (proprioception) aurait la charge de cette distinction entre le soi et l'autre. Des expériences d'imagerie réalisées par le groupe de Decety[30] désignent pour cette fonction la région du cortex pariétal inférieur *droit*. Il s'agit pour le sujet soit d'imiter l'expérimentateur, soit d'être imité par lui et de l'observer. Le lobule pariétal inférieur droit est fortement activé dans les conditions d'imitation par autrui (regarder l'autre vous imiter). Une autre série d'expériences[31] va plus loin en s'en tenant à la représentation mentale de l'action sans que celle-ci soit effectuée. On demande à des sujets soit d'imaginer un geste familier, soit d'imaginer autrui effectuant le même geste. Dans les deux cas (soi ou autrui), les images motrices allument les mêmes régions frontales et pariétales. Toutefois, on observe, comme dans l'expérience précédente, une forte activation du lobule pariétal inférieur droit lorsque le sujet adopte la perspective d'autrui. En résumant à outrance : autrui a son siège en moi dans mon lobule pariétal droit.

Sans entrer dans le détail de pathologies multiples, je signalerai que des lésions de cette région pariétale inférieure droite sont observées chez les patients atteints de troubles du schéma corporel ou de défauts d'attribution de leurs propres gestes et de ceux d'autrui. Le délire d'influence observé chez des schizophrènes qui imputent l'origine de leurs actes à des entités étrangères pourrait également impliquer le cortex pariétal droit.

De ce qui vient d'être dit, il ressort que la devise du cerveau pourrait être : « imiter et simuler » ; activités qui se mettent en place chez l'homme dès sa venue au monde. Cette devise implique trois conditions : l'existence d'un soi, la perception d'autrui et le masquage de l'action.

Le soi est une sorte de petit théâtre intime où le sujet se perçoit comme acteur sur la scène du monde — son monde propre, bien sûr, qui occupe son espace extracorporel. Cette proposition rejoint le concept de « soi écologique » développé par James Gibson : « Percevoir l'environnement, c'est se copercevoir soi-même[32]. » Le néologisme « affordance » créé par Gibson traduit cette relation entre le sujet et l'environnement. Les objets qui constituent le monde propre du soi se prêtent à des actions déterminées : la vue d'une chaise invite à s'asseoir, celle d'un verre plein à boire et celle d'un ami à lui serrer la main. Finalement les interactions que les objets ont entre eux, toute cette agitation du monde, invitent également le sujet à intervenir, à se mêler au monde. Cette théorie séduisante est un peu courte, car elle emprisonne le désir du sujet dans son environnement. Certes, le désir est spécifié par l'environnement. Je désire ce qui se présente à moi, mais il convient d'ajouter que ces objets de désir ont une histoire qui coïncide avec celle du sujet. Le corps du sujet est lui-même porteur d'affordance : *un corps pour soi.*

Les travaux de Rochat[33] ont montré la précocité de la perception du soi chez le nourrisson — ce qui ne veut pas dire la conscience de soi. Le nouveau-né est capable dès ses premières semaines de se percevoir comme une entité distincte en poursuivant son expérimentation inlassable sur le monde et sur lui-même. Il découvre ainsi des coïncidences spatiales et temporelles entre lui et son milieu, comme par exemple le fait de ressentir deux sensations tactiles distinctes et simultanées lorsque sa main touche une région de son corps, ou d'entendre son cri quand celui-ci s'échappe de sa propre gorge. Le bébé fait facilement la différence entre cette autoproduction et un toucher ou un son d'origine externe. Ainsi, un bébé âgé de deux jours tourne la tête en réponse à un toucher de sa joue par autrui, mais ne réagit pas lorsqu'il se touche lui-même.

Le soi implique l'existence de l'autre. En se percevant soi, le jeune distingue les objets vivants qui occupent son espace extracorporel et perçoit des similitudes entre eux et avec lui : ce sont la mère, le père, les proches, les autres enfin, tous disposés en cercles concentriques de plus en plus éloignés de lui comme les atomes autour d'un noyau. Ce phénomène n'a rien de particulier à l'humain. L'oisillon, lié à sa mère lors de sa naissance par le phénomène d'empreinte, acquiert ensuite une représentation cérébrale de ses congénères et de la place qu'ils occupent individuellement dans le monde — que celui-ci se réduise à un poulailler ou à un vol d'oiseaux migrateurs. Chez les primates et *a fortiori* chez les grands singes, la notion d'identité s'affirme comme d'ailleurs l'ensemble des caractères d'individuation pour culminer chez l'humain. Les *cartes cognitives d'identité* représentant nos proches, nos familiers voire des connaissances lointaines, des personnalités connues et jusqu'à des individus mémorables rencontrés une seule fois forment un immense fichier dans notre cerveau. Sur la carte ou le passeport d'un particulier figure une photo dite d'identité : reconnaître l'autre c'est d'abord reconnaître son visage. Une silhouette, une démarche, une taille peuvent tromper ; un visage rarement.

Dans ces « sommiers anthropométriques[34] » des autres dont chacun dispose dans son cerveau, sa propre fiche signalétique occupe une place de choix. Elle est cependant bien approximative : renseignements de seconde main, images du visage empruntées au miroir et mise à jour très incomplète ; au point que certains d'entre nous qui ont passé la cinquantaine se promènent avec une carte cognitive d'identité qui date de leur jeunesse et ont du mal à se reconnaître sur une photo récente.

Certains patients atteints de *prosopagnosie* sont incapables de reconnaître des visages familiers, mais continuent de réagir émotionnellement à leur vue. Leur cerveau présente des lésions bilatérales de la région inféro-postérieure des lobes temporaux. Très différent, le *syndrome de Capgras* porte non plus sur l'identification des individus familiers, mais sur leurs personnes mêmes qui ont été remplacées par des imposteurs. Ce dédoublement peut s'étendre au patient qui pense qu'un sosie usurpe son identité. Ces substitutions délirantes se font dans un étrange climat d'apathie : pourquoi le patient serait-il ému puisqu'il n'est plus lui-même et que l'autre est bien à l'aise dans sa peau ? Les neuropsychologues font l'hypothèse que les dysfonctionnements intéresseraient les connexions entre les aires temporales de reconnaissance des visages et les structures qui confèrent à cette identification une signification émotionnelle. Cet autre qui occupe ma personne m'est indifférent. L'identification de l'autre est en effet chez l'homme normalement inséparable d'un accompagnement affectif. *La cognition sans émotion n'a plus sa raison d'être.*

Dernier point de neuropsychologie, si les mêmes structures nerveuses sont activées dans la réalisation d'un geste et lors de sa simulation, comment dans ce dernier cas l'action motrice peut-elle être masquée — simuler sans le montrer ? L'intervention de régions appartenant au cortex préfrontal serait responsable de cette inhibition dont nous verrons qu'elle s'étend aussi bien à l'état affectif qu'à l'acte moteur[35].

Je reviens sur cette métaphore du théâtre décidément inévitable lorsqu'il est question du cerveau[36]. Je n'ai fait jusqu'ici que décrire la machinerie — imitation, simulation, identification — et vais maintenant faire descendre des cintres le *deus ex machina* — j'ai nommé le désir. Non pas le désir ordinaire qui opère dans les cerveaux animaux de nos cousins vertébrés, mais un monstre éblouissant *(Cupiditas humana)* qui se nourrit de chair humaine : la chair de notre prochain.

Le spectateur intéressé que je suis est évidemment « conscient » lorsqu'il écrit ce livre[37]. Il n'est pas sûr toutefois que les idées que j'exprime ici et là — quand elles ne sont pas empruntées — relèvent uniquement des constructions logiques de ma raison. Ne sont-elles pas davantage l'expression des mouvements affectifs de ma psyché, tout autant masqués à la conscience[38] que les images motrices simulées le sont à l'action ? Dans ce qui va suivre, il arrivera donc que, ne disposant plus ni de la protection rassurante de l'imagerie ou de la chimie, ni de la griserie délicieuse de la théorie, je succombe à ce péché capital contre la science : parler de soi. Une façon, peut-être, d'écouter le monstre évoqué plus haut.

4

La parole

> « Tu causes, tu causes, c'est tout ce que tu sais faire. »
>
> R. Queneau, *Zazie dans le métro*[1].

La parole s'adresse à l'autre ; elle permet de lui dire : « Passe-moi le sel » ou « Je t'aime à la folie ». Cet autre parle. Il exprime ses pensées, ses sentiments et les rend publics par son discours. Sans la parole, l'homme ne serait pas cette bête sentimentale qui se nourrit de compassion et de haine ; il vaquerait à ses occupations dans un monde privé d'humanité, livré à la seule compagnie d'animaux semblables à lui.

Au cour d'un séjour en Afrique, mon grand-père avait fait l'acquisition d'un perroquet pour lui tenir compagnie. Dans son sabir savoureux, le marchand lui avait garanti que l'animal parlait. Après quelques semaines, l'animal n'avait toujours pas prononcé un mot malgré les efforts de mon grand-père pour lier conversation. Il s'était donc résigné à rendre l'oiseau au vendeur en accusant celui-ci de l'avoir trompé. L'homme indigné eut alors ces mots admirables : « Il ne parle pas, mais il pense ! » Mon grand-père ne trouva rien à rétorquer et repartit avec le perroquet qu'il ramena en France. L'oiseau mourut neurasthénique une dizaine d'années plus tard, sans avoir jamais prononcé une parole. Mon grand-père le suivit peu de temps après. La pensée silencieuse de son compagnon favori le délassait, disait-il, du bavardage incessant de sa femme dont il prétendait qu'elle n'avait jamais eu une seule pensée de sa vie. Par ces propos indignes, mon grand-père signifiait sûrement qu'il n'est pas nécessaire de parler pour penser et que les paroles ne traduisent pas toujours des pensées chez celui ou celle qui les prononce.

« Ce dont on ne peut parler, il faut le taire ! » Ma grand-mère n'avait pas lu Wittgenstein. Elle parlait, parlait et n'avait pas grand-chose à dire. Elle exprimait simplement le besoin de l'autre, de son écoute, de son regard. Pas plus les paroles que les réponses ne l'intéressaient en dehors de la compassion qu'elle attendait d'autrui. Le même Wittgenstein affirme que si les lions pouvaient parler nous ne les comprendrions pas. Selon Dennet, si les lions étaient doués de parole, nous les comprendrions bien, mais ils n'auraient pas grand-chose à nous raconter. Ils ne sauraient dire s'ils sont contents de leur sort et de leur condition de lion, ils ne sauraient exprimer leurs « états d'âme ». Et Premack d'ajouter que si les poules disposaient d'une grammaire, elles n'auraient rien d'intéressant à partager. J'ai connu des grammairiens dont les bavardages pédants étaient de purs morceaux d'inanité sonore ; si j'avais été un poulet, j'aurais trouvé plus captivante la conversation d'une poule.

La pensée

Mon propos n'est pas de répondre à l'interrogation de Heidegger : « Qu'appelle-t-on penser ? » (*Was heisst denken ?*). Je partage avec mon grand-père l'opinion que la question de la pensée et celle du langage doivent être séparées. Selon Descartes, l'expression de la pensée est nécessaire à l'existence même de cette pensée. La preuve que les animaux ne pensent pas réside selon lui dans leur inaptitude à formuler à l'aide du langage ce qui relève de la pensée indépendamment de leurs passions et des besoins de leur corps.

Depuis Darwin, on considère que ce privilège exorbitant de l'homme n'est plus acceptable. La pensée n'a pas besoin du langage pour s'exercer sur le monde dans lequel est plongé l'animal. Encore convient-il de faire la différence entre la pensée que je qualifierai de *totalitaire*, observée chez les invertébrés — elle atteint son apogée chez les insectes sociaux —, et la *libre pensée* des vertébrés qui prend ses racines dans la jouissance et la souffrance de l'individu. Une expérience de Schneirla[2] illustre cette différence. Un rat et une fourmi sont tous deux capables d'apprendre à parcourir un labyrinthe ; examinés séparément, on observe toutefois une différence dans leur manière d'apprendre. La fourmi s'initie lentement et intègre successivement chaque choix correct, étape après étape. Le rat, au contraire, anticipe à chaque étape les étapes à venir ; mieux, il apprend à apprendre, et améliore sa performance lorsqu'il est confronté à de nouveaux labyrinthes. Le rat se précipite vers le but avec une allure d'autant plus grande qu'il sait d'après son expérience y trouver plus de nourriture : le rat est un être guidé par ses désirs. Ceux-ci n'appartiennent qu'à lui et sont l'expression de son corps impatient. En bon vertébré, le rat dispose d'un cerveau et d'un système neurovégétatif qui le tient informé de ses passions. Aucun rat dans cette épreuve ne se comporte d'une manière identique à celle d'un de ses congénères. Une fourmi, en revanche, en vaut une autre. Chacune décline les mêmes procédures à partir des mêmes signaux, selon les mêmes codes parfois d'une extrême complexité, et utilise des stratégies d'action fixées par les programmes génétiques. Sans être désobligeants pour les fourmis et les abeilles, convenons-en : ce sont des automates. On pourrait être tenté alors de souscrire à l'opinion de Descartes et conclure que ces animaux ne pensent pas, mais ce serait sur des arguments opposés à ceux utilisés par le philosophe pour refuser la pensée à l'animal : ces bestioles sont, en fait, trop raisonnables ; elles ne s'écartent jamais des impératifs dictés par l'espèce car elles ne connaissent pas la passion. Dans cette protopensée extraordinairement performante en matière d'adaptation de l'animal au milieu, rien ne fait défaut à la machine pour assurer la congruence du sujet et du monde. Le phénomène d'association permet à l'organisme de lier un comportement inné à un nouveau signal. Un tel processus ne nécessite aucune analyse du contenu du signal. Autrement dit, la pensée invertébrée manque de détachement — je n'ose parler de liberté.

Pour bénéficier de ce que Joëlle Proust[3] appelle une pensée détachée, l'animal doit distinguer « ce qu'il pense de ce sur quoi il pense », et analyser le contenu de ce qu'il perçoit afin de le ranger en catégories. Notre animal est devenu un faiseur de concepts. L'abeille, remarquable ouvrière et géomètre de précision, n'a pas le concept de fleur à sa disposition et n'utilise, pour butiner celle-ci, que des signaux invariants qui pour être subtils n'en sont pas moins fixés. Tel n'est pas le cas de l'oiseau qui peut catégoriser non seulement des fleurs mais des arbres, des maisons, des voitures, des graines et des fruits, des congénères bien sûr et d'autres animaux prédateurs ou proies. Lorsqu'on apprend à un pigeon à picorer une image de rose pour obtenir de la nourriture, il est ensuite capable de reconnaître une marguerite ou un œillet, même s'il n'en a jamais vu. Il infère du concept de fleur qu'il pourra en tirer une récompense.

Quand le corbeau perché sur un arbre tient dans son bec un fromage, il sait que celui-ci entre dans la catégorie des objets mangeables et fait partie d'un monde objectif dont la réalité ne lui appartient pas. Il peut le vérifier en ouvrant son large bec. On connaît la suite. Mais on ne l'y reprendra plus : il n'est pas trop tard pour comprendre que ce qui se mange doit être solidement tenu dans le bec. Heinrich[4] a montré que les corbeaux sont capables de catégoriser les objets selon leur valeur nutritive et peuvent apprendre divers moyens pour les obtenir en choisissant celui qui leur paraît le plus approprié : le faire rouler ou tirer sur une ficelle par exemple, compte tenu du poids de l'objet qu'ils estiment à vue d'œil.

Les oiseaux n'ont pas le privilège de la pensée conceptuelle. Parmi l'innombrable peuple des eaux, les poissons ne passent pas pour des intellectuels ; mais peut-être sont-ils victimes de préjugés anthropomorphiques car on commence seulement à découvrir leur capacité à déjouer les pièges et à se représenter le monde en agissant au mieux de leurs intérêts passionnés. La palme, si j'ose dire, revient aux mammifères marins et le catalogue des exploits cognitifs des dauphins et baleines remplirait aisément ce chapitre. Le public selon ses inclinations estime supérieures les capacités intellectives du rat, du chien ou du chat. Il n'est pas jusqu'à l'âne dont on apprécie à la fois le jugement et le caractère capricieux. Tous s'accordent en revanche pour reconnaître aux primates et plus particulièrement aux anthropoïdes une pensée conceptuelle de haut niveau.

Sans décrire les expériences qui mettent ces qualités en évidence, je mentionnerai la capacité des babouins à se représenter un objet et à faire tourner dans l'espace son image mentale. Menzel[5] a transporté un chimpanzé sur ses épaules à l'intérieur d'un vaste enclos pendant qu'un collègue cachait des fruits en des lieux différents. Une fois lâché, le singe visitait la totalité des emplacements sans suivre le parcours erratique qu'il avait effectué passivement. Grâce à la représentation de l'espace acquise pendant le trajet, il pouvait, une fois livré à lui-même, minimiser la distance parcourue en empruntant la stratégie dite du commis-voyageur.

Les anthropoïdes portent des jugements sur les relations entre objets. Une conséquence en est la capacité à produire des outils. Les chimpanzés de la réserve de Taï en Côte d'Ivoire utilisent des pierres en granit pour casser des noix. Un tel marteau nécessite une enclume, en général une souche d'arbre, qui ne se trouve pas là où le singe ramasse la pierre. Dans un premier temps, l'animal choisit le morceau de granit qui lui semble le plus convenable et l'emporte avec lui lors du ramassage des noix, avant de se rendre dans un deuxième temps à l'atelier de cassage où se trouve la souche. Il faut donc qu'il se souvienne de la position respective du marteau, des noix et de l'enclume. Ce qui exige à la fois une mémoire spatiale, une gestion optimale des déplacements et une poursuite temporelle d'un but.

Des raisonnements logiques comme l'*inférence transitive* sont à la portée du chimpanzé : si A est équivalent à B et B équivalent à C, alors A est équivalent à C. Ces relations peuvent se faire à un niveau plus élevé ne portant plus sur des objets isolés mais sur des catégories.

La pensée dont il s'est agi jusqu'ici est solitaire. L'autre n'intervient pas. Ce point me rappelle un corbeau que je croisais chaque matin en allant à mon laboratoire de Gif-sur-Yvette. Il était perché, avec l'immobilité totale d'un militaire en faction, sur la clôture qui séparait l'Ecole polytechnique de la route. Peut-être influencé par la proximité de ce haut lieu de l'intelligence, je me posais régulièrement la question : « A quoi pense-t-il ? » A rien, peut-être. A moins qu'il ne fût là en tant que sentinelle prête à avertir d'un danger la troupe de ses congénères dispersés dans le pré. Je tiens pour certain qu'il s'agissait du même corbeau à chacun de mes passages. Nous ne nous comprîmes jamais et il disparut un jour sans adieu.

Mon histoire appelle trois observations. La première est qu'*il n'existe pas de pensée libre sans affect*. Cela vaut pour le corbeau comme pour l'homme. Dans la présence apparemment impassible, il y a l'attente craintive du danger potentiel prête à se changer en peur lorsque celui-ci survient. La cognition, l'ai-je assez répété, se construit sur l'appréhension passionnée du monde.

La deuxième observation, elle aussi récurrente, repose sur le *caractère indissociable de la représentation et de l'action* (que j'appelle « représentaction »). Dans la représentation que le corbeau se fait de l'environnement qu'il surveille, son envol apeuré est déjà en préparation. L'exemple de l'utilisation de proto-outils par le chimpanzé est encore plus démonstratif. On pourrait à son propos parler de pensée instrumentale sans qu'il soit possible de séparer celle-ci d'une pensée conceptuelle. L'action se cache jusque dans les opérations de logique les plus abstraites. Peut-être, « à son corps défendant », le mathématicien est-il un travailleur manuel.

La dernière observation reste hypothétique. Existe-t-il *une cognition sociale spécialisée dans la gestion des relations interindividuelles ?* Une telle pensée prendrait en charge les objets sociaux. Ceux-ci diffèrent des objets ordinaires : ils sont dotés d'autonomie et répondent aux stimulations selon des modalités qui nécessitent une interprétation ; en bref, ils interagissent avec le sujet. Reconnaître un partenaire et s'adresser à lui, c'est, en effet, faire preuve de capacités de catégorisation sur des objets dont les invariants sont surchargés d'éléments variables. Choisir, par exemple, un allié suppose une évaluation fondée sur des critères qui nécessitent un haut niveau d'analyse. A l'hypothèse d'une pensée sociale indépendante résultant des contraintes adaptatives imposées par la vie à plusieurs, s'oppose l'affirmation théorique d'une pensée conceptuelle comme phénomène unitaire dont le développement conduit nécessairement à *la découverte de l'autre comme objet à penser.* En bref, c'est l'intelligence qui produit la socialisation et non l'inverse. Penser l'autre, c'est aussi le reconnaître comme objet pensant, c'est-à-dire échanger avec lui des représentations. Rien n'interdit de considérer qu'intervient alors le langage, à la condition toutefois de préciser ce que l'on désigne sous ce terme.

Les fonctions du langage

Bühler, un des grands psychologues de la Gestalt, attribue trois fonctions au langage en tant qu'instrument de communication[6] : a) *la fonction expressive* — le langage sert à exprimer les émotions ou les pensées de l'émetteur ; b) *la fonction injonctive, signalétique ou d'appel* — le langage sert à provoquer certaines réactions chez le récepteur ; c) *la fonction descriptive* — le langage sert à décrire un certain état des choses. Selon Bühler, les deux premières fonctions sont communes aux langages humains et animaux ; en revanche, la fonction descriptive est une caractéristique du seul langage humain. Popper attribue une quatrième fonction au langage humain : *la fonction argumentative,* qui constitue la base de la pensée critique. J'y ajoute une cinquième fonction : — *la fonction compassionnelle,* à laquelle je consacrerai un développement séparé.

La *fonction expressive,* qu'il s'agisse d'émotions ou de pensées, met en avant la présence insistante et inévitable du corps dans tout processus de communication animale ou humaine. Exprimer veut dire : « faire sortir par pression sur un corps ». C'est la pression du monde qui s'exerce sur le corps pour en faire sortir le langage.

Dans la fonction injonctive, il convient de distinguer les *indices* et les *signaux* proprement dits.

On peut considérer comme des indices les indications fournies par un individu sur ce qu'il est : je suis immangeable ou je suis un mets de choix, je suis toxique, je suis dangereux ou inoffensif, je cours vite, etc. Tous ces indices perceptibles directement ont un coût et n'ont été conservés par la sélection naturelle qu'en raison de leurs avantages. Comme toujours en matière d'adaptation, il n'y a pas de profit sans risque. Cela est vrai pour le financier comme pour le ver luisant.

Il existe deux espèces de lucioles : l'une prédatrice, *Photinus*, l'autre proie, *Photuris*. Dans chaque espèce, le mâle et la femelle émettent des flashs lumineux pour s'accoupler. Quand la femelle *photinus* (prédatrice) aperçoit le flash d'un mâle *photuris* (proie), elle émet pour l'attirer le signal d'une femelle *photuris*. Trompé, le mâle *photuris* vient s'offrir à la dévoration de la femelle *photinus*. Mais — en matière d'évolution, il y a toujours un « mais » — il y a souvent un prédateur du prédateur. *Photinus* la luciole est la proie de la grive et de l'araignée. *Photuris* est en revanche moins vulnérable en raison d'une plante qu'elle mange et qui lui donne un goût que la grive et l'araignée n'aiment pas. Dès lors *Photinus* la gloutonne, en se repaissant de *Photirus*, celle qui a mauvais goût, acquiert du même coup ce caractère non comestible qui éloigne la grive et l'araignée. Sur la distance, *Photinus*, la prédatrice, gagne donc sur tous les tableaux. Mais l'étude de l'évolution montre que la victoire des prédateurs n'a qu'un temps et la sélection naturelle a plus d'un tour dans son sac pour donner la victoire aux vaincus de la veille, en favorisant, par exemple, les mâles *photuris* capables de reconnaître les imitations trompeuses de la femelle *photinus*.

Cette affaire de lucioles — un peu compliquée, j'en conviens — est un exemple parfait de la mécanique froide de la communication au service de l'adaptation. Dans la prairie où vivent les vers luisants comme à la Bourse de New York, communiquer se fait par des flashs lumineux ou des écrans d'ordinateurs dans lesquels ne passe aucune émotion, sinon le désir de posséder ou de dévorer l'autre. Les lucioles, comme les *golden boys*, sont dépourvues de compassion.

Les signaux s'échangent entre individus d'une même espèce. Ils sont souvent le résultat d'un processus dit de *ritualisation* survenu lors de l'évolution. Les signaux d'accueil en sont un exemple particulièrement démonstratif. Encore incapable de parler à la tête de l'autre, le singe s'adresse au derrière de celui-ci. Peut-être ce dos-à-dos annonce-t-il le face-à-face caractéristique de l'espèce humaine : convenez avec moi qu'un visage est plus expressif qu'un cul.

Mouvements du cou, tête dressée ou inclinée, vocalisations diverses, le répertoire d'accueil des différentes espèces animales est inépuisable. Les comportements et vocalisations, ritualisés au cours de l'évolution, ont perdu leurs fonctions primitives (sexualité, agressivité) pour devenir le porteur *conventionnel* d'une information nécessaire à la préservation de l'espèce, notamment lorsque celle-ci repose sur une cohésion sociale. Grâce au signal ritualisé, l'émetteur et le récepteur se retrouvent sur une interprétation identique de la situation. Pour savoir ce que représente un tel signal, il n'est pas nécessaire d'apprendre ce qu'il veut dire : il a été sélectionné par l'évolution pour que s'effectue le couplage entre la production du signal chez l'émetteur et le comportement correspondant chez le récepteur.

Les signaux vocaux émis par les animaux varient selon les espèces[7]. Pour le plus grand bonheur des amateurs de mots croisés, l'éléphant barrit, le rhinocéros barète, la chèvre béguète, le chameau blatère, l'âne brait, la perdrix cacabe, le renard glapit, la pie jacasse, l'aigle glate, la huppe pupule et l'homme parle. Même le silence des eaux peut être troublé par les vocalisations de certains poissons comme le grogneur *(Plectorhynehas diagrammus)*. Leur fonction injonctive est manifeste. Le singe vervet émet trois cris différents selon le type de prédateur qui s'approche (aigle, léopard, python). Ils provoquent chez les congénères des réponses adaptées : se réfugier dans un arbre face à un ennemi terrestre ou se cacher dans un buisson quand le méchant vient du ciel. Par son cri le vervet exprime aussi son émotion ; la force de la peur augmente le caractère impératif du signal : un « Tous aux abris » d'autant plus sonore qu'il s'adresse à des proches.

Dans le domaine de la sexualité, les signaux d'appel réalisent chez certaines espèces de véritables chants. Quand la baleine à bosse chante sur son lieu de reproduction, elle enchaîne des thèmes et sous-thèmes dans des arias qui évoquent les variations Goldberg. Mais pour autant que les chercheurs puissent en décider, ces éléments formels ne renvoient à aucune signification. Ce que les linguistes traduiront en disant que le chant de la baleine n'est pas sémantisé.

Comme la baleine, l'oiseau chante. L'organisation des éléments du chant — notes, syllabes, phrases — évoque une véritable syntaxe, mais le contenu sémantique est absent. La musique de la chanson est savante et belle. Les paroles — si tant est que l'on puisse employer ce terme — répètent toujours la même annonce sonore et creuse : celle-ci indique

que le chanteur défend son territoire et cherche femelle à son goût en vue d'un rapprochement et plus si affinités.

Les programmes musicaux de l'oiseau sont innés et nécessitent l'intervention de l'hormone mâle pour se mettre en place. Comme pour le langage humain, un apprentissage est nécessaire ; l'apprenti chanteur ajuste son chant en écoutant les autres et en s'écoutant lui-même. Pour une même espèce, on rencontre des « styles » différents selon les régions. Il semble, enfin, que les femelles montrent des préférences pour certaines séquences particulières dites « sexy ». La comparaison avec le langage humain s'arrête là. On n'image pas le chant de Pelléas réduit à une succession de *tralalalères* occasionnée par une montée saisonnière de testostérone.

On peut, en revanche, s'interroger sur le caractère spécifiquement humain de la *fonction descriptive* comme l'a proposé Bühler. L'observation des singes vervets montre que ceux-ci réagissent à l'audition d'appels diffusés par haut-parleur comme s'ils avaient repéré un vrai prédateur. En entendant par exemple un cri d'alarme signalant un aigle, ils scrutent le ciel qu'ils balaient du regard avant d'aller se réfugier dans le buisson. Tout se passe donc comme si le signal déclenchait la représentation correspondant à la description d'un type donné de prédateur. Ne peut-on dans ce cas parler de mots : des sons arbitraires qui ont *un contenu référentiel ?* Selon Hauser[8], le système d'alarme du grivet a au moins trois propriétés en commun avec les mots humains. Premièrement, la relation entre le son et le référent est arbitraire : la vocalise signifiant « aigle » ne ressemble pas au cri de l'aigle. Deuxièmement, le cerveau ne détermine pas la classe des objets ou événements associés à un signal ; il acquiert cette association par expérience. Les petits vervets émettent des signaux imparfaits et commencent par se tromper ; ils réagissent également de travers à l'audition des signaux. Des vervets qui vivent à Nairobi où il n'existe pas de léopards utilisent le cri du léopard pour désigner d'autres gros prédateurs terrestres comme le chien. Troisièmement, le vervet sait à quoi renvoie le cri sans voir l'émetteur ou l'événement : il lui suffit d'en connaître le sens. S'agit-il d'une sémantisation rudimentaire ? La question reste posée. Pourquoi le singe rhésus émet-il cinq cris distincts quand il trouve de la nourriture ? Décrit-il le menu à ses congénères ? Et lorsqu'il utilise trois cris différents pour désigner un aliment rare et de qualité, s'agit-il de synonymes ou de précisions gastronomiques dont le sens nous échappe ?

La *fonction argumentative* du langage décrite par Karl Popper n'appartient qu'à l'homme. Celui-ci excelle à convaincre l'autre, à « l'instrumenter » pour le faire changer d'avis et obtenir son adhésion. J'avance l'hypothèse que le langage lui sert d'outil pour manipuler son prochain. Je rappelle qu'un outil est un objet utilisé pour agir sur le monde et les choses physiques. L'animal emprunte parfois des brins de paille, un bâton, une pierre pour parvenir à ses fins ; l'homme a acquis la capacité d'articuler deux ou plusieurs pièces pour façonner un engin composite en vue d'une opération déterminée : un éclat de pierre au bout d'un bâton pour faire une lance ; des plumes à l'autre extrémité pour obtenir une flèche dirigée contre le gibier ou l'adversaire ; une pierre taillée attachée par des lianes à un manche de bois qui devient hache pour tailler la charpente d'un abri ; et ainsi de suite jusqu'aux outils appelés engins de destruction massive, qui ne servent qu'à se retourner contre l'espèce.

Le langage humain obéit au même principe. La parole est un outil construit à partir d'éléments réunis entre eux selon une *double articulation.* Les éléments sont constitués de sons ou de mouvements de la main car l'homme parle aussi bien du bout des doigts que du bout des lèvres. La première articulation permet d'assembler et de commuter entre elles des unités minimales ou *morphèmes* ayant une forme, un sens et un *mot* lorsqu'elles sont isolées. La seconde articulation se fait entre *phonèmes*, unités minimales distinctives et dépourvues de sens. Les mots s'organisent en phrases selon des règles de grammaire pour produire un énoncé[9].

Les mots, les phrases ne serviraient à rien s'ils n'étaient reçus par un destinataire. Les mots du dictionnaire demeurent inertes tant qu'ils ne sortent pas d'une bouche ; ils sont comme des outils rangés sur l'établi, attendant la main qui les animera. A la différence des objets sur lesquels s'exerce l'outil, ceux que le langage manipule interagissent avec lui : ils comprennent et peuvent répondre. Le récepteur travaille tout autant que l'émetteur. Une des tâches les plus problématiques auxquelles un interlocuteur est confronté est la *segmentation ;* à l'exemple de l'incipit de *Zazie dans le métro*[10] : « Doukipudonktan », le cerveau doit trouver les frontières des mots pour extraire un sens de la chaîne acoustique. Le jeune enfant fait un effort d'apprentissage considérable pour découper les mots dans le discours des grands qui ne marquent aucune pause, aucune accentuation pour leur faciliter le travail. Quand les gens parlent, le bébé écoute, devine l'utilisation que le locuteur veut faire de ce bruit et finit avec un lexique dans la tête.

Le rythme d'acquisition est phénoménal. De dix-huit mois à six ans, l'enfant s'approprie environ neuf mots par jour qu'il extrait comme des pépites d'une gangue de mots déjà connus ou encore ignorés. Il arrive souvent que ce mineur de fond se trompe dans ses extractions. Dans *La Règle du jeu*, Michel Leiris[11] raconte que, entendant des adultes parler d'un incendie à Billancourt, il avait compris « habillé en cour » qui signifiait pour lui « être vêtu de façon commode pour la course et tel qu'on pût avec une vitesse maximale, rallier les lieux où l'on criait « au feu » ou « au secours ». La ceinture rouge et noire des pompiers gymnasiarques, tel était, sans doute aucun, le détail essentiel par lequel se définissait l'habillement en cour ». Sans trop savoir la manière dont l'enfant s'y prend, on peut penser qu'il recherche des régularités, des repères sonores l'aidant à découper la langue maternelle en éléments fonctionnels.

Malgré toute la science des linguistes, le langage humain conserve bien des mystères. Comment du sens peut-il émerger du vacarme que font les paroles des hommes ? Comment se fait-il que des êtres qui se comprennent si bien s'entendent parfois si mal ? C'est que le langage ne sert pas seulement l'entendement, mais aussi — et peut-être surtout — les passions. La *fonction compassionnelle* est peut-être la plus essentielle des fonctions du langage humain.

Le cri et la parole

La tragédie de Sophocle *Philoctète*[12] offre une superbe illustration de la fonction compassionnelle de la parole. Combattant de la guerre de Troie, Philoctète avait été mordu au pied par un serpent lors d'une expédition à l'îlot de Chrysée. Son pied suppurait sous un mal rongeur ; emplissant l'espace de clameurs sinistres, il empêchait ses compagnons de procéder en paix aux libations et aux sacrifices... Les Grecs l'avaient donc abandonné sur une île déserte où pendant dix ans il demeura seul, ne s'exprimant que par des cris comme s'il avait été retranché du champ de la parole.

Mais le misérable avait été l'ami d'Héraclès. C'est lui qui avait allumé le bûcher du héros le jour de sa mort, et il avait reçu en héritage son arc et ses flèches infaillibles. En l'écartant de la communauté, ses compagnons n'avaient pas osé emporter le cadeau d'Héraclès. Et ils le regrettaient, eux qui combattaient toujours devant Troie l'invincible. Car l'oracle s'était prononcé : jamais les Achéens ne remporteraient la victoire s'ils ne disposaient des flèches d'Héraclès. Ainsi ce corps répugnant et souffrant, confiné au désert et devenu orphelin de sa propre langue, reprit-il toute son importance. Ulysse enjoignit Néoptolème, fils d'Achille, d'approcher Philoctète et de capter son âme, afin de s'emparer par la ruse de son arme. Le moment le plus émouvant de la tragédie est celui où Philoctète entre en scène. Les Achéens ont débarqué sur l'île. En son absence, ils ont investi la grotte où gît le misérable et guettent son retour. Le chœur l'entend qui vient. Il le reconnaît au bruit de ses cris. « Un bruit a retenti : la plainte de quelqu'un qui souffre, il n'est pas loin, il pousse d'épouvantables cris. » Philoctète paraît. Il boite, mais, surprise, il ne crie pas. Comme si le fait d'une présence humaine l'avait rétabli dans le langage et qu'alors la douleur s'était apaisée. Et Philoctète parle : « Oh ! Etrangers qui êtes-vous ? [...] Mais c'est votre voix que je veux entendre. » On lui répond et aussitôt s'échappent de sa bouche des paroles de joie : « *O philtaton phônèma* » — « ô parler chéri ! » Et voilà que le misérable, arraché à la condition animale où l'éloignement de la communauté des hommes l'avait plongé, retrouve au son de la parole son appartenance à l'humanité et le chemin de la compassion.

Un autre cri signale l'entrée dans le monde des humains : celui des nouveau-nés. Confronté à sa nouvelle condition, le petit homme pousse un cri de stupéfaction dont l'écho dans son âme ne cessera de le poursuivre jusqu'à sa mort. Le cri accompagne les premiers mouvements respiratoires grâce auxquels le bébé renifle le monde. La découverte passe d'abord par les narines, puis par la bouche avec le goût de la première tétée. Le regard ne vient qu'ensuite, à la traîne du sens oral. « Prendre connaissance, c'est manger des yeux » dit Sartre dans *L'Etre et le Néant*. On pourrait inverser la proposition : regarder, c'est ouvrir la bouche et les narines. L'olfaction, canal sensoriel précocement ouvert dans le cerveau, bien avant l'audition et la vision, constitue l'avant-garde du jugement que nous portons sur le monde. Respirer, crier, sentir, exprimer son désir et sa souffrance : l'homme est déjà présent dans ces modalités affectives et expressives qui habitent le nouveau-né.

Le cri de naissance a été étudié par les chercheurs : précédé d'une inspiration, il suit de vingt à trente secondes l'expulsion totale du corps[13]. Lorsque l'enfant paraît, il crie et ceci pour son plus grand bien : ses cris renforcent, en effet, le réflexe d'éjection de lait chez la mère, c'est-à-dire la libération d'ocytocine dans le sang et le cerveau de cette dernière. Cette hormone suscite ou amplifie la compassion de la mère mêlée au désir de le faire taire : « Plus tu cries, plus je t'aime, mais je t'en prie tais-toi ! » — déjà toute l'ambivalence de l'amour.

Reliquat du cri primal, le cri du nourrisson traduit une émotion fondamentale, la faim, la soif ou la douleur. Il persiste, latent et prêt à jaillir, chez l'adulte et se situe diamétralement à l'opposé du langage. Toute compassion en est absente. Il dit la solitude tragique, l'absence, la perte désespérée de l'autre chez l'homme réduit à sa souffrance animale comme le pauvre Philoctète. Quelques amateurs de cinéma se souviennent peut-être d'un des premiers films d'Antonioni — le plus beau —, intitulé *Le Cri* : celui que pousse en se précipitant dans le vide un homme abandonné par la femme de sa vie.

A côté de ce cri universel marqué à la fois par la déréliction et par l'animalité, d'autres cris apparaissent chez le nourrisson dans les jours et semaines qui suivent la naissance. Ce sont des cris-signaux bien différents du cri primal qui ne renvoie qu'« au vide abyssal originaire », selon l'expression de Leopardi. Cris d'appel ou de menace, ils s'apparentent à des vocalisations à fonction de communication. Ils varient d'une culture à l'autre : un bébé japonais ne crie pas comme un bébé parisien. Les bébés réagissent aux cris d'autres nourrissons ; les filles plus que les garçons. Une visite dans une crèche permet d'apprécier le caractère contagieux des cris. Tout se passe comme si le bébé, avant de disposer de l'organe langagier encore absent de son cerveau, devait se contenter de ses cris pour exprimer son besoin de communiquer avec l'autre. Mais, j'insiste sur ce point, en aucune manière le cri n'est le précurseur, l'antécédent évolutif du langage. Même lorsqu'il est un support de communication, jamais le cri ne devient parole. Les structures du cerveau dont il dépend n'interviennent pas dans le langage.

De ses premiers balbutiements à ses dernières paroles, des millions de mots sortent de la bouche d'un homme (184 800 000 en moyenne sur soixante-dix ans) : des mots de tous les jours, des mots d'esprit, des mots amers, des mots de la fin, des mots cruels, des mots pour rire, des mots piquants, des mots qui tuent. Un mot, ce peut être tout ! L'émotion, la douleur, la tragédie, la poésie, l'amour, l'expérience de la vie : tout un monde, toute une philosophie. Les mots ne sont pas seulement « des sons chargés de sens », ils sont aussi porteurs d'une émotion qui pointe vers l'auditeur à la façon d'un aiguillon ou se répand sur lui comme une liqueur bienfaisante.

Scherer[14] a étudié systématiquement la force affective d'un énoncé. Il demandait à des auditeurs de porter un jugement émotionnel sur des phrases présentées de façon à ce que n'intervienne pas le contenu verbal. Le niveau d'excitation du locuteur était facilement appréciable d'après la hauteur de la voix (registre) et le timbre ; l'intonation permettait de différencier, sur des indices acoustiques spécifiques, la peur, la violence, l'arrogance ou l'indifférence.

L'expression faciale de l'émotion agit mécaniquement sur la parole. Un sourire raccourcit le conduit vocal et élargit son ouverture provoquant des modifications sur le signal acoustique : augmentation de la fréquence et de l'amplitude des formants[15] ainsi que de la hauteur de la voix[16]. Je t'écoute sourire !

A l'effet acoustique s'ajoute celui de la prosodie. Celle-ci porte sur l'enveloppe musicale de la parole, c'est-à-dire le rythme, la mélodie et l'accent. Je rappelle sa valeur linguistique pour marquer la segmentation des mots et la séparation des phrases. Sa valeur émotionnelle est tout aussi importante.

La parole est inséparable de ce visage dont elle jaillit. En parlant de l'autre, je lis sur sa face les effets de mon discours ; son émotion me devient sensible. J'observe les signes de compréhension : ils signifient que mon interlocuteur a pénétré ma pensée pour autant que je le laisse s'y promener à sa guise, à moins que je ne cherche à l'y égarer sur les chemins de ma duplicité.

Tout un jeu de regards se déroule pendant le face-à-face. L'interlocuteur attentif suit des yeux ce que lui montre le locuteur ou scrute ce qui ne s'entend pas. C'est davantage l'auditeur qui regarde le locuteur que l'inverse. Peut-être s'agit-il de pudeur de la part de ce dernier, une peur de se trahir, une réticence à se dévoiler ? Une autre possibilité serait qu'il veuille se protéger des signaux en provenance de l'autre qui pourraient embrouiller ou interrompre le fil de son discours. La technique du divan en psychanalyse radicalise cette situation de celui qui parle.

La position de l'auditeur n'est évidemment ni passive, ni neutre. La fixité de son regard peut devenir un frein pour le locuteur. En revanche, une mimique approbatrice, un hochement de tête, des onomatopées brèves sont comme des « remontoirs de la conversation ».

Du côté du locuteur, l'expression faciale, dont on a vu qu'elle pouvait modifier les caractéristiques mécaniques du son, peut altérer le sens d'un énoncé. L'ironie n'est pas seulement contenue dans le texte, elle s'affiche dans les sourcils et un certain plissement des paupières. En quelques traits de crayon, un bon dessinateur peut faire apparaître les sarcasmes sur un visage sans qu'une légende soit nécessaire. Les mouvements des sourcils s'entendent comme des accents mis sur certaines syllabes. Cette véritable prosodie du visage est manifeste dans les films muets et l'accompagnement musical apparaît tout à fait justifié.

Les mouvements des lèvres du locuteur n'interviennent pas seulement dans la formation des phonèmes, ils sont également porteurs d'affects qu'on ne peut séparer des sons. « En notre nature, écrit Herder, sommeillent autant de genres de la sensibilité que de sortes de sons[17]. » Ils viennent s'éveiller sur nos lèvres. Les mouvements des lèvres fournissent des indices à la compréhension de la parole que les sourds ne sont pas seuls à utiliser. Un interlocuteur entendant pratique sans le savoir la lecture labiale. D'où la gêne lors de la vision d'un film mal doublé. Le décalage son/image peut parfois produire des illusions sonores. Un sujet entend [da] quand on lui passe l'enregistrement du phonème [ba] avec l'image correspondant à la prononciation de [ga][18].

Cette lecture labiale de la parole correspond peut-être à ce qui reste d'un langage gestuel archaïque impliquant la bouche et les mains. Ces dernières se portent d'ailleurs à hauteur de la bouche lorsqu'il s'agit de mieux se faire entendre de l'interlocuteur et ce dernier élargit généralement son champ de vision à l'ensemble face-mains, en prenant du recul, lorsqu'il cherche à améliorer sa compréhension. L'étude des structures du cerveau et des mécanismes neurologiques du langage va nous permettre d'interpréter cette observation.

Le cerveau et le langage

La parole illustre parfaitement le concept de « représentaction » qui associe perception et geste. Pour plus de quatre-vingt-dix pour cent des droitiers, le cerveau gauche est le cerveau qui parle avec un pôle antérieur pour l'action et un pôle postérieur pour la représentation[19] (voir Annexe I, p. 243-244).

La découverte des régions cérébrales impliquées dans le langage pourrait servir d'exemple à l'axe franco-allemand. En 1861, le chirurgien français Paul Broca présente le cas de M. Leborgne surnommé *Tan* par le personnel de la Salpêtrière : il avait perdu la capacité d'émettre des paroles alors même qu'il continuait de les comprendre et ne pouvait que répéter inlassablement « tan tan ». A l'autopsie du malheureux patient, Broca avait observé une lésion située dans l'hémisphère gauche, précisément à la partie inférieure du lobe frontal, région appelée *aire de Broca* dont la destruction entraîne une aphasie dite *motrice* ou *d'expression*.

La découverte de Broca fut suivie en 1874 par celle du neurologue allemand Karl Wernicke. Celui-ci rapporte l'observation de deux patients incapables de comprendre le langage parlé, en conservant la capacité de parler (aphasie dite *sensorielle*), qui présentaient des lésions de la partie supérieure du lobe temporal gauche (*aire de Wernicke*) au voisinage des aires sensorielles auditives.

Il ne fut pas surprenant de découvrir par la suite l'existence d'un faisceau de fibres nerveuses reliant les deux aires (faisceau arqué). Sa destruction entraînait une troisième forme d'aphasie (dite de transmission) dans laquelle le patient peut émettre et comprendre des mots mais est incapable de les mettre en relation.

La neuropsychologie fonctionnelle, grâce à l'imagerie, a bouleversé ces données un peu trop simples pour être honnêtes. Les trois régions restent bien sûr impliquées en première ligne, mais d'une façon intriquée dans la production et la perception de la parole. Les patients qui présentent une lésion de l'aire de Broca — celle-ci ne constitue d'ailleurs plus une entité homogène — ont bien un déficit de production du langage. Celui-ci est caractérisé par un défaut d'assemblage des syllabes et des mots donnant un discours de type télégraphique et des répétitions de mots. Mais on note également chez ces aphasiques de type Broca un trouble dans l'analyse de l'organisation syntaxique de la phrase. La sémantique — le sens des mots — reviendrait à l'aire de Wernicke élargie à ses régions avoisinantes et divisée en sous-régions spécialisées, par exemple, pour nommer les objets, les animaux, les outils et les personnes.

En résumé, au pôle antérieur (aire de Broca et aire d'exécution motrice) seraient dévolues l'organisation et la production du geste phonatoire et au pôle postérieur la perception, la reconnaissance et l'attribution du sens, les deux pôles assurant ensemble la « représentaction ».

Ne parler que du cerveau gauche serait une simplification abusive. Chez un nombre non négligeable de sujets — différemment apprécié selon les études —, les aires de la parole sont à droite, notamment chez les gauchers, mais non exclusivement[20]. De jeunes enfants ayant subi à la naissance ou dans leur premier âge des lésions du cerveau gauche apprennent très bien à parler avec le droit. Enfin, les orateurs de gauche — je parle bien sûr de leur cerveau et non de leurs opinions politiques — utilisent leur cerveau droit dans la partie prosodique du langage et dans le traitement des noms abstraits et à forte charge affective. Il est probable que lorsqu'un homme évoque le nom de Dieu, il se sert de son cerveau droit. Cet exemple permet d'illustrer l'avantage adaptatif des spécialisations hémisphériques : gain d'espace sur le cortex, gain de temps en rapprochant les fonctions directement liées sur le même hémisphère et surtout partage des tâches assurant à chacune une relative indépendance. Un chef d'Etat peut prier avec son cerveau droit en demandant la protection du Seigneur et élaborer avec son cerveau gauche les discours qui subjugueront ses alliés et les stratégies pour anéantir ses ennemis. Il faut pour cela ne pas suivre la tentation trop facile d'opposer un hémisphère droit qui parlerait le langage du cœur et un hémisphère gauche qui pratiquerait celui de la raison. Ce ne serait là que fariboles pour amuser le lecteur.

La demeure de l'Etre

Il est important de ramener le langage à sa finalité première : la parole est un acte qui ne peut être que destiné à l'autre, c'est-à-dire à un organisme sensible qui le recueille. Ce qui se manifeste à travers les sens apparaît toujours dans les limites du plaisir et de la souffrance. Ce sont les sens qui donnent aux mots *du sens*. Il n'existe pas de nom, d'odeur, de vision, de saveur venus du monde qui ne soient totalement dépourvus de signification. Il n'existe pas de paroles qui ne soient une expression sensuelle du monde. Des êtres qui communiqueraient entre eux par l'intermédiaire de signes totalement arbitraires et articulés selon les règles ordonnées de la logique formeraient une société syntaxiquement correcte mais inhumaine.

La linguistique savante fait trop oublier que la

langue originelle ne peut être que métaphorique, autrement dit qu'elle montre quelque chose qui a un sens en transférant une signification à ce qui est montré. En elle, de façon spécifiquement humaine, au-delà des cris de l'animal, parlent la joie et la douleur qui sont les modalités premières de l'être-au-monde. En reprenant à peu près les mots de Marcel Proust, on pourrait dire que, comme dans les puits artésiens, la parole monte d'autant plus haut que la souffrance et la joie ont plus profondément creusé le cœur.

La parole est un acte moteur qui met en jeu les muscles de la sphère oro-laryngée et ceux de la main, tous largement représentés dans les zones motrices au voisinage de l'aire de Broca. Elle est, en parallèle, une activité sensorielle qui intéresse les aires sensorielles auditives et visuelles à proximité de l'aire de Wernicke. J'ai déjà signalé la correspondance entre l'aire de Broca et la région du cortex frontal chez le singe où se trouvent les neurones-miroirs. Ces données laissent à penser que l'observation d'un geste intentionnel chez un individu (appelons-le A) déclenche chez un observateur (appelons-le B) les phénomènes neuronaux identiques à ceux qui ont permis la réalisation du geste par A. Une inhibition nerveuse bloquerait la production effective du geste chez B. Toutefois ce blocage incomplet et laissant paraître l'ébauche du mouvement permettrait à A de savoir que son geste a bien été perçu et compris par B. On serait ici en présence d'une forme primitive de langage gestuel qui existerait donc chez un singe proche de l'homme comme le macaque. L'évolution amènerait chez l'homme un développement de ce mode de communication par représentation, en substituant notamment l'entrée auditive à l'entrée visuelle et la gestuelle oro-pharyngée à la gestuelle manuelle, cette dernière pouvant d'ailleurs retrouver sa prééminence en cas de surdité.

Ainsi le langage humain apparaît-il pour ce qu'il est fondamentalement : un partage avec autrui de « représentactions » et de ce qu'elles transportent de passions ; un acte de compassion en somme.

5

De la chimie du désir à l'alchimie de l'amour

« Est-ce vous croyez qu'on puisse faire l'amour sans proférer une parole ?»

Voltaire, *Micromégas.*

Après la machine — une machine parlante — il nous reste à découvrir le moteur et l'énergie qui l'anime. Ils ont pour nom *désir* et *plaisir*.

Désir et plaisir sont la marque des vertébrés et la clé de leur réussite évolutive. Le couple fait appel à des systèmes neurologiques communs à tous les vertébrés ; il est marqué par l'état corporel de l'animal et par les objets de son désir. Parmi ces objets vient en premier l'*autre* — le désir de l'autre qui crée les liens entre individus. Une chimie cérébrale conservée dans les différentes espèces soutient ces phénomènes. Une rupture me paraît toutefois s'opérer entre l'animal et l'homme. S'il est possible de faire état de désir et d'attachement entre bêtes, on ne peut guère parler d'amour à leur sujet. Un amour qui ne peut se dire n'est pas un amour et jamais la rengaine baignée d'hormones d'un rossignol n'équivaudra au murmure d'un « je t'aime ».

Phylogenèse du désir

S'il arrivait que je meure et me retrouve au paradis, j'aurais probablement à remplir un formulaire d'admission, l'au-delà étant à l'image de la société qui l'inspire : bureaucratique. A la rubrique « Religion », je mentionnerais « chrétien », obligé d'admettre implicitement le dogme incroyable de la résurrection de la chair. Dans la catégorie « Appartenances diverses », j'indiquerais l'espèce — humaine ; puis viendraient le genre — *Homo* ; la famille — hominidés ; la classe — mammifère ; l'embranchement — vertébrés ; le règne — animal — en espérant qu'on ne pratique pas au paradis la cladistique[1], car à la lumière de cette discipline moderne, ma classification est obsolète. Mais un fait demeure : je (nous) partage(ons) un ancêtre commun plus ou moins éloigné, il est vrai, avec tout ce qui vit ou a vécu sur la terre.

« Désir de vivre, plaisir d'être là », telle pourrait être la devise des espèces qui ont à ce jour survécu, parmi lesquelles la nôtre. Bain et Spencer furent les premiers à donner un rôle clé au plaisir dans l'adaptation face à la sélection naturelle. L'attente de plaisir, véritable moteur du désir, guide le choix des actions de l'animal qui favorisent l'adaptation de l'espèce : ce qui est bon pour elle entraîne du plaisir, ce qui est mauvais suscite du déplaisir. On voit poindre, derrière ce choix, l'idée de liberté, et paraître à l'horizon la joie, instrument de la liberté de l'homme.

Lorsque l'on reconstitue la généalogie du désir, on constate que celui-ci apparaît très bas dans l'arbre du vivant et se manifeste dans des espèces très anciennes. Désirer, d'une façon générale, revient à se mobiliser pour l'obtention d'un objet : « Observez au microscope une amibe, créature unicellulaire et parasite de l'intestin de l'homme : tout entière à sa proie attachée, elle approche de celle-ci et l'entoure dans les plis de sa membrane avant de la digérer.

Regardez, à l'œil nu, un parasite mondain s'avancer par des mouvements de reptation vers un buffet pour s'y empiffrer de bouchées et de petits-fours. Dans ces deux exemples, le désir est à l'œuvre. Il se situe entre le manque et le profit, entre le besoin à satisfaire et la satisfaction sans besoin[2]. » Est-il utile de préciser que je ne prétends pas déceler la moindre « intention signifiante », selon la formule de Husserl, dans les manifestations du désir chez l'amibe ?

Un changement radical dans le sens du désir s'est accompli au cours de l'évolution avec l'apparition des vertébrés. Chez les unicellulaires et les invertébrés, le désir est réglé de façon prédéterminée « comme du papier à musique » selon une partition écrite dans les gènes. Les variations qui introduisent la diversité nécessaire à l'évolution sont générées par des mutations. Chez les vertébrés, en revanche, le désir se libère, avec le plaisir et la souffrance comme compagnons d'échappée. Une des clés de l'évolution des vertébrés réside dans l'installation de systèmes désirants dans le cerveau, étroitement associés au vécu affectif (jouir, souffrir) de l'animal.

Qu'est-ce qu'un vertébré ? Un animal à la fois mobile et rigide grâce à ses vertèbres, et doté d'une capacité maximale d'action qui lui est donnée par sa puissance motrice et sa souplesse. Il bénéficie d'un système nerveux central localisé dans la tête, c'est-à-dire ouvert sur le monde (la vie devant soi) et le long du dos, grâce aux systèmes sensoriels latéro-dorsaux (la vie autour de soi). A la différence des invertébrés, ces animaux sont soumis tout au long de leur formation individuelle à l'épreuve du monde. La mise en œuvre des gènes de développement qui dirigent la construction de leur cerveau dépend largement de l'influence du milieu. L'aventure des vertébrés est celle de l'individuation. En d'autres termes, la liberté offerte par un environnement ouvert s'est introduite dans le déroulement du programme interne de formation de l'individu[3].

Les systèmes désirants

Pour comprendre le fonctionnement de ces machines désirantes logées dans le cerveau des vertébrés, il est préférable de connaître leurs rouages. Ceux-ci sont d'ailleurs remarquablement comparables chez le rat, modèle de prédilection des chercheurs, le singe et l'homme. Les différences évolutives entre espèces portent principalement sur les régions de l'encéphale qui ont en charge les représentations et les processus intellectifs : le cortex cérébral avec ses aires réparties sur les deux hémisphères. Ces derniers reposent sur un tronc (le tronc cérébral) qui prolonge la moelle épinière. Celui-ci est parcouru par des voies (dites descendantes) qui transportent les signaux électriques du cerveau à destination des nerfs moteurs et des voies (dites ascendantes) qui charrient les informations en provenance du corps et du monde extérieur vers le cerveau.

Dans le tronc cérébral, des amas de cellules nerveuses regroupés en différentes structures fabriquent et libèrent à leurs terminaisons des neuromédiateurs dont les noms nous sont aujourd'hui familiers, car ils sont les partenaires désignés des déprimes et autres embarras psychiques qui empoisonnent nos vies : la *dopamine*, l'*adrénaline*, la *noradrénaline*, la *sérotonine* et l'*acétylcholine*. Ils reçoivent des influx de tout ce qui monte au cerveau ou en descend. Depuis leur corps cellulaire partent de longues ramures vers la moelle et l'encéphale, de telle sorte qu'un seul d'entre eux contacte plusieurs centaines de neurones-cibles.

Le désir inséparable des états affectifs sous-jacents se manifeste dans des processus dont la description appartient au domaine de la psychologie, mais dont la neurobiologie permet d'identifier les bases anatomiques et chimiques. Il s'agit de l'*attention,* de l'*initiation* et du *soutien de l'action*. Les neurones à dopamine fournissent le support logistique aux différentes régions du cerveau impliquées dans ces processus.

On ne peut convenablement définir le plaisir, ni d'ailleurs la douleur. Ces états viennent du corps : bien-être, pouls et respiration ralentis, baisse de la pression artérielle, pupilles contractées, salivation, paix des organes pour l'un ; malaise, pouls et respiration accélérés, pression artérielle augmentée, agitation des organes pour l'autre. Pour les caractériser, les adjectifs affluent : exquis, délicieux, violent, débordant, réfléchi, raisonnable, fou, impatient, insatiable, pressant pour le désir ; aiguë, vive, cinglante, cuisante, déchirante, fulgurante, irradiante, lancinante, pénétrante, poignante, térébrante, pulsatile, profuse pour la douleur. Encore peut-on assigner à cette dernière une source organique (un membre, le ventre, la tête, etc.), ce qui est plus difficile avec le plaisir qu'on ne peut guère ramener à une partie du corps (le plaisir sexuel ne fait pas exception : on jouit avec tout son corps, sinon ce n'est plus un plaisir, mais une simple sensation dans le bas-ventre). Force est de constater l'imprécision des mots — certains adjectifs comme « violent », « exquis », s'appliquent aussi bien au plaisir qu'à la douleur. Chez l'animal, on ne peut juger de l'état que par l'observation de l'acte : approche, répétition pour le premier ; évitement, retrait, arrêt du comportement pour le second. Chez l'humain, la compassion permet de connaître la douleur ou le plaisir de l'autre, par une sorte de simulation virtuelle de ce que l'autre ressent effectivement — « la connaissance de ta douleur, de ton plaisir vient de moi ». Il existe bien sûr des mots pour le dire, mais on vient de voir l'insuffisance de leur contenu sémantique ; ce qui importe le plus, c'est leur charge affective, « le ton, la prosodie de ta parole qui me font partager ton émoi ». Et, faut-il le répéter, c'est l'affect qui pousse la parole à jaillir avant de devenir en retour un instrument de la passion — des mots pour te faire jouir, des mots pour te faire souffrir.

Pour résumer la situation sur le plan psychologique et sans trop de nuances, je dirais que la douleur signale les blessures du corps, mais devient bien vite un poison de l'âme qu'il faut chercher à interrompre (« la douleur dit passe et finit[4] ») ; le plaisir est bon et utile, il appelle la durée.

Une véritable *biologie du plaisir* fut inaugurée en 1954 par les expériences de Olds et Milner[5] menées avec la complicité de quelques rats de laboratoire. Les résultats provoquèrent l'étonnement des psychologues de l'époque, préoccupés seulement de stimuli et de réponses et qui ne s'étaient jamais posé de questions sur l'affectivité de leurs sujets, rats et cobayes humains étant logés à la même enseigne, celle du behaviorisme triomphant. Voici les faits : un rat, en appuyant sur un levier, déclenche un stimulateur électrique qui envoie du courant à la pointe d'une électrode implantée chirurgicalement dans la profondeur de son cerveau. Lorsque l'électrode est placée de façon adéquate, on observe que l'animal appuie spontanément, de façon répétitive, sans jamais se lasser et en franchissant tous les obstacles (comme une barrière électrifiée) qui pourraient le détourner de son obstination.

La conduite ordinaire d'un rat de laboratoire, consiste à appuyer sur un levier pour satisfaire un besoin : de la nourriture quand il a faim, de l'eau quand il a soif. L'animal s'autostimule à une fréquence pouvant dépasser cent appuis par minute, de façon compulsive, en sacrifiant aussi bien son sommeil que sa nourriture. L'absence de bénéfice apparent conduit à penser que l'autostimulation n'a d'autre fin que de produire du plaisir. Il est difficile d'expliquer le phénomène en l'attribuant à une consommation. Il s'agit d'un *besoin sans besoin* et d'un *désir sans objet*, différent en cela d'un comportement régulateur dans lequel la satisfaction naturelle du besoin provoque le plaisir, puis la satiété supprime le désir et arrête le comportement. On comprend, en revanche, que l'autostimulation, sans autre objet qu'elle-même, soit insatiable et ne s'arrête que lorsqu'on coupe le courant électrique. Tout simplement, l'animal *se fait* plaisir. Dans ces conditions artificielles, la stimulation électrique emballe au même train le plaisir et le désir.

En vérifiant l'emplacement dans le cerveau des électrodes qui entraînent un comportement d'autostimulation, on constate que leur pointe est située dans les régions du tronc cérébral qui contiennent les corps cellulaires des neurones à dopamine[6], ainsi qu'au niveau de leurs prolongements et de leurs zones de projection dans la portion antérieure du cerveau. S'autostimuler n'est pas une spécialité du rat ; tous les vertébrés capables d'appuyer sur un levier avec les pattes ou le bec peuvent le faire. Les neurochirurgiens ont pu vérifier lors d'interventions chez l'homme que la stimulation électrique des zones dopaminergiques du cerveau provoquait un état de plaisir souvent accompagné de l'acte de sourire.

Les chercheurs savent aujourd'hui mesurer la dopamine libérée[7] dans ces différentes structures chez l'animal (le rat, le singe) ; ils peuvent également bloquer temporairement les voies dopaminergiques par des drogues qui agissent sur les récepteurs du neuromédiateur (neuroleptiques), ou définitivement en détruisant les cellules par des substances neurotoxiques. De toutes les observations, je ne retiendrai que quelques données qui montrent qu'il est difficile de faire la part de ce qui revient au plaisir ou au désir. Ainsi, la nouveauté qui accompagne un stimulus (nouveau lieu, nouvel aliment) se traduit par une élévation de la libération de dopamine, notamment dans une région carrefour appelée *noyau accumbens*. La répétition crée l'habitude et l'habitude tarit la libération de dopamine. Celle-ci s'élève par exemple dans le cerveau d'un rat qui honore une rate pour la première fois ; au cinquième assaut consécutif, le mâle se désintéresse de la femelle et la dopamine cérébrale ne réagit plus. Il suffit de changer la partenaire sexuelle pour que renaisse la vigueur érotique du rat et que la dopamine coule de nouveau à flot dans son noyau accumbens[8]. Je rappelle qu'il s'agit d'un rat et oppose à cette lamentable expérience les propos de Michelet[9] : « On s'aime à mesure qu'on se connaît mieux, qu'on a vécu ensemble et beaucoup joui l'un de l'autre. »

A l'opposé de ce qu'on pourrait attendre, les stimuli aversifs, c'est-à-dire ceux qui provoquent la douleur et l'évitement, se traduisent également par une libération accrue de dopamine et dans les mêmes structures cérébrales que le plaisir et le désir[10].

Un fétichiste de la dopamine s'essayant à la philosophie pourrait voir dans cette substance l'alpha et l'oméga de l'*être dans le monde* : un « *dasein* chimique ». L'ironie de mon propos n'efface pas la réalité des observations : l'implication de la dopamine dans l'apprentissage conditionné grâce à son pouvoir amplificateur sur le caractère motivant d'un stimulus ; son intervention dans la mémoire à court terme et sur le rappel des faits récents et plus généralement, enfin, sa présence dans le cortex préfrontal au cours de tests qui montrent son rôle dans l'attribution de valeur aux événements de la vie. En cela, la dopamine pourrait être considérée comme porteuse de sens. Encore convient-il que cette molécule soit laissée à sa juste place ; celle d'une molécule, rien qu'une molécule (apparue très tôt dans l'évolution des espèces ; on en trouve dans l'hydre d'eau douce), instrument du destin de chaque individu. *La compassion est peut-être le propre de l'homme, elle ne s'en nourrit pas moins de dopamine.*

Les processus opposants

> « " Peux-tu dire, ô Fol, lequel connaît mieux l'amour, celui qui en a plaisir ou celui qui en a peine et angoisse ? " Il répondit et dit que l'un sans l'autre ne peut en avoir connaissance. »
>
> Raymond Lulle, *L'Ami et l'aimé*[11].

Le fait que la libération de dopamine augmente autant dans la souffrance que dans le plaisir apporte de l'eau au moulin de la théorie des processus opposants. Dans cette dernière, on retrouve la subordination de l'acte à l'état : le corps-sujet est à lui-même son propre motif (de plaisir et de souffrance).

Je ne ferai que reprendre en les résumant les analyses plus approfondies de cette théorie qui figurent dans mes précédents ouvrages[12].

Les expériences sur lesquelles Solomon[13] a construit sa théorie ne témoignent guère de compassion pour l'animal. Un chien suspendu dans un harnais est soumis à des chocs électriques sur ses pattes arrière. Son « état affectif » est observé grâce à l'enregistrement de son pouls et de sa pression artérielle. Lors du passage du courant, le pouls s'accélère brutalement, puis redescend à un niveau qui reste élevé mais stable (il s'habitue). La pression artérielle suit une évolution parallèle. Manifestement, l'animal n'est pas dans son assiette (il souffre !). Lorsqu'on arrête la stimulation, une chose étonnante se produit. Le cœur et la pression artérielle ne reviennent pas au niveau de base, mais en dessous, comme si l'animal éprouvait un intense soulagement : *un état de bien-être succède à l'état de mal-être.* Si l'on recommence l'expérience en augmentant l'intensité du courant, l'effet primaire aversif s'accroît et le plaisir secondaire aussi. La répétition quotidienne de ces expériences amène une disparition progressive de l'effet primaire en quelques jours. Le chien, maintenant *tolérant,* demeure impassible sous la torture. Mais plus surprenant est le devenir de l'état secondaire. Le rebond qui suit l'effet primaire, non seulement persiste d'une séance à l'autre, mais augmente. Au bout de quelques jours de répétition, l'effet primaire n'existe plus, en revanche l'effet secondaire atteint son maximum.

L'ensemble des phénomènes observés dans le temps lors de réactions affectives répétées témoigne de la mise en place des processus opposants. Chaque fois que se produit un processus primaire affectif dans un sens donné (l'aversion dans l'exemple du chien), une opposition se développe dans les structures nerveuses. Elle est caractérisée par sa forte inertie et sa persistance à l'arrêt du phénomène primaire. Chez les toxicomanes, où l'état primaire recherché est le plaisir, l'effet de rebond secondaire se traduit par la souffrance du manque qui pousse le sujet à rechercher le stimulus primaire. Ainsi se crée l'*assuétude* ou *dépendance,* qui enchaîne le sujet à une source de plaisir que la tolérance rend de moins en moins efficace ; avec, pour conséquence, le recours à des doses de plus en plus élevées.

Comme je viens de le signaler, ce système de processus opposants fonctionne dans les deux sens. Le processus primaire est, selon les cas, la douleur ou le plaisir. Ainsi en est-il des coureurs de marathon. Pour courir et se faire si mal, ils n'ont qu'un seul motif : la quête de cette ineffable sensation de bien-être qui survient après la souffrance et exprime le déchaînement des processus opposants. Il en est de même des gens qui font de la chute libre ou du saut à l'élastique. Les spécialistes s'accordent à dire qu'au bout de quinze fois, on est prêt à sauter à tout prix, indifférent à la peur, tant est délicieuse la récompense attendue : le sol !

Mais la comédie vire parfois à la tragédie. Certains sujets se font au début trop facilement plaisir pour n'être pas tenus ensuite d'en acquitter la dette. Ils sont comme enchaînés (*addictus* veut dire « esclave de son créancier » en latin) à leur quête irrépressible qui entraîne dans son cours torrentueux l'état et l'acte. Deux pentes naturelles sur ces voies du plaisir que j'ai déjà évoquées : *la première est de l'ordre du désir pur,* attente d'un objet convoité, voire d'un plaisir sans objet ; *la seconde est liée à la consommation et à la satisfaction d'un besoin.* Mais il est difficile de séparer les deux. Le plaisir amoureux par exemple est-il lié à un désir pur ou à la satisfaction d'un besoin ? Non d'un besoin sexuel (où se trouverait le déficit, dans des testicules ou des ovaires gorgés d'hormones ?), mais d'*un besoin indicible de l'autre dont l'absence provoque le manque.*

La première pente suit principalement les systèmes dopaminergiques. La seconde pente emprunte des voies qui libèrent des endomorphines ou morphines naturelles dans le cerveau. Dans les conditions normales, les deux systèmes agissent de façon synergique — ce qui signifie qu'ils joignent l'utile à l'agréable.

Comment fonctionnent ces systèmes opposants ? Probablement par des freinages rétroactifs qui s'exerceraient aussi bien sur les voies du désir/plaisir que sur celles de l'aversion/souffrance. Rappelons que la dopamine est sollicitée par les deux couples et intervient au cœur des dispositifs affectifs quel que soit le sens dans lequel ils s'exercent. Un neurotransmetteur inhibiteur, le Gaba, est impliqué — les récepteurs du Gaba dans le cerveau sont la cible des anxiolytiques dont l'usage est aussi répandu en France que celui de l'alcool. Un dernier point sur lequel je reviendrai :

lorsque la balance plaisir/aversion penche en faveur de cette dernière, s'ouvrent les voies de la violence, les systèmes médians qui occupent l'hypothalamus ventral et le tronc cérébral. Ils utilisent principalement la sérotonine comme neurotransmetteur.

En esquissant ce tableau neurochimique et anatomique des états affectifs, je me suis éloigné de la compassion et j'ai réduit le désir de l'homme à sa dimension animale. Il est vrai qu'en matière de dopamine, le désir qui s'adresse à l'aimé(e) n'est pas très différent de celui qu'un individu affamé porte à une pomme — pourquoi blâmer Adam, peut-être avait-il seulement une petite faim ?

Pour le désir de l'autre, il existe en plus de la dopamine une chimie particulière chez les vertébrés qui conditionne l'attachement entre individus.

La chimie du lien

Il y a dans le plancher du cerveau deux substances de peptides — c'est-à-dire des petites protéines — de forme très voisine qui sont fabriquées par de gros neurones de l'hypothalamus ; on les appelle *vasopressine* et *ocytocine*. Ce sont des hormones qui sont stockées dans la partie postérieure de l'hypophyse (la neurohypophyse) avant d'être libérées dans l'organisme où elles remplissent diverses fonctions — notamment, pour la vasopressine, celle de retenir l'eau du corps qui a tendance à s'échapper par les reins ou, pour l'ocytocine, celle de provoquer les contractions de l'utérus lors de la parturition et l'éjection du lait hors des mamelons au cours de l'allaitement. Mais ces deux agents sont aussi des neuromodulateurs libérés à l'intérieur du cerveau sous certaines conditions dans certaines régions et auxquels on attribue un rôle certain dans la genèse de ce que l'on appelle l'*attachement*. Le mot désigne chez l'homme « le sentiment qui unit une personne aux personnes ou aux choses qu'elle affectionne ». En psychologie animale, le terme est généralement réservé au lien entre individus de la même espèce : la mère (éventuellement le père), et les enfants ou les enfants et la mère (éventuellement le père) et enfin entre deux individus (en général des partenaires sexuels). Un biologiste peu soucieux des reproches qui pourraient lui être adressés n'hésitera pas à parler d'amour. « L'amour entre bêtes est une chose admirable », disait déjà au Moyen Age Raymond Lulle. De là à qualifier l'ocytocine d'hormone de l'amour, il y a un pas que je me refuse à franchir, au risque de passer pour un incurable romantique auprès de ceux qui confondent copulation et élans de cœur. La vérité m'oblige toutefois à dire que chez les rats, les souris, les campagnols et les ouistitis, espèces les plus étudiées par les biologistes, l'attachement commence par un accouplement au cours duquel de l'ocytocine est libérée dans les régions basses et profondes du cerveau. Pourquoi alors ne pas signaler que, lors de l'orgasme chez deux individus humains qui font l'amour, l'ocytocine est libérée dans leur hypothalamus où elle forme avec la dopamine le duo neurochimique du plaisir/désir ? Ce qui nous conduit à penser que, dans leur accouplement passionné sur le pont du vaisseau qui les menait en Cornouailles, Tristan et Iseult *ont joui comme des bêtes*.

Le mythe ne s'arrête pas sur un simple coït qui resterait épisodique même s'il était quelque peu répété avec la même partenaire. Le mythe installe l'acte copulatoire dans la durée, voire dans l'éternité, et lors du duo extatique du deuxième acte de l'opéra de Wagner, les amants échangent ces paroles :

« Tristan — Toi Tristan, moi Isolde *non plus* Tristan !

Isolde : — Toi Iseult, moi Tristan *non plus* Isolde[14] ! »

Le mythe de Tristan devient celui du couple : « le toi et le moi réunis pour toujours dans un bonheur sublime[15] » et dans une conscience confondue qui exprime la compassion dans sa forme la plus accomplie.

Le couple n'est pas l'apanage des héros mythiques. La monogamie est un trait de l'espèce humaine qu'elle partage avec 5 % des mammifères. Les oiseaux sont les champions de la conjugalité. L'exemple de l'albatros est célèbre : à la mort d'un conjoint, l'autre reste fidèle à sa mémoire et souvent se laisse mourir tel le pauvre Monsieur Bovary. Des poissons, notamment de nombreux cichlidés comme les scalaires vedettes de nos aquariums, vivent en couple et ne remplacent pas le partenaire disparu. Dans beaucoup de ces cas, la monogamie associée à la territorialité s'explique aisément par sa valeur adaptative en termes de succès reproductif. On pourra toujours comparer les mérites respectifs de la monogamie et de la polygamie, de la fidélité et de l'adultère chez l'homme, en vue d'accroître l'aptitude globale[16] : dans un contexte de rareté des partenaires sexuels, il est par exemple utile de garder le même, ou, en cas de promiscuité, d'en changer pour favoriser le brassage des gènes, etc. Ces approches sociobiologiques ne sont pas dépourvues de solides bases scientifiques, mais expriment une telle variété de situations qu'un physiologiste risque d'y perdre le but de sa recherche : éclairer les mécanismes d'une fonction — dans le cas présent, celle d'attachement.

Physiologie de l'attachement

On peut accepter sans trop de dogmatisme que la finalité ultime du coït entre un mâle et une femelle soit la reproduction — à charge pour eux d'assurer ensuite la nourriture et la protection de la portée. Le but de la copulation est donc de croître et de se multiplier selon le commandement de Dieu (Genèse, 1, 28), afin d'assurer la propagation de l'espèce selon la loi de Darwin (le succès reproductif des mieux adaptés). On me permettra toutefois d'avancer l'hypothèse que la cause immédiate et égoïste de ce comportement n'est pas la sauvegarde du génome, mais la recherche du plaisir animée par le désir que suscitent la représentation et l'approche de l'autre.

Une forme de désir partagé préside également à la rencontre de la mère et de son nourrisson, et c'est le plaisir qui tend le lien les attachant l'un à l'autre. H. Harlow a étudié le comportement de bébés singes élevés au biberon et sans contact avec leur mère naturelle[17]. Le jeune est mis en présence de deux substituts de mère. L'un, formé de grillage nu, est porteur d'un biberon ; l'autre, revêtu de chiffons duveteux, est dépourvu de biberon. On observe que le petit singe passe son temps sur le dernier substitut et ne se rapproche du premier que pendant la brève période nécessaire pour s'alimenter. L'attachement au leurre duveteux, évocateur de la fourrure maternelle, paraît donc être un caractère inné ; le besoin « primaire » de nourriture ne semble jouer ici aucun rôle dans le choix du substitut. En l'absence de mère ou de leurre maternel réaliste et de contacts sensoriels inducteurs de plaisir, le petit singe présente en grandissant des troubles graves du comportement consistant à des activités répétitives, des rotations sur lui-même et une perte du contact social.

Lorsque l'enfant paraît, il découvre dans son espace extracorporel les signaux attendus qui lui indiquent l'objet futur de son attachement. Le drame, qui se déroule dans une étroite fenêtre de temps, se résume en trois actes strictement programmés : Acte 1 — « c'est elle » ; acte 2 — « c'est elle pour toujours » ; acte 3 — « rien qu'elle ». Elle, la mère : une poule, une rate, une guenon..., une femme. Le scénario est toujours le même ; seuls les signaux diffèrent : visuels et auditifs pour les oiseaux, olfactifs pour les rongeurs, polysensoriels pour les singes et les hommes.

Les mécanismes des phases successives ont été bien étudiés chez le poussin : d'abord une activation du désir/approche de l'objet qui s'offre à lui (une poule ou un substitut) ; en même temps se produit une inhibition de la fuite ; survient ensuite une phase d'acquisition pendant laquelle le stimulus *s'imprime* dans le cerveau de façon irréversible ; au terme de cette courte période sensible, tout ce qui n'est pas la « mère » devient un objet d'évitement. Les régions cérébrales impliquées dans ces processus sont homologues des structures corticales des mammifères. On observe, pendant ces phases d'impression et de consolidation, les mêmes ouvertures de synapses et les mêmes libérations accrues de neuromédiateurs excitateurs et inhibiteurs dans les régions sensorielles visuelles et auditives[18] que celles associées avec tout phénomène d'apprentissage. Mais qu'est-ce qui fait le caractère exclusif de cette « empreinte » et sa solidité ? Peut-être est-ce la force de son accrochage aux systèmes désirants et la douceur de la présence maternelle qui fait d'elle un plaisir inoubliable ? La libération d'ocytocine n'est pas en cause, car cette hormone n'existe pas chez l'oiseau, mais pourquoi ne pourrait-il s'agir de la *vasotocine*, une molécule homologue qui partage avec l'ocytocine le même précurseur ancestral ?

Chez les rongeurs, on connaît moins bien que chez l'oiseau les mécanismes nerveux de l'empreinte. Celle-ci, de nature olfactive, met en jeu une libération intracérébrale d'ocytocine. Cette dernière associée à l'odeur de la mère est un puissant stimulant des apprentissages.

L'attachement des ratons à leur mère offre une sorte de scénario anticipé de la compassion humaine, ce partage entre individus de leur intimité. Lors de la mise bas, le petit rat est recouvert de liquides utérins : la mère le lèche et lèche ensuite ses propres mamelons. Elle répand ainsi sur sa peau des odeurs venues de l'intérieur de son corps. Celles-ci permettent à la mère d'attirer le raton qui se fixe à ses mamelles comme un fruit attaché à sa branche : la (ou les) substances responsables sont des phéromones, substances odorantes qui sont un véritable marquage génétique de la mère car apparentées à son système immunitaire d'histo-compatibilité majeure[19].

On peut masquer les odeurs naturelles de la mère par celles, synthétiques, du citral. Lorsque l'on injecte cette essence dans sa corne utérine quelque temps avant la mise bas, les petits se fixent ensuite électivement à des êtres enduits de citral et, à choisir entre plusieurs nourrices, ils adoptent celles dont les mamelles ont été ainsi accommodées. L'histoire ne s'arrête pas là. Devenus grands, les rats nouent des affinités électives avec des rates dont le vagin a été parfumé au citral. Des animaux ayant eu l'expérience de cette odeur dans leur plus jeune âge mettent deux fois plus de temps à éjaculer avec des femelles ordinaires qu'avec des femelles citralées. Je ne ferai que rappeler à ce propos l'importance de ce parfum d'enfance dans l'attachement sexuel de l'adulte, sans toutefois m'autoriser à conclure que tout mâle cherche à retrouver dans *sa* femelle l'image — ici olfactive — de sa mère[20].

Pour en terminer avec l'attachement des petits à leur mère, je signalerai que sa force conditionne tout le futur des ratons, notamment leur santé et même leur place dans la société des rats. Le léchage par la mère est, par exemple, nécessaire à la synthèse d'enzymes hépatiques qui interviennent dans la production des protéines chez le nourrisson. Si on sépare les petits de la mère, leurs enzymes chutent, induisant un jeûne protéique et la mort par cachexie, même si on les gave artificiellement avec du lait. De la même façon, le développement du système dopaminergique cérébral serait lui aussi lié à l'activité de léchage qui serait donc responsable à la fois du développement physique de l'animal et de la mise en place des structures nerveuses de désir/plaisir. Si on remplace le léchage maternel par un léchage artificiel, les taux d'enzymes hépatiques et de la dopamine cérébrale remontent. Il n'est donc pas excessif de dire que le développement du petit rat est dépendant de son plaisir. La place du petit rat dans la société des adultes pourrait également être fonction de son degré d'attachement à la mère : bienheureux ceux qui jouissent, car ils seront les premiers.

Des travaux récents du Groupe de Meaney[21] ont montré que l'intensité du léchage des petits par la mère provoquait chez eux une élévation de la densité des récepteurs à l'ocytocine dans leur cerveau, avec une plus grande résistance au stress, des capacités intellectuelles et mnésiques accrues et, fait notable, un instinct maternel plus développé — exemple surprenant d'une hérédité qui ne passe pas par les gènes, mais par un comportement maternel ; *une bonne mère fait des filles bonnes mères à leur tour*. La force de l'attachement de la mère à ses enfants conditionne donc leur réussite dans la vie. En retour, l'instinct maternel de la nourrice est stimulé par la tétée des petits : attachement réciproque, en quelque sorte, qui n'est pas sans rappeler la pénétration réciproque qui préside à la compassion chez l'homme.

Dans la vie courante, la rate est une terrible ogresse qui déteste les petits rats et les croque à la première occasion. Elle ne peut littéralement pas les sentir, car lui boucher le nez[22] suffit à faire disparaître cette aversion. Or voici que, à l'approche de la délivrance, la rate se met à construire un nid. Elle adopte après la mise bas une posture arquée qui facilite l'accès des petits à la mamelle ; les récupère lorsqu'ils s'éloignent, les lèche, etc., bref, répond à l'image d'une bonne mère. Les hormones sont encore une fois responsables de cette métamorphose[23].

L'ocytocine est sur tous les fronts : au niveau des mamelles où elle fait jaillir le lait et dans le cerveau ; elle y provoque des remaniements[24] qui accroissent sa présence massive notamment dans les bulbes olfactifs où elle favorise la pousse de neurones frais et stabilise ainsi le lien odorant qui attache la mère à sa progéniture. Dans toute cette affaire, l'ocytocine a partie liée avec les voies dopaminergiques et le plaisir. Lorsqu'on arrache les petits à leur mère, des salves de cris ultrasoniques expriment leur détresse[25] et témoignent de l'intensité des processus opposants décrits ici sous le nom de *contraste affectif*.

Les choses sont encore plus spectaculaires chez la brebis où la dilatation utéro-vaginale de l'accouchement provoque par voie réflexe (*réflexe dit de Ferguson*) une libération d'ocytocine dans le sang et dans le cerveau. Le résultat ne se fait pas attendre : la brebis reconnaît immédiatement *son* agneau comme *le sien* et ne veut aucun de ceux qu'on tente de lui imposer. L'ocytocine crée une véritable empreinte dans les bulbes olfactifs avec de nouveaux arrangements qui lient la brebis à son premier né et à ceux des grossesses à venir. L'injection d'ocytocine à une vierge prétraitée par des stéroïdes sexuels déclenche chez elle un comportement maternel. Noter encore qu'une stimulation artificielle vagino-cervicale d'une brebis ayant mis bas récemment et tout entière attachée à son agneau la dispose à accepter un agneau étranger. Du plaisir (un plaisir provoqué par la vaillante main de l'homme) et voilà la brebis, son cerveau inondé d'ocytocine, qui s'éprend d'un agneau qui n'est pas le sien. Il n'y a rien là de très biblique !

Un voyageur qui traverserait la grande prairie américaine avec assez de curiosité pour y observer les mœurs des petits animaux pourrait y rencontrer le modèle de la vie de famille : les rats des champs ou campagnols (*Microtus orchogaster*) forment, en effet, des couples monogames (à la différence de leurs voisins polygames, les mormons) et sont unis pour la vie[26]. Le père, fidèle et soucieux de défendre le gîte contre les étrangers, participe à l'entretien des petits. L'ocytocine, comme dans l'attachement parents-enfants, lie entre eux les partenaires sexuels. Lors de l'accouplement, cette molécule abondamment libérée dans le cerveau de la femelle se fixe sur les récepteurs situés dans le noyau accumbens, plaque tournante, on s'en souvient, du plaisir et du désir. Les deux partenaires copulent toutes les vingt minutes pendant environ deux jours après le premier contact. La campagnole est désormais sous le joug de son campagnol comme s'il s'agissait d'une *puissante drogue*. La libération d'ocytocine survenant lors de la copulation est en quelque sorte la répétition de la grande scène de l'accouchement.

Mais que devient dans cette affaire l'objet d'un tel attachement, le mâle ? La libération d'ocytocine dans son cerveau au cours des coïts à répétition des premiers jours a installé, chez lui aussi, un lien durable avec la femelle. De la vasopressine stimulée par la montée de testostérone s'est également répandue dans certaines aires de son cerveau. Dans la suite de l'accouchement, le mâle imprégné de vasopressine « reconnaît » les petits. Bon époux grâce à l'ocytocine, voici désormais le campagnol de prairie devenu bon père grâce à la vasopressine. Cette hormone est également responsable chez le rat de la mémoire sociale, notamment celle qui s'exerce à l'égard des jeunes[27].

On pourra s'indigner de mon réductionnisme. Comment parler de « vertus familiales » à propos de comportements qui doivent tout à des molécules et rien à la compassion ? Dans l'installation du lien qui soude les deux conjoints, il n'est pas nécessaire que chacun éprouve dans sa chair les « sentiments » de l'autre. Pour se reconnaître et ne plus se quitter, des signaux sensoriels, visuels, tactiles, olfactifs, et des mécanismes hormonaux intracérébraux se suffisent à eux-mêmes.

L'amour à deux est ailleurs. Mais je ne peux m'empêcher de penser qu'une jeune naturaliste venue achever sur le terrain sa thèse consacrée à *Microtus orchogaster*, recevant pour la première fois les hommages d'un collègue (son professeur peut-être) dans un endroit caché de la grande prairie, pourrait à ce moment se sentir, entre deux bouffées d'ocytocine dans son cerveau, profondément campagnole.

La nature nous offre, d'ailleurs, une véritable contre-expertise avec une autre espèce de campagnol (*Microtus montane*) qui habite les montagnes rocheuses. Les couples se défont dès l'achèvement de la copulation et les pères, volages et insoucieux de fonder une famille, vont de femelle en femelle. L'explication physiologique se trouve dans une mutation du gène du récepteur de l'ocytocine. Celui-ci s'exprime dans d'autres régions cérébrales que le noyau accumbens et ne s'associe, dès lors, ni au plaisir, ni à l'attachement. Le lien mère-enfant se crée, en revanche, normalement lors de la parturition.

Une troisième espèce (*Microtus pennsylvanicus*) est dans une situation intermédiaire entre les deux précédentes : les partenaires sexuels sont fidèles ou volages, forment un couple ou adoptent une situation monoparentale selon le climat et la disponibilité des ressources. Une paternité assumée[28] et un ménage stable apparaissent nettement comme des mécanismes adaptatifs. Il est vraisemblable que pour l'espèce vivant dans la prairie avec un habitat très dispersé (les rencontres sont rares et les vivres clairsemés), le couple constitue une assurance de survie.

Parmi les espèces monogames, les singes sont bien représentés. Il s'agit en règle générale d'une monogamie sociale (un mâle et une femelle vivant ensemble, mais ne s'accouplant pas exclusivement l'un avec l'autre) avec des configurations aussi variées qu'au théâtre de boulevard, liées notamment à l'arrivée d'un nouveau mâle ou à des déplacements à l'extérieur du groupe. Anzenberger identifie la monogamie sociale par « l'existence d'un attachement tel que les membres du couple présentent une attraction mutuelle et expriment de la détresse quand ils sont séparés l'un de l'autre, par la fidélité au partenaire exprimée par une *influence* vis-à-vis de ce dernier et non vers des individus non familiers du sexe opposé et par la protection du partenaire et l'agression entre individus de sexe opposé[29]. » Une telle définition s'applique parfaitement aux ouistitis.

A quoi ces singes passent-ils leur temps ? A chercher de la nourriture, bien sûr — manger, boire, dormir — mais surtout à s'épouiller, à échanger entre partenaires des petites attentions — papouilles, caresses, bisous — et à copuler. Cette activité sexuelle est indépendante du statut social et de la fonction reproductrice. L'ovulation est cachée comme chez la femme et les mâles restent très actifs en dehors des périodes de fécondité maximale de la femelle. La fréquence des copulations augmente lorsque les liens entre partenaires s'effacent, en présence de dangers potentiels, après une séparation brève ou lors de la perte d'un enfant. Tout se passe alors comme si un débordement d'affectivité et de sexe venait adoucir un malheur ou écarter une menace. On peut se poser la question : pourquoi autant de sexe ? Un sociobiologiste conclurait que l'ovulation cachée oblige le mâle à s'accoupler avec la même femelle tout au long de son cycle, afin d'augmenter ses chances de reproduction. On pourrait utiliser le même argument à propos de l'homme. Chez la femelle ouistiti, comme chez la femme d'ailleurs, l'ovulation n'est cachée que pour celui qui ne la voit pas. La guenon dispose d'indices indirects, olfactifs par exemple, pour faire connaître au mâle sa période féconde.

En réalité, l'intérêt immédiat du sexe est ailleurs. Mon hypothèse, rappelons-la, est qu'il réside dans le plaisir qu'il procure aux deux partenaires. Avoir un partenaire régulier accroît le rendement hédonique — dans un premier temps tout au moins. Tout se passe chez les ouistitis comme si les copulations fréquemment répétées au début de la liaison tendaient à installer et à consolider l'attachement. Chez le mâle, la présence d'un rival potentiel augmente le rythme des accouplements. La femelle n'est pas épargnée par la jalousie. Elle déploie un nombre accru de sollicitations sexuelles lorsqu'elle est exposée à l'odeur d'une reproductrice étrangère.

L'ocytocine est également de la partie lors de l'accouplement entre humains : sécrétée dans le cerveau, elle accompagne la montée en puissance du plaisir/désir ; déversée dans la circulation sanguine par l'hypophyse, elle accentue les contractions rythmiques des muscles génitaux qui amplifient en retour sa libération, réflexe contribuant ainsi à emballer le système.

Je ne détaillerai pas les variations infinies des phénomènes organiques qui accompagnent cette étrange *rencontre* entre deux individus que l'ancienne jurisprudence désignait sous le nom de congrès. Chez l'homme, à la phase congestive de tumescence et de rougeur succède la période orgastique marquée par des secousses contractiles de l'urètre, suivies de spasmes d'intensité de croissance qu'accompagne l'ascension des testicules[30] ; chez la femme, l'activité vagino-utérine suit à peu près le même schéma avec des ondes contractiles qui se propagent du dôme utérin vers le col. Au paroxysme du plaisir, le rythme respiratoire dépasse parfois 30 par minute et le pouls peut atteindre 120 à 140 battements par minute. La variation de l'intensité orgastique est plus importante chez la femme avec un pic de tension artérielle maximale pouvant s'élever au-dessus des 20 cm de mercure. Chez l'homme, on identifie à tort l'orgasme à l'éjaculation. Cette dernière peut se produire sans érection ; il y a des éjaculations sans orgasme et vice-versa. L'orgasme tient ses états dans le cerveau qui gère le plaisir et orchestre les manifestations organiques. Une puissante analgésie bloque le caractère nociceptif des violentes stimulations mécaniques que s'imposent les sexes conjugués ; elle fait taire la souffrance pour que la jouissance puisse s'exprimer librement. Foin des descriptions savantes des sexologues, l'homme et la femme sont, pendant un court moment, confondus à l'intérieur d'une mystérieuse « géométrie dans les spasmes[31] ». Même si jamais l'amante ne pourra éprouver totalement dans son propre corps la jouissance de l'amant et jamais celui-ci ne saura dire le plaisir de l'aimée, il s'agit bien entre ces deux êtres d'une authentique compassion. « Je suis homme et ne peux pas dire ce qu'elle m'a dit[32]. » Il me semble qu'aucune bête au monde n'est capable de jouir de la sorte.

Après l'explosion de l'extase survient la phase de résolution — quelques minutes chez l'homme, plus longue chez la femme. Un traité moderne de sexologie en donne cette description : « La tension artérielle, le rythme cardiaque et la respiration redeviennent normaux. L'essoufflement post-organique fait encore dilater les narines, cette *reprise des esprits* marque la fin de l'ivresse sensorielle. Les glandes salivaires tarissent, la bouche devient sèche, les yeux sont au contraire mouillés (les pleurs de joie). » Fin de l'acte. Mais le coït ne résume pas la sexualité de l'homme, ni celle des animaux.

Sexualité et liens sociaux

Epouillage, léchage et flairage anogénital sont le lot ordinaire de la sexualité. Chez les primates, l'épouillage n'est pas purement hygiénique, mais indique une fonction sociale majeure sur laquelle se fondent les relations entre individus. Les singes qui vivent en couple passent environ 20 % de leur temps à s'épouiller mutuellement. D'une façon générale, les mâles reproducteurs épouillent plus les femelles que celles-ci ne les épouillent. Il est toujours aventureux d'extrapoler de l'animal à l'homme, cependant la même symétrie semble exister dans l'échange de cadeaux que dans l'épouillage, avec la même arrière-pensée sexuelle : s'assurer ainsi de la disponibilité de la partenaire.

Les macaques rhésus ont une organisation sociale opposée à celle des ouistitis et des tamarins : accouplements saisonniers marqués par la promiscuité et l'absence de soins paternels. Les interactions sexuelles sont restreintes à la période périovulatoire. Les guenons se rapprochent alors des mâles afin de les séduire et le grand épouillage commence, orchestré par les femelles qui, par ailleurs, s'épouillent entre elles comme pour déjouer de possibles rivalités. Une expérience[33] portant sur dix mâles intacts et six femelles castrées illustre le rôle crucial de la sexualité dans le développement des relations sociales : pendant les deux ans et demi qui ont suivi la formation du groupe il n'y eut absolument aucun signe de quelque interaction sociale que ce soit entre les mâles et les femelles. Un vendredi, les chercheurs commencèrent à injecter aux guenons de l'estradiol, l'hormone femelle. Le lundi suivant, ces dernières épouillaient certains mâles et s'accouplaient avec eux. Trois jours d'estradiol avaient réussi à produire ce que neuf cents jours de vie sociale n'avaient pu réaliser. Le traitement aux œstrogènes fut maintenu trois semaines, mais un an après son arrêt, les femelles continuaient à épouiller et à rester à proximité des mâles avec lesquels elles s'étaient accouplées, et exclusivement avec ces derniers. Cette expérience m'amène à considérer l'importance des comportements sexuels non reproductifs dans l'organisation des relations sociales.

Deux exemples sont particulièrement démonstratifs : les sapajous et les bonobos chez qui le comportement sexuel s'observe aussi fréquemment chez les femelles gestantes ou allaitantes que chez les femelles cyclées. Ces animaux présentent une sexualité à haut régime : monte et contacts génitaux divers, homo- et hétérosexuels ou entre adultes et jeunes consentants. Chez ces deux espèces, la sexualité non reproductive sert de mode de communication lors de situations de tension sociale dans lesquelles, en particulier, les individus d'un même sexe qui émigrent de leur groupe de naissance sont le plus impliqués : interactions entre femelles chez les bonobos et entre mâles chez les sapajous. Le célèbre « *pedicabo ego nos et irrumabo* » de Catulle pourrait bien être la devise de ces singes impudiques.

Chez les espèces où les femelles sont résidentes comme les babouins ou les macaques, l'épouillage et autres petites privautés entretiennent entre celles-ci les liens affiliatifs. Lorsque ce sont les femelles qui se dispersent, les mâles pratiquent entre eux des contacts physiques. Chez les chimpanzés, la fréquence des épouillages augmente dans les situations de tension, notamment en présence d'une femelle en rut. Les singes araignées d'Amérique du Sud sont remarquables pour leur civilité et leur faible agressivité dans les contextes alimentaires ou sexuels. « Ils restent proches les uns des autres, initiant souvent des épisodes d'embrassades mutuelles en faisant la queue pour s'accoupler avec une femelle[34]. »

Toutes ces observations me paraissent de nature à

confirmer l'assertion de Zuckerman[35] selon laquelle le sexe est le fondement de l'organisation sociale des primates. On serait tenté alors de penser que l'homme étant le plus social des primates, il est aussi le plus sexuel (« *deglubit, fellat, molitur per utramque cavernam ne quid inexpertum frustra moritura relinquat*[36] »).

L'ocytocine est libérée dans tous ces comportements à visée sexuelle qui supportent la vie sociale des primates — l'homme ne faisant pas exception. Cette neurohormone est sécrétée en réponse à des stimuli tactiles — caresses, pressions et pincements exercés en des territoires variés du corps — inducteurs d'un plaisir qui peut aller parfois jusqu'à l'orgasme sans que les *genitalia* aient été directement sollicités. L'épouillage et même de simples caresses sur le corps produisent une élévation du niveau d'ocytocine circulante et réduisent les réactions au stress chez les humains comme chez les rongeurs[37]. Fields a avancé l'hypothèse que les effets bénéfiques sur la santé des attouchements et des massages seraient dus à la libération d'ocytocine[38]. Contrairement aux observations faites chez le campagnol ou le rat, on ignore chez les primates la participation exacte de la vasopressine et son implication dans la sexualité des mâles.

Retour à la compassion : les formes de l'amour

Les mécanismes de la sexualité animale ou humaine ne m'intéressent pas pour eux-mêmes, mais seulement parce qu'ils sont une des conditions primordiales des liens entre deux ou plusieurs individus. Le désir sexuel prend sa source dans le plaisir échangé avec l'autre. L'ocytocine et, accessoirement, sa molécule jumelle, la vasopressine, en sont les agents universels chez les vertébrés.

Qu'est-ce qui change les coassements d'un mâle grenouille en chant d'amour ? La vasotocine (l'équivalent chez les poissons et les amphibiens de l'ocytocine-vasopressine). Qu'est-ce qui attache le campagnol à la campagnole, le singe à la guenon et Tristan à Iseult ? L'ocytocine. *Idem* pour les liens entre la mère et les petits, avec parfois la participation du père — encore l'ocytocine. Idem pour la paire d'amis ou pour la bande avec le frottement des pelages, les accolades, les caresses de museaux, les bises et les poignées de main — toujours l'ocytocine. Celle-ci avec ses associés — la dopamine et les peptides opiacés — fait naître et renaître le désir qui lie l'un à l'autre, les uns aux autres dans une sexualité (avec ou sans sexe) qu'on pourrait qualifier de principielle.

Sur cette biologie animale sans mystère, faite de chimie organique, s'édifie la compassion qui, elle, n'appartient qu'à l'homme. Il ne s'agit plus seulement du lien neuronal qui attache, mais du *face-à-face* dans lequel l'étant et l'autrui s'interpénètrent et se comprennent par la médiation du visage à travers la trouée du regard. L'éprouvé du corps reste animal et impose ses contraintes, mais la compréhension est spécifiquement humaine et se fait par la parole que celle-ci soit dite ou *figurée*. « Alors, selon Lévinas[39], la vision du visage n'est plus vision, mais audition et parole » et mon être « envisagé » parle à l'autre qui m'écoute.

L'objet premier du désir de l'homme est l'homme ; alors le désir devient amour, forme jouissive de la compassion : « Aimer c'est se réjouir[40]. » La formule d'Aristote est peut-être trop belle pour être toujours vraie : « Il n'y a pas d'amour heureux », se lamente Aragon. Je souscris facilement à l'énoncé de Spinoza : « L'amour est une joie qui accompagne l'idée d'une cause extérieure[41] » en précisant qu'il s'agit d'amour et non simplement de désir et que cette cause extérieure est « l'autre » cher (chère) à l'âme de l'amant(e). J'insiste sur cette fusion de l'amour et de la joie — l'amour traçant le chemin de la joie — qui se consomme (se consume ?) dans l'autre. Peut-on parler d'amour de soi : une forme rentrée du désir, orpheline de l'autre et comme enfouie dans sa propre chair — auto-amour, amour triste : il n'y a pas de place pour la joie dans ce désert de l'amour ?

Cette définition de l'amour appareillé à la joie est peut-être trop sublime pour être honnête, car elle veut une éternité à laquelle mon être aspire, mais que mon âme agitée redoute. Je crains en effet qu'à la longue l'éternité ne dégage un ennui qui fasse regretter la mort (ce que l'on appelle un ennui mortel). On peut, bien sûr, selon les préceptes nietzschéens[42], faire tenir l'éternité dans un instant ; mais que faire l'instant d'après ?

La définition de l'amour que donne Platon dans le *Banquet*[43] est plus réaliste, car fondée sur le manque. L'amour est désir et le désir est manque. Selon Platon, « ce qu'on n'a pas, ce qu'on n'est pas, voilà les objets du désir et de l'amour ». Diotime explique à Socrate la nature et le caractère de l'Amour par son origine. Il n'est qu'un *daimôn*, un être intermédiaire entre les dieux et les hommes, entre les immortels et les mortels. Né le jour de la naissance d'Aphrodite, il est épris de la beauté. Fils de Pénia (qui veut dire « pénurie et manque »), il est toujours pauvre et mendiant. Fils de Paros (qui signifie « expédient »), il est rusé et créatif. Dans ce dernier aspect du désir/manque, on retrouve la précession de l'état sur l'acte. Je dirai avec Plotin que « c'est le désir qui engendre la pensée[44] ».

Le désir tel qu'il s'exprime dans la compassion et l'amour implique que son objet soit en même temps sujet. L'autre ne peut être totalement impassible comme le serait un objet de désir matériel ; il possède sa propre psyché dont le *je* amoureux reconnaît l'existence qu'il éprouve dans sa chair. La compassion, en dehors de l'amour, lorsqu'elle s'adresse à un autre humilié ou meurtri comme c'est le cas dans la *pitié,* n'implique pas moins la présence effective de cet autre (serait-il comateux et à l'agonie) qui pénètre en retour le sujet compatissant : l'éprouvé de l'autre pénètre ma chair comme je pénètre la sienne — la pénétration réciproque dont parle Jean-Jacques Rousseau[45].

Le désir dans l'amour s'alimente du manque qu'entretient le besoin de l'autre. Il n'est pas différent du désir qui s'exprime sous sa forme animale et dont j'ai décrit plus haut les mécanismes physiologiques. La catégorie de l'absence est en revanche spécifique de l'homme et ne s'exprime apparemment pas chez le singe ou le rat. Il y a en effet une différence majeure entre l'absence — anéantissement de l'être là pour l'homme — et le manque qui est appareillé au besoin. L'absence étouffe le désir et révèle la souffrance.

Un exemple très particulier me permet de souligner les confins incertains entre la chair et la psyché. Chez le drogué, on parle de manque, celui-ci traduit la mise en jeu dans le cerveau des processus opposants dont il a été question plus haut. Mais, on devrait dire plutôt absence à propos de l'insupportable souffrance du toxicomane — absence de l'objet aimé, cet autre imaginaire tant désiré : la drogue.

Sous la rubrique de l'amour, on range aussi ce que les Grecs appelaient *philia* que l'on peut traduire par « amitié » à condition d'y inclure la famille et le couple. C'est un amour sans manque ; amour aimable, pourrait-on dire. L'amitié comme toute autre forme de compassion obéit aussi au principe de pénétration réciproque. Il n'y a pas d'amitié qui marche à sens unique : l'amitié ne fonctionne pas sur le manque mais sur le partage ; l'échange de don de soi fondé sur une connaissance de l'autre : « Parce que c'était lui parce que c'était moi. » Mais il s'y mêle toujours quelque chose de l'élément opposant — posséder ce que l'autre a en propre. Il y a donc de l'envie échangée dans toute amitié. Celle-ci est plus douce que l'amour, mais elle est moins généreuse.

Les premiers chrétiens ont inventé une troisième forme d'amour : l'amour du prochain, c'est-à-dire l'amour de tout le monde et de n'importe qui, ennemis compris. Ils l'ont désigné par le mot *agapè* (du verbe grec *agapan* qui veut dire « chérir ») que les Latins ont traduit par *caritas* qui donnera notre « charité », une des trois vertus théologales[46]. Il s'agit d'un amour désintéressé, sans manque et sans concupiscence ; un amour pur, car situé bien au-delà du désir, sans utilité physiologique et appareillé à une joie détachée de la chair — ce que dément le proverbe : charité bien ordonnée commence par soi-même. Ce serait, dit Comte-Sponville[47], « l'amour que Dieu a pour nous, que Dieu *est* pour nous (“ *O theos agapè estin* ”, “ Dieu est amour ” selon l'évangile de Jean) [...]. Ce serait une joie, comme aurait pu dire Althusser, sans sujet, ni fin » — sans queue ni tête, en somme.

Une dernière forme d'amour mérite un traitement spécial, celle sur laquelle se construisent toutes les autres, le fondement de tous les amours et de toutes les haines avec son antériorité dans le temps et dans l'espace où s'inscrivent les premières représentations : je l'appellerai triangle compassionnel.

6

Le triangle compassionnel

Le père, la mère et l'enfant dessinent un triangle dont les côtés sont faits de compassion. Cette parentalité n'est pas nécessairement liée à la génitalité, mais c'est par les parents que l'enfant « advient au monde ». Le nourrisson reçoit de la mère le don d'amour. Dans leurs échanges se manifeste la compassion-fusion et se met en place la mécanique du désir qui permet au bébé de partir en quête d'autrui. Le père offre le prototype de tous les autres. Par la compassion-identification, l'enfant trouve en lui un premier modèle pour construire son moi social. Le troisième côté qui unit le père à la mère est plus aléatoire et n'entre pas dans mon propos.

La mère

> « *Oh ! L'amour d'une mère, amour que nul n'oublie !* »
>
> Victor Hugo, *Les Feuilles d'automne*.

Comment parler d'Elle sans tomber dans le sentimentalisme le plus plat ? Même Victor Hugo en oublie qu'il a du génie. Les célébrants de la mère sont presque toujours des hommes. Ils en font une divinité plutôt qu'ils ne cherchent à partager son humanité. Les femmes parlent de leurs accouchements, de la fatigue, des douleurs et des péripéties, mais pas de l'« après ». C'est leur secret. Un secret qui n'a rien de sacré ; il est là seulement pour protéger les mères de la balourdise des hommes. L'une d'elles me l'a confié, et je n'ai aucune raison de taire ce qu'elle m'a dit :

« Ce fut une révélation — une explosion d'amour. Et cette panique, avec le besoin de protéger la petite chose contre la méchanceté du monde ! Puis cette découverte que tous les humains ont eu une mère et qu'elle a éprouvé les mêmes sentiments que les miens : j'étais toutes les mères. J'ai craint le mal que l'on pouvait faire à mon petit et j'ai compris que tout individu est le petit d'une mère : à ce titre, il méritait ma bienveillance. La mère de l'enfant qui vient de naître est porteuse d'une compassion universelle. »

Premier couple compassionnel, premier face-à-face, premier corps-à-corps : la mère et son bébé. Ces deux échangent du désir ; leur cerveau est câblé pour cela, mais leur désir est comme l'eau de l'océan, étendue dans l'immensité et qui s'échappe lorsqu'on cherche à la saisir dans le creux de la main. Premières minutes de la rencontre, la mère est couchée sur le côté, son enfant placé à hauteur de son regard. Puis ce sont les embrasements, la peau contre la peau, les mains de la mère sur le corps du petit ; un monde qui se crée, à deux — pour deux —, pénétration réciproque par tous leurs canaux sensoriels béants de compassion. Plus le contact est intense dans les quarante-cinq premières minutes, plus solide sera l'attachement au sein lors de la première tétée[1].

Vous me direz : l'ocytocine libérée massivement dans l'hypothalamus de la mère n'est-elle pas, comme chez la rate ou la brebis, responsable de cet attachement ? Je vous répondrai, avec des trémolos dans la voix : « L'amour est plus fort que la chimie. » Si vous n'avez pas compris cela, j'ai manqué ma démonstration. Pourquoi l'ocytocine ne ferait-elle pas bon ménage avec les sentiments ? Comme le disait Trochu : « On a beau nager dans le sublime, on n'en possède pas moins un hypothalamus[2]. »

Spontanément, le bébé ouvre son répertoire de comportements de plus en plus riche au fil des jours et des semaines : rotation de la tête vers la droite — une asymétrie que l'on retrouve chez l'adulte dans le baiser[3] —, mouvements des mains, des bras et des jambes, souvent rythmiques (pédalage, marionnettes), accompagnés de vocalises. Le désir actionne le bébé comme le vent dans les voiles fait avancer le navire. Chacun de ses mouvements est chargé de passion. Trevarthen[4] a montré que la mère est bien le premier objet de désir du bébé. Ce dernier est le maître du jeu et va à la rencontre de cet « autre virtuel » dont il semble posséder une représentation innée qu'il recherche dans son environnement (soi écologique) et qu'il trouve dans la mère qui s'offre à lui. Premier coup de foudre, en somme ; peut-être le seul authentique que toute sa vie il essaiera de reproduire.

Contrairement à une idée reçue, c'est la mère qui imite le bébé, pour le plus grand plaisir des deux, et non l'inverse. Le jeu d'imitation et simulation se poursuit avec la mère, puis avec les autres. Le pli définitif est pris et le bébé reconnaît chez autrui le même désir qui l'anime. Ce désir qui n'a d'autre moteur que sa passion fluctuant entre le plaisir et la peine. Il faudra plus tard bien des efforts à ce forcené de l'amour pour devenir le passant impassible qu'exige une société tempérée. Le bébé découvre les relations entre ses comportements et ceux de sa mère, puis entre ses gestes, les objets de son environnement et les événements qui s'y produisent. En tant qu'objet de désir de sa mère, il devient le *deus ex machina* de ses comportements : agent de son désir, il en jouit ; si elle se refuse, il en pleure. Ainsi en sera-t-il de ses relations avec autrui.

Mais la rencontre, c'est d'abord deux visages qui se regardent : un effort continuel pour maintenir le contact visuel avec une distance optimale de 25 cm environ entre la mère et le bébé. Signalons que, contrairement à une idée reçue, celui-ci n'est pas aveugle à sa naissance : les cellules sensorielles de la rétine sont déjà différenciées dans le fœtus ; la tache jaune et le nerf optique ne sont encore qu'imparfaitement fonctionnels ; la perception différentielle des brillances existe ainsi que celle des couleurs ; l'acuité visuelle se précise peu à peu (un enfant d'un mois peut distinguer deux lignes séparées de 3 mm à 25 cm de distance) ; les globes oculaires se déplacent conjointement et à un mois la poursuite oculaire est possible. Le réflexe de fixation existe dès les premières heures, mais la fixation de longue durée et le déplacement « volontaire » du regard apparaissent seulement vers l'âge de quatre mois. Trevarthen a montré que le nourrisson de trois mois est sensible à l'activité faciale de l'adulte qui lui fait front et est capable de discriminer les attitudes intonatives du langage qui accompagnent les mimiques de la mère. Celle-ci imite le gazouillis incertain du petit ; les mouvements des deux faces sont doublés d'une bande-son. Dès la naissance, il existe un processus de fixation visuelle en réponse à la voix avec orientation du regard, même chez les enfants aveugles.

« Lorsque l'âme est agitée, la face humaine devient un tableau vivant où les passions sont rendues avec autant de délicatesse que d'énergie. » La face, théâtre de l'âme, nous rappelle Buffon[5] ; on pourrait aussi parler d'un livre ouvert. Le premier manuel de lecture du nourrisson est le visage de sa mère. Le texte défile en permanence et s'efface au fur et à mesure qu'apparaissent de nouvelles phrases. Celles-ci sont composées avec l'aide d'environ cinquante muscles que les anatomistes nomment d'après leurs usages : le *masseter* (mastiquer), le *buccimoteur* (souffler) ;

d'autres noms sont déduits de la figure, les *orbiculaires*, le *pyramidal*, le *triangle*, le *carré ;* de la direction, le *transverse ;* de la situation, le *frontal*, le *sourciller* ; ou, enfin, de l'insertion, le *grand* et le *petit zygomatique*. Quelle belle chose que l'anatomie ! Surtout quand elle est animée[6]. La contraction d'ensembles musculaires, appelés *unités d'action*, compose une chanson de gestes interprétée par la surface du visage sous le regard de l'enfant. Il reproduit de son côté cette mélodie faciale pour retrouver l'émoi qui l'a produite.

Lorsque le bébé ouvre les yeux, le comportement de la mère et les gestes de son visage sont deux fois plus intenses que si l'enfant gardait les yeux fermés. La mère ajoute des paroles à la mélodie et rapproche d'elle l'enfant, en essayant de maintenir le contact visuel par des stimulations tactiles, visuelles et acoustiques. Dès l'âge de trois ou quatre mois, il y a couplage de l'orientation des regards entre la mère et l'enfant, et une fois encore c'est l'enfant qui a l'initiative, qui déclenche et interrompt 94 % des regards mutuels. Le bébé regarde davantage sa mère si celle-ci le regarde[7]. Si la mère interrompt le contact visuel en fermant les yeux pendant deux minutes, le bébé est décontenancé. Même plus jeune, entre un et deux mois, il est décontenancé par un visage impassible. Les études conduites par Cohn et Tronick[8] utilisant la procédure dite du *still face* montrent que devant le visage impassible de la mère, le bébé de trois mois essaie d'abord de faire réagir celle-ci par des grimaces, des sourires ; puis, face à la persistance du visage de marbre, il détourne le regard, se retire de l'interaction et adopte une attitude négative — une sorte de panique avec de fortes réactions neurovégétatives pouvant aller jusqu'à une violente colère. Il mettra plusieurs minutes pour s'apaiser et accepter à nouveau un contact social. Il s'agit d'une première manifestation spectaculaire de la contrepassion.

Peu à peu s'établit, à partir de trois mois, un regard partagé avec la mère et dirigé vers un tiers objet. Le soi franchit alors une étape dans son dégagement de la fusion initiale avec le monde, réduit jusque-là à l'espace extracorporel de la mère (son monde à elle). Un élément majeur complète ce tableau de fusion-compassion réalisé par le nouveau-né et sa mère : l'aliment qu'elle lui donne traverse par l'ouverture buccale la barrière du visage pour pénétrer son espace corporel, ajoutant le ravissement des sens oraux (le goût, l'odorat) à la vision de la face du désir, la face de l'autre tant aimé, la mère. Il sera temps pour les autres et pour le premier d'entre eux, le père, d'affirmer leur présence.

Au nom du père

L'index gauche caresse la lèvre supérieure, l'avant-bras appuyé sur l'accoudoir dessine avec la main un col de cygne : ce sont les lèvres et la main de mon père qui ont surgi au milieu de la perception globale de mon corps affalé dans le fauteuil où il vaquait habituellement à sa solitude, comme si un réflecteur projetait sur moi au lieu de ma propre image celle de l'être tant aimé disparu depuis vingt ans.

Je ne décris pas une perception imaginaire, une sorte d'hallucination proprioceptive brève, mais le simple fait d'être *affecté* provisoirement par la présence du corps de mon père dans le mien et dans la continuité de ma propre personne. Il ne s'agit pas non plus d'un phénomène de possession ou de quelque bizarrerie psychologique, mais d'un de ces éclats de mémoire provoqué par une position particulière du corps agissant à la façon d'un de ces objets déclencheurs dont « la petite madeleine de Proust » offre le paradigme incontournable.

Depuis que je suis venu habiter dans le village et la

maison où vécurent mes parents, il m'arrive d'éprouver un sentiment d'enfance et d'avoir, curieusement, « l'âge » de mon père ; un âge qui est à chaque instant le mien comme si celui-ci s'était installé dans ma durée. Il me semble parfois que ma démarche, mes gestes, ma façon de saluer les voisins sont ceux de mon père. Un regard sur mon reflet dans la vitrine de la pharmacie suffit à m'assurer de mon erreur : je ne ressemble pas à mon père et mon identité ne fait aucun doute à ceux qui l'ont connu : je suis moi et, d'après leurs dires, je ne le vaux pas sur le plan des relations sociales. A soixante ans, je ressens encore, lors de circonstances privilégiées, un écho dans mon corps de la compassion fondatrice et identitaire qui me vient de mon père.

Cette manifestation de *piété filiale* représente une certaine manière de comprendre le passé qui la différencie de l'imitation simple ou de la contagion affective rétroactive observée dans la tradition. Il s'agit, en revanche, d'une authentique compassion qui implique une (re)connaissance de celui qui en fut l'objet.

On notera que le père et la mère ne détiennent pas leur statut de la génétique (les liens du sang) mais de leur présence effective auprès du jeune et de la fonction compassionnelle qui leur est assignée par des dispositions biologiques et des contraintes sociales.

Les relations du bébé avec le père sont radicalement différentes de celles qu'il entretient avec la mère. A l'identification qualifiée parfois de *primaire* liant l'individu à sa mère dans un processus de fusion avec incorporation orale, s'oppose celle établie avec le père, prototype de toutes les identifications secondaires. Dans la rencontre/confrontation avec ce premier autre s'amorce la dialectique du soi et du semblable (l'autre comme soi) par laquelle le sujet identifie graduellement sa propre personne à une autre.

Le destin d'Œdipe témoigne des conséquences tragiques d'une identification manquée. Les parents, Laïos et Jocaste, inquiets de la menace que le bébé représente pour eux, l'écartent de la cité en l'abandonnant aux eaux du Cithéron. De sa mère il garde, jeune adulte, la trace du lien originel qui le précipite dans son lit, mais du père il ne lui reste qu'une faiblesse dans les chevilles, séquelle de la violence de Laïos. Comment s'identifier à ce père qui l'a lié aux jambes et rejeté dans les eaux turbulentes du fleuve ? La compassion échoue sur le corps assassiné de celui qu'il ne pouvait pas reconnaître.

L'acte d'Œdipe est scandaleux parce qu'il offense la nature profonde de l'homme. Sur la reconnaissance du père qui est aussi l'autre de la mère s'établit le partage du sexuel entre le féminin et le masculin comme un pli imposé au cerveau de l'enfant. La division radicale entre l'homme et la femme impose les contraintes d'un système de parenté (quelles qu'en soient les modalités) qui ordonnent la circulation du désir entre les individus. En l'absence de différenciation sexuelle, la parenté s'effondre et le désordre s'installe dans la cité.

C'est sur cette structure chargée d'ambivalence dans la mesure où le père et la mère sont chacun à la fois objets d'amour et de rivalité que le sujet en quête de compassion établit ses relations à autrui.

7

Les ailes de la compassion

> « Il y a des gens qui dansent sans entrer en transe et il y en a d'autres qui entrent en transe sans danser. Ce phénomène s'appelle la transcendance et, dans nos régions, il est fort apprécié. »
>
> J. Prévert, *Spectacles*.

Depuis longtemps déjà, j'ai franchi le milieu de ma vie et la forêt dans laquelle je cheminais s'est peu à peu éclaircie comme les cheveux sur le sommet de mon crâne. Le spectacle désolé qui s'offre à ma vue dégagée me ferait presque regretter les obscures frondaisons qui jadis me remplissaient de crainte. Je sais aujourd'hui avec certitude que la mort inévitable m'attend ; comme s'il avait fallu toutes ces années passées dans l'immortalité pour retrouver le gouffre qui dans ma petite enfance menaçait d'engloutir mes bien-aimés. Il est là, à nouveau ouvert, au milieu du jardin dans lequel joue une petite fille pour laquelle je tremble d'une passion inquiète, et dans son regard, dans ses questions, je retrouve la peur que j'avais enfant de perdre mes parents.

Avec le thème de la mort, la compassion trouve sa vocation profonde qui est celle du partage de la durée avec autrui : l'épaisse et gluante durée dans laquelle l'homme se débat avec ses compagnons d'infortune sans autre horizon que la mort ou une immortalité problématique. L'homme est vraisemblablement le seul animal qui « prend le temps » de mourir. Son cerveau d'arpenteur et de chronométreur a fait de lui un métaphysicien. Si les mécanismes de la mémoire commencent à être mieux connus, la biologie de la conscience du temps (passé, présent et futur) reste matière à spéculation.

Le temps partagé

Mon temps appartient aux autres autant qu'à moi. Nul d'entre nous ne peut prétendre être le maître absolu de son temps. Dès sa naissance, l'enfant est soumis aux contraintes imposées par les adultes : un temps pour dormir, un temps pour manger, un temps pour échanger de l'amour ou déjà des conflits.

Le cerveau est un moulin à moudre de la durée dans lequel des roues tournent à différentes vitesses — une révolution toutes les vingt-quatre heures (rythme circadien) ou toutes les heures (rythme circhoral). Elles gouvernent les activités des cellules et les sécrétions des hormones. Il existe aussi un temps plus intime qui intervient dans le fonctionnement des milliards de neurones, synchronisant leurs actions en des ensembles distribués dans les aires du cerveau grâce à des oscillations rythmiques de leurs propriétés électriques : ces « assemblées neuronales » sont les supports des représentactions où le sujet puise ses souvenirs et la conscience de ce qu'il a à faire[1].

Le cerveau des horloges correspond à la portion médiane et profonde du cerveau enfouie sous les hémisphères. Un ensemble de dispositifs indique le rythme des années, des saisons et des jours en se réglant sur la marche du monde. D'autres rythmes existent, tournant autour d'une heure (alternance du sommeil et du rêve par exemple) ou pour des périodes plus brèves encore.

Une horloge maîtresse réglée sur vingt-quatre heures, logée dans l'hypothalamus, gouverne ces horloges secondaires. Toutes dépendent des libérations alternées de neuromédiateurs qui s'écoulent de certains neurones comme le sable d'un sablier. Ces horloges sont la propriété de l'espèce et au-delà appartiennent à l'ensemble du règne animal. Elles sont l'expression de quelques gènes communs au ver de terre, à la mouche et au moine cistercien reclus dans sa cellule. C'est dans ces dispositifs archaïques que, en deçà de la conscience, s'enracine le sentiment de la durée et plus profondément, peut-être, le partage de la nuit et l'ombre de la mort.

Dans ces structures profondes se trouvent également les neuromédiateurs déjà rencontrés à propos du désir et de ses acolytes, le plaisir et la douleur — la dopamine surtout. Le temps vole sur les ailes du désir. L'accroissement de ce dernier se traduit par une accélération du temps. Le temps paraît long lorsque aucune action, aucun événement ne se produit. L'ennui s'installe alors comme une souffrance, intolérable pour certains. A mesure que l'on vieillit, on trouve le temps plus court. La sécrétion de dopamine qui se tarit avec l'âge va de pair avec la rareté des nouveaux souvenirs. « Chez la plupart des hommes, les événements de l'âge mûr sont tellement habituels que chacun d'eux s'écoule sans laisser de lui-même un souvenir individuel de quelque durée. Or, si vous songez que cette période où nous acquérons si peu de souvenirs nouveaux est également celle où nous perdons le plus de souvenirs anciens, vous comprendrez les phénomènes de l'appauvrissement de la mémoire et du raccourcissement rétrospectif du passé[2]. » Comme on peut s'y attendre du fait du tarissement de la dopamine, l'ennui est moindre chez la personne âgée. L'âge venant, on ne meurt plus d'ennui, on meurt de ne plus s'ennuyer.

On comprend également comment les drogues (alcool, haschich, opium, mescaline), dont la cible sont les systèmes désirants, modifient la perception du temps : dilatation de l'espace du temps, ou au contraire immobilité glacée qui évoque la mort ; accélération avec télescopage des sensations qui se bousculent à l'entrée de la conscience. Les patients amnésiques[3] par atteinte du système limbique, ensemble de structures sur lesquelles se projettent les systèmes désirants, montrent une indifférence au temps qui passe.

Le cortex frontal contribue à la « coloration » du temps, les émotions positives l'accélèrent ; le temps passe vite lorsque nous nous amusons. Il s'éternise lors des émotions négatives ; la peur parfois semble arrêter le temps. L'hémisphère droit paraît davantage impliqué que le gauche dans l'estimation de la durée, comme l'ont montré des études récentes sur des malades présentant des lésions du premier[4].

L'étendue et la durée sont des données intuitives inséparables. On dit par exemple qu'Untel habite à cinq minutes d'ici. La nature temporelle de la personne humaine est une de ses caractéristiques essentielles au même titre que la présence nécessaire à l'autre. L'espace est structuré par des objets et le temps par des événements. La capacité à situer les faits temporels repose sur une représentation spatiale du temps, une sorte d'« horizon temporel » qui sépare l'avant de l'après[5]. Le cortex pariétal droit qui dans sa partie supérieure fournit au sujet une image de son corps intervient grâce à sa partie inférieure dans la représentation de l'autre. La conscience d'un soi différent d'autrui est donc directement associée au fonctionnement de ces aires pariétales droites, alors même que le sujet par l'intermédiaire du cortex frontal déroule ses actions dans un espace structuré par le temps.

L'anticipation continue de l'action permet l'absence d'interruption de la conscience qui court plus vite que l'événement[6]. La conscience de soi repose dans cette continuité temporelle sur laquelle la personne se construit et « s'auto-affecte », c'est-à-dire se joue la scène à elle-même en se sachant à la fois le spectateur et l'acteur[7]. Comme le remarque Goffman[8], la « mise en scène » de la capacité de s'auto-affecter est ce sur quoi autrui se fonde pour juger que vous êtes une personne — où l'on retrouve la compassion comme fondement de la conscience de soi.

Cette continuité temporelle — ce fil du temps — est assortie d'une autre condition : l'instant présent n'existe pas — « Le moment où je parle est déjà loin de moi[9]. » La seule donnée immédiate que nous procure notre expérience est un présent apparent qui possède une certaine étendue, « un bloc de durée » perçu comme un tout où l'on peut distinguer secondairement un commencement et une fin séparés. L'homme déjà abîmé dans l'angoisse de l'origine sait que le fil des Parques (la troisième s'appelle *Atropos,* l'inexorable), peut être interrompu à tout moment. Le désir à nouveau se manifeste. L'*Eros,* l'enfant divin, donne la main à la mort. C'est Freud[10] qui le dit : « S'il nous est permis d'admettre comme un fait d'expérience ne souffrant pas d'exception que tout être vivant meurt, fait retour à l'inorganique, pour des raisons internes, alors nous ne pouvons que dire que le but de toute vie est la mort. » Pulsion de mort que vient combattre *Eros* le « trouble-paix ». Même si la relation de l'homme avec la mort est changeante au gré des cultures et des civilisations, même si elle ne s'accompagne pas toujours de crainte, son rôle dans la genèse de la compassion me paraît trop manifeste pour être passé sous silence.

Mort et compassion

> « Loué sois-tu mon Seigneur pour notre sœur la mort corporelle à qui nul vivant ne peut échapper. »
>
> François d'Assise, *Le Cantique des créatures*.

D'aussi loin que je me souvienne, la mort a toujours été ma raison de vivre. Je ne saurais dire à quel moment le sentiment de la mort s'est installé chez moi. Il est sûrement contemporain d'un certain développement de la mémoire qui coïncide avec la fin de la période couverte par l'amnésie infantile et avec le début du plein exercice de la conscience de soi.

« Partout où les anthropologues sont passés, ils se sont fait décrire ce qui se passe après la mort (par des informateurs souvent ébahis que l'on se pose de telles questions) et ce qu'il faut faire quand quelqu'un meurt, question beaucoup plus sensée. » Cette remarque de Boyer[11] me servira de prétexte à ne pas aborder l'anthropologie de la mort. Je limiterai donc mon propos à quelques observations.

La mort est d'abord la disparition physique de l'autre. Ce sens d'autrui si développé chez l'humain, s'en trouve brutalement désaffecté, entraînant un emballement du processus compassionnel — comme un moteur qui ne rencontre plus de résistance à son mouvement et tourne dans le vide. Le désarroi, le chagrin et l'incontinence sentimentale qui s'emparent de nous lors de la mort d'un proche témoignent des efforts de l'organisme pour combler ce vide insupportable.

A la place de l'autre, il ne reste qu'un cadavre qui n'est plus ce vivant qui nous offrait sa demeure, sa psyché et sa parole sensible, mais un objet inerte qui pose ce problème : comment s'en débarrasser avant qu'il ne se change en une chose nauséabonde et toxique ? L'enterrer, le livrer aux charognards, le momifier, l'enchâsser ou, expression ultime de la compassion, le manger : telles sont quelques-unes des solutions inventées par les hommes. Aucune ne réussit à effacer en nous la présence obsédante des morts — ce n'est d'ailleurs pas le but de ces rituels. Notre psyché est habitée par tous ces défunts et par leur psyché qui parcourt sans relâche les chemins neuronaux de nos représentactions. Le cerveau de l'enfant passionné de l'autre apprend bien vite que cet autre est mortel. La mort est à l'horizon de la conscience de soi.

La religion et ses rituels n'ont pas pour fonction principale de consoler. La promesse d'immortalité de l'âme ne fait souvent, pour ceux qui adoptent cette croyance, que prolonger leur angoisse de vivre. La mission physiologique de la religion est de régler la circulation psychique de tous ces autres encombrants sur lesquels s'épuise une compassion qui n'est plus payée de retour.

Ariès, dans son essai sur l'*Histoire de la mort en Occident*, a montré les différentes attitudes devant la mort qui s'appliquent à cette région de l'humanité[12].

La première, la plus commune et la plus ancienne, est la résignation familière au destin collectif de l'espèce : « nous mourrons tous » — la compassion se fait universelle.

La deuxième, qui apparaît au Moyen Age, peut se traduire par cette formule : « la mort de soi ». L'homme occidental se reconnaît lui-même dans sa mort et s'auto-affecte dans la conscience de son moi périssable — « que le Seigneur ait pitié de moi » ; la compassion est attendue de « là-haut ».

La troisième s'installe à partir du XVIIIe siècle en donnant à la mort un sens nouveau. L'individu l'exalte, la dramatise, mais en même temps se préoccupe moins de sa propre mort. La mort romantique, bavarde et poétique, est d'abord la mort de l'autre. La « mort de toi », titre Ariès, donnant ainsi à la compassion son sens plein lorsque la mort donne vie à ce *toi* qui meurt en *moi*.

Je ne peux conclure ces brèves variations consacrées à la mort, dans ce livre dédié à mon père, sans évoquer sa mort. Il était entré doucement dans l'agonie après avoir perdu sa connaissance. Sa respiration était calme, entrecoupée de rares soupirs. A un moment de la soirée, ses yeux se sont ouverts sans que son regard rencontre ma présence à son chevet. D'une voix anxieuse, il s'est mis à répéter : « Allô, Allô... » pendant quelques interminables minutes. La « communication » a été coupée avec son dernier souffle. A quel interlocuteur invisible s'adressait son appel ? A quel autre ? Le « Grand Autre » peut-être.

Le Grand Autre

La transcendance attire la mauvaise rhétorique comme un aimant la ferraille. J'ai vu des chiens divaguer sur des chemins étoilés et d'autres s'arrêter pour hurler à la lune ; tous se sont éloignés à ma vue sans jamais m'accabler de jappements mystiques. L'homme n'est peut-être pas le seul animal à posséder dans son cerveau un module sensible à la présence divine, mais il n'y a que lui pour en faire état aux autres avec ses prophéties et ses cantiques.

« Vagues étoiles de l'Ourse[13] », je vous ai contemplées pendant le court moment d'éternité nécessaire à la satisfaction d'un besoin pressant lors d'un trajet en voiture à travers les Cévennes par une belle nuit d'août. Peut-être ce firmament était-il devenu soudain la projection fugitive de la voûte des cieux sur celle de mon cerveau où des milliards de neurones confondus avec autant d'étoiles avaient, dans l'équilibre d'un instant, effleuré la béatitude divine : souvenir, comme un impact de météorite !

En quoi le biologiste serait-il fondé à discourir sur

la foi ? Le naturaliste épris de sciences cognitives pourra évoquer les dispositifs mentaux impliqués dans les phénomènes de croyance[14], les neuro-imagiers décrire les régions du cerveau touchées lors d'expériences dites mystiques, encore conviendra-t-il de faire preuve de la plus grande réserve, sachant que, dans le domaine de la foi, la mauvaise foi de tous bords exerce souvent une redoutable pression.

A propos d'un article récent publié par *Courrier international*[15], intitulé « Dieu laisse des traces de son passage dans nos cerveaux », un frère dominicain insistait sur le risque de confusion[16] : « Confusion à propos de ce que désignent les expressions mêmes de " Dieu ", " foi ", " religion ", " spiritualité ", etc. Ainsi, il paraît tout à fait raisonnable de s'intéresser à l'activité neurologique suscitée par la méditation ou la prière. Certes, un croyant peut être troublé d'apprendre qu'un sujet, soumis à certains signaux électromagnétiques, explique ensuite s'être senti touché par une présence divine... Mais Jacques Lacan n'avait-il pas déjà imaginé cela lorsqu'il parlait des extases de Thérèse d'Avila ? Même au sommet de la mystique, le croyant ne vit pas sa foi ailleurs que dans et avec son corps. Pour autant, faut-il dire que " Dieu laisse des traces de son passage dans nos cerveaux " ? Convient-il d'inventer une nouvelle science, la " neurothéologie " ? Ce serait confondre les pratiques et les expériences religieuses avec celui que plusieurs traditions appellent le Tout-Autre ou l'Inaccessible. Les travaux sur la biologie de nos passions ont sans l'ombre d'un doute largement contribué à la connaissance de nous-mêmes et des relations que nous élaborons entre nous et avec le monde ; pour autant, nous ont-ils dit ce que sont l'amour et la jalousie, la confiance et la foi ? »

Selon Newberg et D'Aquili[17], le cerveau humain serait programmé pour communiquer avec Dieu. Avec une naïveté qui n'a d'égale que sa foi aveugle (un comble pour un spécialiste d'imagerie), Newberg observe que « [ses] recherches devraient être considérées comme un argument en faveur de l'existence divine : si Dieu existe, il est parfaitement logique qu'il ait créé en nous un moyen de communiquer avec lui[18]. » En poussant le raisonnement on pourrait en conclure que les incroyants sont des infirmes cérébraux.

Les résultats de ces expériences menées avec la rigueur méthodologique nécessaire ne sont toutefois pas sans intérêt. L'imagerie cérébrale a été réalisée chez des moines (franciscains et tibétains) en prière ou en méditation. On observe une activation du cortex préfrontal, ce qui n'a rien d'étonnant et correspond sans doute à l'effort de concentration mentale et d'attention dirigée. Plus inattendue, la chute d'activité du cortex pariétal droit, une région dont nous avons vu qu'elle intervenait dans la conscience du soi, la relation spatio-temporelle du sujet à l'environnement et à la distinction d'« agentivité » (celui qui agit) entre le sujet et l'autre.

Des mini-attaques vasculaires cérébrales ou des crises épileptiques donnent parfois au malade une impression proche d'une expérience mystique : paix intérieure ; perte des limites entre le soi et l'environnement ; et surtout présence d'un « agent » étranger. La stimulation magnétique transcrânienne qui permet de suspendre pendant un temps très bref le fonctionnement d'une région circonscrite du cortex induit chez certains sujets la sensation d'une présence étrangère : ils se sentent touchés par Dieu ou ont peur et parlent de démons[19].

Je retiens dans ces « opérations neuronales » associées à des expériences mystiques qu'elles désignent des structures cérébrales ordinairement impliquées dans la relation à l'autre : l'objet même de la compassion. Mon réductionnisme s'arrêtera là. Je souhaite ne pas tomber dans le piège des « bases neuronales de la foi ». La liberté de croire tient aux dispositions mêmes du cerveau humain dans le désir qui le pousse vers l'autre. James, fondateur de la psychologie scientifique, ose écrire en pleine période de positivisme triomphant : « Ainsi donc, à l'égard des vérités qui dépendent de notre action personnelle, la foi qui se fonde sur le désir est certainement légitime[20]. » Green, de son côté, rappelle « que la mutation humaine doit prendre en considération l'ordre du symbolique au-delà du langage, dans la percée qu'il effectue dans le domaine de l'action, de l'affect et de la reconnaissance de soi, ouvrant ainsi un champ entièrement nouveau au pouvoir des interdits avec l'apparition du sentiment de culpabilité. La part jouée par la relation à l'autre y est incitative, mais il ne faut pas méconnaître celle de l'autre, par où s'ouvre la référence au divin — nous dirions rapport à l'autre-semblable et à l'autre de l'objet [Green] ou au Grand Autre [Lacan]. Toutefois ces aspects ne sont pas dissociables de la relation entre désir et interdit[21] ». Green introduit ici la dynamique du désir d'autrui dans la compassion universelle qui se comprend dans l'infinitude du divin non-dissociable du domaine de l'interdit et de la contrepassion.

Le début de la Bible indique que Dieu créa l'homme à son image selon sa ressemblance (Genèse 1,26). Il n'est pas nécessaire d'être grand théologien pour conclure que l'appétit (le besoin) qui anime l'homme dans sa quête de l'autre à sa ressemblance est le désir même qui lui fait rechercher ce Dieu dont il est le portrait.

Mais ce serait oublier que l'homme a créé une multitude de dieux qui ne lui ressemblent pas et qu'il existe quelques religions sans dieu comme, par exemple, chez les aborigènes d'Australie. Le seul dieu que l'homme partage avec ses frères d'espèce, c'est le corps de l'autre dans lequel il reconnaît son propre corps. « Le miracle absolu, selon Schopenhauer, réside dans l'expérience par l'homme de son propre corps » et du corps indépassable de l'autre.

Je n'ai pas souhaité, dans le cadre étroit de cet ouvrage de biologie, aborder la question de la religion et celle de la morale. Mon unique propos étant de montrer l'universalité de la compassion, je me suis efforcé de ne pas m'éloigner des neurones et des hormones dont tous les hommes sont également pourvus quels que soient leurs rites et leurs croyances. Je me risquerai encore moins à aborder le problème de la sainteté et des champions de la compassion. Pour James, « la sainteté est un facteur essentiel de bien-être social[22] ». Pour Nietzsche, elle ne représente que bassesse et servilité. Le saint, c'est le faible gonflé de sophismes, le dégénéré type, l'homme sans volonté. Ce qui serait fatal plus que toute autre fatalité, ce n'est pas la grande peur, mais le grand *dégoût* de l'homme ; de même la grande *compassion* pour l'homme. Si un jour ces deux fatalités s'accouplaient, le type humain serait bien compromis[23].

Un saint me semble pouvoir échapper à une mise en coupe théologique et philosophique, au mépris nietzschéen comme à l'adulation bétifiante et béatifiante des bigots. Il fut réservé à l'un des plus grands modeleurs d'âmes de l'histoire de l'humanité occidentale d'opérer la synthèse entre la compassion universelle et la fusion affective de l'être avec la nature tout entière. Un regard sur la vie de François d'Assise nous servira de viatique avant de pénétrer dans les forêts obscures de la contrepassion.

François d'Assise ou le triomphe de la compassion

Le risque, lorsque l'on parle de François d'Assise, c'est de verser dans l'excès et le sublime qui sont la négation même du type humain incarné par le petit pauvre. Il n'y a qu'un François d'Assise, mais en chaque homme un peu de lui se retrouve qui ne demande qu'à grandir : la part d'innocence venue de la petite enfance d'où jaillissent l'étonnement et l'enthousiasme qui effacent l'angoisse originelle. La compassion apparaît sous une forme cristalline chez François et devient confraternisation avec tous les éléments et même avec la mort (ma sœur, la mort). Il est ce que les spécialistes de l'évolution appellent un « monstre prometteur » et les auteurs de science-fiction un « mutant » : la promesse pour l'espèce d'une humanité renouvelée. Selon Boff, « François parle aux profondeurs les plus archaïques de l'âme moderne, parce qu'il y a un François d'Assise à l'intérieur de chacun de nous, qui cherche à émerger et à s'épanouir en toute liberté, parmi tous les encombrements du monde moderne[24] ».

Scheler le considère comme le représentant le plus important en Occident de ce monde de relations à base d'empathie et de sympathie que j'ai appelé compassion : « Il s'agit d'une rencontre tout à fait singulière entre l'*eros* et l'*agapè*, âme sainte et géniale jusqu'en sa source. Il y a chez lui le plus grand, le plus sublime exemple de la spiritualisation de la matière, en même temps que d'une matérialisation de l'esprit, qu'on ait jamais connu. Jamais plus nous ne retrouverons dans l'histoire de l'Occident une modalité pareille des forces affectives de nature sympathique, ni une pareille manifestation de ces forces à la fois dans la religion, dans la morale, dans l'érotique, dans l'activité sociale, dans l'art et dans la connaissance. Ce qui constitue plutôt la marque distinctive la plus générale des siècles ultérieurs, c'est le fait que ce qui chez saint François se trouvait fondu et formait une unité indivisible s'est peu à peu décomposé en une variété de plus en plus multiple de modalités affectives, de “ mouvements ” de toutes sortes, de champs d'activité étroits et nettement délimités[25]. » Comme une étoile éclatée dont subsistent des météorites dispersées dans l'univers.

Avec François d'Assise, je retrouve dans son intégrité le cœur compatissant dénigré par les neurones, désavoué par la raison et qui offense les clercs. Le désir brûle son cœur sur le bûcher du corps.

Voici François du nom de ce pays où voyageait son père Bernardone, marchand drapier, sur des routes parcourues par les troubadours, ces poètes qui tentaient de réconcilier le plaisir avec la pureté, la chair avec la charité. Le fils du commerçant se rêvait chevalier, l'adolescent charmant s'étourdissait dans les orgies. Une armure de guerrier, une bataille perdue contre Pérouse la rivale d'Assise, la prison, la maladie et quatre années d'incubation avant l'appel d'une voix mystérieuse, une nuit à Spolète, et de la fleur blessée jaillit un torrent de vie qui ne s'arrêtera qu'à sa mort vingt ans plus tard. Soudain, fou d'amour, éperdu de désir, il abandonne biens et vêtements devant son Père consterné ; il ira nu à la rencontre du Seigneur[26].

Par-dessus tout, il veut se dégager de la chair pour vivre avec le Christ. Etrange paradoxe, car son corps est tout amour et son désir d'union au Crucifié rejaillit sur lui sous la forme des cinq plaies.

Mais si l'Eros impose une discipline rigoureuse avec son propre corps, il n'a pas la même exigence avec les autres pour qui il n'est que tendresse. « Il faut avec discernement pourvoir notre frère corps de ce dont il a besoin. »

François est porté par une compréhension poétique des créatures. Cette intelligence du monde s'étend à toutes choses ici-bas. « Bas » doit être ici pris dans son acception pleine : l'amour total absolu du Dieu fait homme qui a connu la faim, la soif, l'angoisse au jardin des Oliviers et la déréliction sur la croix. Une transcendance retournée vers le bas qui s'étale sur l'ensemble du vivant. Ce vivant, expression du désir qui pousse l'une vers l'autre les molécules dans la cellule ou d'une cellule à l'autre ; la vie, support d'une transcendance qui se réalise dans la compassion ; la vie , comment l'amour vient à la matière.

François pousse à son degré extrême le désir de se transporter au-dedans de l'autre. Il est l'homme qui habite le cœur des autres. Un homme cordial, un homme de cœur. Boff[27] décrit admirablement ce cœur épris des cœurs : « Le cœur sent, il chante, il loue, il vibre, il pleure, il éprouve de la compassion. Le cœur sent le pouls du cœur d'autrui. Partout, l'on perçoit cette force volcanique du cœur, domestiquée, pourtant, par la pénitence et par la croix. Cette compassion a atteint son zénith dans l'expérience mystique du mont Alverne, deux ans avant la mort de François. Dans le silence, au milieu des rochers, il a jeûné durant quarante jours. Il veut obtenir une identification radicale avec le Crucifié. Il demande deux grâces, la douleur et l'amour. »

Le récit dit que « François s'était transformé tout entier en Jésus par l'amour et par la compassion. » Saint Bonaventure ajoute : « Lorsqu'il vit le Crucifié sous forme de séraphin, François éprouva une compassion telle qu'un glaive lui traversa le cœur. »

Le *Cantique des créatures* s'adresse au « Très-Haut, Tout-Puissant », non pas au grand Seigneur du cosmos qui pour avoir un fils humain n'en reste pas moins un lointain tout-puissant, mais au *bon* Seigneur, père de toutes les créatures. Cette paternité universelle de Dieu met la compassion au cœur de chaque homme.

François n'appartient à aucune religion. Le Dieu qu'il sert n'est pas un dieu séculier. Petit pauvre, il a passé une grande partie de sa vie d'apôtre à batailler avec l'Eglise et avec ceux de ses frères qui défendaient l'établissement de son ordre parmi les puissants de la Foi. Sa règle préférée eût été qu'il n'y en eût pas. Elie et ses frères se chargèrent de rétablir la raison dans ses prérogatives, mais la flamme qu'il a allumée dans les cœurs ne s'éteindra qu'avec la disparition de l'espèce humaine.

Ni Dieu, ni la religion ne sont nécessaires pour suivre le chemin ouvert par François d'Assise.

DEUXIÈME PARTIE

LA CONTREPASSION

A ce triste moment, Milord,
où du haut des fenêtres des mains brutales et
[malapprises
jetaient de la poussière et des ordures sur la tête
[du roi Richard.

Shakespeare, *Richard II,* acte V, scène 2.

« La cruauté est une des plus anciennes réjouissances de l'humanité. On estime, par conséquent, que les Aïeux, eux aussi, se réconfortent et se réjouissent lorsqu'on leur offre le spectacle de la cruauté. »

F. Nietzsche, *Aurore*.

8

Nuire

> « L'Eternel vit que la méchanceté des hommes était grande sur la terre et que toutes les pensées de leur cœur se portaient uniquement vers le mal. »
>
> La Bible (trad. de Segond), Genèse 6, 5.

« Méchanceté », « violence » sont les mots qui viennent à l'esprit en regardant le journal télévisé du soir. Que s'est-il passé ce jour dans le monde ? D'après les images qui se succèdent, l'homme a exercé sa pression sur l'autre en l'écrasant sous des bombes, en le privant d'eau et de pain et en le traquant sur les routes de la peur. Pour distraire notre vue après ces banales horreurs, le cinéma dispense ses fureurs et ses « serial killers » — le cœur des autres saigne à gros bouillons d'hémoglobine. Fascination, dépendance : l'homme en redemande. Son besoin de l'autre trouve à se nourrir de la souffrance qu'il lui fait subir par images interposées. Un magazine raconte : un homme a violé une mère devant ses enfants qu'il a ensuite égorgés devant elle. Ce qu'il a fait, aucune bête au monde ne l'aurait fait. La « terre des hommes », depuis qu'elle s'offre en spectacle domestique, semble être jonchée de cadavres et peuplée de spadassins et d'assassins en série. Mais peut-être est-ce un effet d'optique, un excès de (télé)vision ? La contrepassion serait-elle plus visible que la compassion ? Une chose paraît certaine — la biologie l'atteste —, l'homme n'a pas changé depuis qu'il est un homme.

Humiliés et offensés

Les images de Guantanamo et de ces prisonniers enchaînés destinées à réjouir le cœur des offensés par une offense faite aux offenseurs m'évoquent le Disciplinary Training Center de Pise en 1945, vaste zoo humain où étaient détenus dans des cages plus de trois mille Américains, déserteurs, violeurs et assassins dont la nation victorieuse ne voulait plus. Parmi eux, tout au bout d'une allée de cages identiques, des enclos de fort grillage avec le ciel toscan pour toit et en toile de fond les Alpes apuanes : enfermé, accusé de haute trahison par la justice militaire, Ezra Pound, le poète des *Cantos*, se retrouvait exposé aux éclaboussures de la soldatesque. Mais où était donc passée la compassion de l'homme pour l'homme ? Elle n'était pas dans la cage où le poète, singe divin, écrivait sous les quolibets des GI's qui lui lançaient des insultes comme des cacahuètes : « Les Etats-Unis ont traversé une époque — sacrément dédaigneuse — Mironton tontaine / Oh la paix pour le vieil homme[1]. »

Réduire l'autre à l'état de bête, tel semble être le but plus ou moins avoué de ces comportements qui sont, au même titre que la compassion, la marque du « génie humain » : ôter au prochain son humanité, le traiter comme un animal dangereux ou rétif en le mettant en cage ou en le frappant jusqu'à ce qu'il s'aplatisse, geignant aux pieds du mauvais maître. On retrouve cette négation de l'autre — l'effacement de son regard — dans une photographie qui montre des guerriers d'Al-Qaïda avachis sur le sol, les yeux vitreux comme ceux du gibier mort dans un tableau de chasse derrière lequel posent les tueurs encore vibrants des coups de feu tirés au cours de la battue.

Un autre exemple de contrepassion ordinaire me ramène à mes années d'école communale. Août 1944, mon village vient d'être libéré. Avec mes copains, je cours et crie dans la foule qui acclame les partisans descendus de la colline, quand survient une clameur sourde suivie d'injures et de crachats qui pleuvent sur une pauvre créature à la poitrine dénudée et au crâne tondu qu'entraîne au milieu de la populace une bande de maquisards de la dernière heure, tous embrassardés et armés de frais. Alors j'ai vu mon père, jailli d'une voiture, envelopper la femme de sa veste et l'arracher aux mains de ses bourreaux. L'image me hante doublement : à cause de la femme d'abord, vision ignoble et fascinante enfouie dans l'enfer rouge de l'enfance, et de mon père surtout, mon héros plein de compassion. Depuis ce jour, je crois bien avoir toujours été du côté des humiliés.

Belle déclaration qui sent son humaniste ! Reflète-t-elle une constante réalité ? Non, bien sûr.

Une brève évocation du passé suffit à la démentir : souvenir de ces persécutions auxquelles je participais *avec les autres* contre des souffre-douleur désignés à la classe par quelques savoureuses différences ; ou encore, ces six mois sous le béret de parachutiste quand l'exercice de la compassion n'était pas le plus pratiqué dans les casernes malgré la mission de « pacification » confiée à l'armée. N'aurais-je pas, moi aussi, entraîné par mes camarades, jeunes soudards à la psyché en jachère, insulté le poète en cage ? Pour avoir alors côtoyé la méchanceté sans autre réaction de ma part qu'un sentiment de honte et de dégoût, je conserve une suspicion légitime sur la force de mes bons sentiments.

La méchanceté

Elle est une disposition générale de la psyché et pourrait théoriquement exercer sur celle-ci une hégémonie absolue : un état de *méchanceté pure*. Une telle extrémité paraît toutefois inaccessible à l'homme malgré ses terrifiantes capacités de nuire à son prochain. Les observateurs les plus pessimistes de l'âme humaine reconnaissent chez elle la persistance d'une faible clarté dans les ténèbres du mal[2]. Chez l'individu comme dans la société, bonté et méchanceté cohabitent, seul le dosage varie, au cours du temps et selon les cas.

En me référant à la psyché, j'entends implicitement que la méchanceté appartient exclusivement au genre humain. L'écriteau « Chien méchant » vient apparemment démentir mon propos. Mais, outre que derrière le chien se dissimule un maître (attention, maître méchant), il s'agit d'une bête dite de garde et d'une méchanceté induite par le commerce des hommes. La vraie méchanceté est, tout comme la bonté, porteuse d'un sens inséparable d'une subjectivité vécue et partagée entre humains.

La phénoménologie de la méchanceté découvre ses caractéristiques spécifiquement humaines : sa parfaite gratuité et son inutilité flagrante pour l'individu et pour la société[3]. Pour stigmatiser la méchanceté des gens, Schopenhauer raconte la banale anecdote d'une rencontre entre deux voyageurs, l'un cherchant son chemin, l'autre faisant effort pour le fourvoyer. Connaissant le renseignement qui libérerait l'autre de son égarement, il préfère le tromper par de mauvaises indications plutôt que de lui rendre un service qui ne lui coûte rien[4]. En donnant à cette historiette une interprétation métaphysique, Schopenhauer suggère que le trompeur agit pour un motif pur : il n'a pas choisi le « bien » de l'autre, ni le sien, mais un mal abstrait, *sans intérêt*. Il affirme par là sa volonté propre en cherchant à annuler celle de l'autre qui devient son jouet et l'objet de son bon plaisir.

Une expérience réalisée chez des geais[5] fait écho à l'exemple donné par Schopenhauer. Les geais, comme la plupart des corvidés, vivent en société. Ils ont l'habitude de cacher de la nourriture afin de disposer de ressources en cas de besoin. Il s'agit d'une pratique fort utile dont le caractère adaptatif ne fait aucun doute. Lorsqu'on place un écran opaque entre un oiseau et ses congénères, celui-ci profite parfois de sa solitude pour changer les cachettes à l'insu des autres. Malice de sa part ? Sûrement non, car le trompeur est aussi en règle générale un voleur qui a déjà eu l'occasion de chiper les provisions de ses amis. Nous sommes donc en présence d'un mécanisme d'anticipation, d'une prise de précaution qui sert les intérêts de l'individu. Il ne s'agit pas d'intentions méchantes, mais d'une parfaite appréciation de la situation qui illustre des capacités intellectuelles de l'oiseau tout à fait étonnantes, mais qui n'ont pas de lien avec ce qui serait une attirance pour le mal, une sorte d'antécédent évolutif de la malice de l'âme humaine.

Ce privilège attribué à l'homme d'être méchant ne doit rien à un humanisme militant, mais tient à la difficulté de partager une quelconque subjectivité avec un animal autrement qu'en lui prêtant des sentiments qui sont les nôtres, sans espoir de confirmation de sa part. Toute l'agitation des *psychologues anglo-saxons* — ceux-là même que Nietzsche compare sans charité à « de vieux crapauds froids et ennuyeux qui rampent et sautent autour de l'homme et jusqu'en lui, comme s'ils étaient bien là dans leur élément, c'est-à-dire dans un marécage[6] » — ne pourra rien contre le mur infranchissable qui sépare notre pensée de celle de l'animal. Ce qui était valable pour la compassion le reste pour la contrepassion. Le biologiste doit se limiter à la description des comportements et à l'étude de leurs mécanismes avant de prendre pour une homologie[7] ce qui n'est qu'une analogie.

Lorsque la contrepassion s'exprime dans la violence soit sous forme d'actes (menace, attaque, suicide, meurtre), soit par une intériorité extériorisée dans l'émotion et verbalisée (colère, envie, jalousie), elle devient, en revanche, accessible à une approche objective et exempte de métaphysique.

L'homme est un animal violent. Caïn en est un prototype. Jaloux, envieux, animé par la convoitise et le dépit, « il se jeta sur son frère Abel et le tua[8] ». L'œil hugolien qui regarde Caïn n'est plus aujourd'hui dans la tombe, mais sur les écrans de télévision qui à longueur d'images interrogent : « Où est ton frère Abel [...] ? Qu'as-tu fait ? Ecoute le sang de ton frère crier [...] du sol[9]. »

Cette violence de l'homme contre ses semblables dont se saisissent les éthologues, les anthropologues, les ethnopsychologues, les sociologues, les physiologistes, les généticiens, les psychiatres et les criminologues — la liste n'est pas limitative — émane du cerveau, nul n'en disconviendra ; mais — question rituelle — y est-elle déposée par la culture et par l'éducation ou est-elle inscrite dans les gènes ? Est-elle le produit de la société ou un trait de l'espèce ? Questions très anciennes que les « progrès » des sciences de la vie ont rendues actuelles. Etudier aujourd'hui la biologie de la violence intraspécifique revient à apprécier sa valeur adaptative, c'est-à-dire sa fonction pour l'individu et pour le groupe. La réprimer pourrait dès lors être dommageable pour la survie de l'espèce. Convient-il dans ce cas de la cultiver pour en tirer notre parti ? A moins qu'elle ne condamne à terme le genre humain ? Questions parmi d'autres, auxquelles la biologie ne peut apporter que quelques éléments de réponse.

9

Présentation de la violence

L'*agressivité* désigne un instinct animal ; comme tel, le mot devient ambigu lorsqu'il est utilisé à propos de l'homme. Le terme de *violence* semble préférable. Il correspond à la mise en action d'un état affectif d'*aversion*.

Les éthologistes ont répandu l'usage du mot « agressivité ». C'est un terme assez vague qui désigne aussi bien le caractère d'un vendeur ou d'un jeune cadre en entreprise que la manifestation d'un instinct. Celui-ci est par définition inné, immuable ; il exprime une adaptation au milieu d'origine évolutive et représentative de l'espèce. Selon l'acception définie par Lorenz[1], il s'agit d'un acte lié à une pression intérieure libérée par des stimuli extérieurs et atteignant en réponse une intensité plus ou moins importante.

Il est indéniable que, s'agissant de l'homme, l'instinct d'agressivité a des relents peu ragoûtants. Les tenants modernes du concept de la « bête humaine » l'utilisent, comme le rappelle Eibl-Eibesfeldt[2], pour justifier notre comportement belliqueux. Plack[3], confondant l'observateur et la chose observée, reproche aux éthologistes de défendre une doctrine selon laquelle l'agression est le moteur essentiel de toute vie humaine et de fournir ainsi une bonne excuse à la nature maligne de nos semblables. Cette thèse imputée à tort aux éthologistes est assez proche de celle de Hobbes. Celui-ci discerne uniquement chez l'homme les instincts de conservation et de puissance — « l'homme est un loup pour l'homme » — selon un modèle mécanique qui anime la naturelle méchanceté humaine. A celle-ci s'oppose l'âme artificielle de l'Etat (pris ici dans un sens politique), le *commonwealth,* construit à l'image de la machine humaine naturelle et dont le monarque est l'ingénieur et le maître[4]. Sous l'emprise d'un rationalisme absolu, les comportements et les pensées elles-mêmes sont considérés comme des mouvements internes qui s'enchaînent, établissent des liaisons mécaniques, calculent, catégorisent — toute cette raison portée à son comble fabrique un méchant drôle soumis « pour son bien » à la contrainte mécanique de la justice et des lois imposées par l'Etat.

Cette théorie d'un homme mécaniquement méchant évoque les préoccupations actuelles nées de l'exploration du cerveau machine, grâce notamment à l'utilisation de l'imagerie cérébrale. On peut comparer celle-ci au contrôle technique obligatoire des véhicules à moteur : un criminel odieux qui présente des dysfonctionnements objectifs de sa mécanique cérébrale est-il méchant ou malade, livrable aux matons ou aux infirmiers ? Et si l'homme est mécaniquement méchant, est-il coupable ou responsable ? Suffit-il alors de construire des prisons et de posséder une police mécaniquement efficace ou doit-on confier sa réparation à des mécaniciens de l'esprit ?

Les éthologistes qui ont décrit les comportements d'agression sont éloignés d'un pareil machiavélisme. Lorenz insiste sur le fait qu'un animal est souvent mû dans des directions divergentes par divers complexes de tendances. Il parle à ce propos de « parlement des instincts » où s'exercent balance et compromis entre les partis opposés. On verra plus loin qu'à côté des conduites combatives existent chez les animaux et les hommes d'étonnantes capacités de réconciliation et de paix.

Conformément à la position théorique de la précession de l'état affectif sur l'acte lui-même, les comportements dits violents apparaissent subordonnés à l'état sous-jacent d'aversion.

Dans une modalité plus restreinte, la colère qui représente une émotion dans la stricte acception du terme mérite un traitement particulier.

Finalement, plutôt que de *naturaliser* la violence (un chien naturalisé ne mord plus), entreprise qui risquerait de m'entraîner vers les débats académiques autour de « nature et culture » ou « inné et acquis », j'ai choisi le risque de la *biologiser*. Elle exprime en effet la vie sous sa forme la plus dramatique, dont témoigne la fameuse formule attribuée à Darwin de la « lutte pour la vie ». Est-il plus grand tourment infligé à un animal que la mort dont l'homme a fait le motif privilégié de son angoisse d'exister ? Cette vie qui s'exprime ainsi dans la violence nous autorise à aborder l'étude de cette dernière avec les moyens et les méthodes des sciences du vivant.

Caractère adaptatif de la violence

Contrairement à la méchanceté, la violence possède un caractère adaptatif qui témoigne de son origine évolutive et de ses antécédents animaux. Son utilité (ses fonctions), sa réversibilité et ses manifestations organiques facilitent son étude sous l'angle de la biologie.

Selon une opinion répandue en Occident, la violence qui est en nous exprimerait la part de la bête, le résidu turbulent d'animalité contre lequel la psyché se défendrait à l'abri des solides remparts dressés par la raison et la maîtrise de soi. La psyché aurait à combattre sur deux fronts : un espace extracorporel occupé par de redoutables objets et un espace corporel troublé par le remue-ménage incessant des passions[5]. Un tel dogmatisme de l'âme qui assimile celle-ci à une citadelle assiégée et sa corruption à une brèche dans ses défenses abandonne l'homme à une illusion d'essence ; il revient à considérer la morale comme un art des fortifications. Une fois encore, ces clivages psyché/monde et psyché/corps sont intenables du point de vue du biologiste.

L'animalité s'intègre dans la psyché au lieu de ramper au pied de ses murailles. Autre métaphore possible : celle du marché public dans lequel la raison fait commerce avec les passions.

La violence se présente biologiquement comme un état affectif homogène en cohérence avec les actes qu'il recherche. A titre d'exemple, je rapporterai un exploit du lieutenant X dont rend compte le journal *Le Monde* du 3 mai 2002.

Il était environ 22 heures, le samedi 2 mars 1957, quand une unité de soldats parachutistes conduite par le lieutenant X a fait irruption au 7 de la rue des Abencérages, belle maison rectangulaire de style mauresque située dans la casbah d'Alger. « Ils étaient une vingtaine. Ils ont défoncé la porte de la maison pour entrer. Mon père s'attendait à être arrêté à tout moment, car la nuit précédente, ils étaient déjà venus dans l'espoir de l'embarquer, mais il n'était pas là », se souvient le fils, âgé de douze ans au moment des faits. Le père comprend le sort qui l'attend (je dirai ailleurs la résignation qui s'empare de la proie au moment d'être déchirée par le prédateur).

« Il a voulu mettre ses chaussures, mais les soldats lui ont dit : “ Ce n'est pas la peine ”, raconte le fils. Ensuite, il a eu le temps de dire à ma mère : “ Prends soin des enfants ”. »

Roué de coups, puis entravé totalement nu entre deux des piliers du patio intérieur de la maison, le père a ensuite été torturé devant ses enfants rassemblés autour de leur mère, trente-sept ans, portant dans ses bras sa dernière née, âgée de quatre mois.

Le supplice de l'eau a été ensuite infligé au suspect. Il consiste à le noyer en lui faisant ingurgiter des litres de liquide auquel était ajouté du savon. « Mon père se débattait. Son ventre était devenu énorme. Un para lui sautait dessus à pieds joints. Dans la bouche, on lui avait mis une serviette qu'on lui retirait de temps en temps. Alors, il vomissait. Immédiatement après, on le gavait à nouveau de litres d'eau, et ainsi de suite. »

La violence du lieutenant X, si elle offense l'homme dans son humanité, ne surprend pas sur le plan éthologique. Elle fait référence aux comportements agressifs intraspécifiques observés chez de très nombreuses espèces. Les taureaux attaquent les autres taureaux, les coqs sont capables de s'entretuer, pour ne citer que ces symboles de l'humeur belliqueuse. Eibl-Eibesfeldt insiste sur le caractère spontané du comportement violent intraspécifique[6]. Il n'est pas induit par la seule action d'un déclencheur déterminé. « Nous constatons plutôt que les animaux qui n'ont pas pu se battre depuis longtemps sont toujours prêts à le faire, évidemment poussés par le mécanisme de leur propre instinct. Ils recherchent alors activement une situation conflictuelle qui leur permette de libérer l'énergie interne ainsi accumulée. »

Des souris et des rats élevés en dehors de tout contexte social particulier choisissent de façon préférentielle et répétée la branche du labyrinthe en T où les attend un congénère à agresser. La violence suscite dans de nombreux cas un puissant désir, un appétit insatiable qui peut entraîner l'animal ou l'homme dans la spirale de l'addiction.

On peut à juste titre s'interroger sur le caractère adaptatif de tels comportements et sur leurs avantages sélectifs. La défense du territoire apporte une réponse très nette à cette question, en assurant notamment une dispersion des mâles reproducteurs, un frein à la surpopulation et à l'épuisement des ressources qui en découle, une pression pour coloniser de nouveaux espaces et enfin l'élimination des plus faibles. Le lieutenant X est fort, c'est un bon reproducteur, un patriote qui défend son territoire : l'Algérie française.

Notons que la psyché du lieutenant X ne présente aucun signe de dérangement, de dépossession de soi et que ses capacités cognitives et techniques — autrement dit le fonctionnement de sa raison — sont intactes, comme en témoigne le récit : « X [à sa victime] criait de temps en temps : " Donne-nous un nom, et tu as ma parole de soldat que tu seras épargné ! " » L'eau ne se révélant pas efficace, c'est dans le magasin du père, proche de la maison, que le martyre se poursuit. Cette fois, la « question » est administrée à l'électricité, avec tout le matériel disponible sur place. « On n'entendait plus que ses cris. A un moment, il y a eu un court-circuit. Ils ont poursuivi leur séance dans le noir », rapporte encore le fils.

L'agonie se termine vers 3 heures du matin. « J'ai entendu un bruit métallique. On s'est précipité dans la rue, croyant qu'il s'agissait du rideau de fer du magasin qu'on venait de tirer. Seule ma mère avait compris : c'était une rafale de mitraillette... »

Je n'entends pas stigmatiser ici la personne du tortionnaire. Il m'importe par contre de montrer le caractère adaptatif de la violence lié à son origine évolutive totalement dévoyée par le fonctionnement spécifiquement humain de la psyché du lieutenant X. A coup sûr, cet homme n'est plus un animal : il est devenu méchant !

J'affiche ici une opinion particulièrement négative sur la violence telle qu'elle s'exprime chez l'homme. C'est que celui-ci, grâce à sa psyché, peut aussi utiliser les armes redoutables de sa raison. Nietzsche exposant le cas Socrate l'a bien compris : « Lorsqu'on est forcé de faire de la raison un tyran, comme Socrate l'a fait, le danger ne doit pas être mince que quelque chose d'autre fasse le tyran[7]. »

Ce que le bourreau vise dans l'homme, c'est l'autre, son semblable. Cette contrepassion ne peut s'exprimer que dans sa psyché. La faculté de raisonner et l'exercice de ses fabuleuses capacités cognitives ne font *in fine* que se retourner contre l'homme.

Une tentative pour sauver la violence humaine du déshonneur consiste à la faire entrer dans le cadre neutre et scientifiquement palpable des émotions. Par sa théâtralisation sous la forme de la colère, la violence prétend regagner à la fois ses lettres d'animalité et son statut d'universalité : la belle et saine colère où l'homme peut, quelquefois, retrouver sa grandeur.

10

La colère, une émotion exemplaire

> « Déesse, chante-nous la colère d'Achille, de ce fils de Pelée — colère détestable, qui valut aux Argiens d'innombrables malheurs et jeta dans l'Hadès tant d'âmes de héros, livrant leurs corps en proie aux oiseaux comme aux chiens : ainsi s'accomplissait la volonté de Zeus. »
>
> Homère, trad. R. Flacelière, *Iliade*, Chant I.

La colère est un dévoilement momentané de l'être, une mise en scène de son intériorité que le sujet offre à l'autre et à lui-même. Différente de la violence en ce qu'elle n'est pas un état mais une « brève folie[1] », la colère traduit une mauvaise humeur violente et passagère qui s'accompagne d'agressivité dans le comportement ou le discours.

Cette définition impose quelques réserves à propos du terme de « folie ». Certes, la colère figure au premier rang des passions et parmi celles qui provoquent les plus grandes perturbations de l'âme. L'homme est comme dépossédé de son être ; il est hors de lui. Cette aliénation ôte au sujet sa culpabilité dès lors que celle-ci est attribuée à un autre à la place de l'absent. Un crime passionnel commis sous l'emprise de la colère requiert de ce fait l'indulgence du tribunal et entraîne la sympathie du public, pour peu que cette déraison obéisse à de justes raisons. Cette interprétation qui absout le coléreux en faisant de lui la victime passive d'un coup de folie est en réalité tendancieuse. La colère émerge souvent dans le flot débordant des désirs comme un îlot de rationalité qui permet d'expliciter le but à atteindre et de dégager une implacable logique de l'action. Sous l'éclat de la violence circule un glacial calcul aussi efficace et désespéré que celui du suicidant pour réussir sa mort. Un exemple étranger à notre culture témoigne également de cette capacité de la raison à composer avec les turbulences du corps : l'*amok* est une force de folie homicide observée chez les Malais, qui pendant une courte période (la course), commettent une série d'actes barbares et meurtriers. « Cette frénésie n'est pas de la folie, c'est un délire lucide, qui sait utiliser toutes les ressources de la ruse[2]. »

On s'accorde, en revanche, sur la brièveté de la colère, son caractère fugace qui lui donne l'apparence d'une crise. Parfois imprévisible, elle est souvent précédée d'une lente et fragile construction qui vole en éclats pour une cause insignifiante. L'allure momentanée de la colère la désigne comme une émotion authentique, une poussée aiguë de contrepassion visant l'autre — l'adversaire — qu'il s'agit de néantiser.

Ce terrible et splendide mouvement de l'être occupe les trois domaines communs à toutes les émotions : celui du corps, celui de l'expression à l'interface du monde et du corps, et enfin celui du sujet. Si on peut difficilement partager la subjectivité d'un animal en colère — « moi Rex, berger allemand, je te déteste et vais te sauter à la gorge » —, l'émoi corporel avec son augmentation de la fréquence cardiaque, du rythme respiratoire, de la pression artérielle et du tonus musculaire, son afflux de sang aux extrémités, est en revanche mesurable et peu différent chez l'homme de chez l'animal. L'expression de la colère, enfin, montre sans ambiguïté son ascendance bestiale.

J'ai assisté récemment à une scène de la circulation urbaine qui illustre mon propos. Deux automobiles étaient à l'arrêt, côte à côte devant un feu rouge. L'un des conducteurs manifestait sa fureur en direction du voisin. Tout dans son visage cherchait à inspirer la terreur : les yeux enflammés ; la prunelle étincelante et égarée ; les sourcils abaissés, ramassés en faisceau à la racine du nez faisant paraître le front fortement ridé ; les narines ouvertes et élargies ; les lèvres pressées l'une contre l'autre, celle de dessous surmontant celle de dessus et laissant les coins de la bouche un peu ouverts ; la peau, enfin, pâle en quelques endroits, rougie en d'autres et tout enflée[3]. Les épaules soulevées, les bras repliés, l'homme martelait de ses poings fermés le volant de sa voiture, à la façon d'un tambour. Sous sa chemise, je devinais les poils de son dos tout hérissés comme chez un anthropoïde furieux[4]. Dans la voiture voisine, un chien assis sur le siège du passager manifestait en retour les signes d'une violente colère : les babines retroussées laissant les canines à découvert, la truffe dilatée, le museau froncé, les sourcils relevés, les oreilles tendues et rejetées en arrière. Porte-voix de son maître qui affichait une indifférence méprisante, le chien lança en direction du colérique chauffeur une bordée d'aboiements entrecoupés de simulacres de bonds en avant. Le monsieur, dont la violence était restée jusque-là muette, se mit à donner de la voix ; des propos excrémentiels jaillirent de sa bouche, assurant en paroles un passage à l'acte symbolique[5]. Le signal vert interrompit cette scène ordinaire de la vie urbaine dans laquelle un homme et une bête avaient un moment partagé la même flambée de passion.

L'origine animale et évolutive de la colère n'est, à l'évidence, pas à mettre en doute ; mais on peut s'interroger sur sa valeur adaptative. J'admets que le chien, en assumant la violence non exprimée de son maître, lui rende service et s'attire ainsi ses bonnes grâces. Mais pour l'automobiliste en fureur, que lui sert de *se mettre* dans cet état, sinon d'accélérer sa marche vers une maladie cardiovasculaire ?

Le corps de la colère

On reconnaît dans la colère humaine les trois principes qui marquent selon Darwin la continuité des émotions de l'animal à l'homme[6]. Le principe d'*association des habitudes utiles* indique que tout acte gratifiant ou réducteur de tension se transforme en habitude par la force de sa répétition, si bien qu'il apparaît automatiquement quand la colère envahit le sujet lors même qu'il ne sert plus à rien. Le processus évolutif réduit cet acte à l'état d'ébauche ; ainsi la bouche entrouverte aux coins des lèvres de l'homme furieux rappelle-t-elle les babines retroussées du chien sur des canines redoutables. L'homme ne mord plus mais il montre toujours des dents qui ne lui servent plus qu'à mâcher son bifteck. Selon le principe d'*opposition* ou *d'antithèse*, des émotions antagonistes engendrent des comportements opposés qui souvent se succèdent, à l'exemple du chien grondeur, tête haute, poil hérissé, corps en tension qui s'aplatit au sol, lève la tête et agite la queue lorsqu'il reconnaît son maître. Le troisième principe, celui de *l'action directe de l'excitation nerveuse sur le corps*, a donné lieu aux plus vastes développements. Il stipule en effet qu'un excès de force nerveuse issue d'une violente activation est transmis au corps et entraîne l'expression motrice et viscérale des émotions. Darwin anticipe ainsi sur ce qui sera la pierre de touche de l'étude de ces émotions : les réactions somatiques[7].

Dans l'activation physiologique, on trouve tous les ingrédients qui font une belle colère. Les psychologues évolutionnistes considèrent cet *arousal*[8] comme une réponse innée qui prépare l'organisme à réagir face à différents événements (menaces, frustrations, etc.) survenant dans l'environnement. Cette bourrasque trouble le cours de la vie et mobilise le système nerveux autonome. Celui-ci, comme l'indique son nom, exerce ses fonctions indépendamment d'un contrôle volontaire et conscient. Les premiers feux de la colère sont irréfléchis et embrasent l'axe sympathique-médullo-surrénalien[9] ; celui-ci arrose l'organisme d'adrénaline et de noradrénaline. Pour l'essentiel, on observe une activation cardiovasculaire, une dilatation des bronches, un ralentissement de l'activité digestive, l'appétit coupé, une mobilisation des cellules immunitaires à la périphérie par contraction de la rate, une libération de glucose et une consommation accrue de ce dernier dans les périphéries du corps.

Sur le plan adaptatif, on conçoit l'utilité de ces manifestations somatiques chez un animal sauvage ou chez un militaire — il est plus facile de tuer quand on est en colère. La peur, autre émotion négative et partenaire obligé de la colère, mobilise les mêmes ressources ; celles-ci favorisent la fuite ou la contre-attaque. Dans des situations extrêmes, cette mobilisation, cette tension de l'être aux conséquences physiologiques spectaculaires peuvent pousser l'homme au-delà de ce qu'il croyait possible et prolonger sa survie dans le dépassement de soi. C'est ce que décrivent certains rescapés des camps de concentration. Ils auraient puisé dans la colère un sursaut permettant d'ajouter un jour au suivant, jusqu'à celui de la délivrance[10]. Mais à quoi sert à un homme ordinaire (un homme ou une femme de tous les jours) de se mettre dans un pareil état ? Le déchaînement « sympathique » du chef de bureau est-il un prélude mobilisateur avant l'attaque ? L'activation cardiovasculaire et la broncho-dilatation de la secrétaire apeurée vont-elles faciliter sa fuite dans les couloirs de l'immeuble ?

Frankenhaeuser[11] a, parmi les premiers, dénoncé les effets dévastateurs de la colère sur le corps. Celle-ci apparaît alors comme le vestige évolutif d'un comportement précieux pour un hominidé, mais devenu une gêne pour un humain moderne, pouvant même, à la façon du misérable appendice qui orne inutilement le flanc de son côlon droit, devenir l'origine de maladies et de mort.

La colère encouragerait l'éclosion de maladies du cœur, du cancer, du SIDA et de l'asthme (liste non limitative). Sans entrer dans l'analyse de son rôle dans la santé, je me limiterai à un portrait médical du coléreux de base. Celui-ci correspond au tempérament colérique décrit par Hippocrate ou à une personnalité de type A, selon la typologie de Friedman et Rosenman[12]. Monsieur A réagit au quart de tour à une situation menaçante ou simplement contrariante ; pour un rien, le voici hors de ses gonds ; c'est un cynique, pressé et tourné vers la compétition sociale ; il s'engage beaucoup et partout à la fois ; son système sympathique et sa glande médullo-surrénale s'enflamment à la moindre étincelle ; à la longue, ses artères coronaires s'encrassent et il manque d'en mourir. Le type B est à l'opposé : porté à la résignation, il réagit aux agressions par une stimulation de l'axe hypo-physo-cortico-surrénalien qui entraîne la libération d'une hormone corticotrope par la glande hypophyse à laquelle répond la sécrétion de cortisol par la cortico-surrénale. Selon Ursin[13], l'individu ayant un taux de cortisol élevé a des performances faibles, mais de fortes capacités de défense psychologique : il tente de minimiser l'importance de l'agression par des moyens intrapsychiques tels que la réinterprétation, la négation, l'intellectualisation, etc. Est-ce à dire que la colère fouette le cœur et éteint le cerveau ? Ce serait méconnaître son caractère quelquefois bienfaisant. A condition qu'elle soit brève et peu fréquente, elle favorise (parfois) la capacité à accomplir une tâche difficile.

La colère n'est pas non plus l'apanage d'un sexe. Apparemment, il y a chez la femme une moindre corrélation positive entre l'activation sympathique et la performance comportementale, mais il s'agit plutôt d'un jeu de rôle où la différence se situe dans la psyché. Que la femme emprunte l'habitus social du mâle, son système sympathique et les risques d'accident cardiaque viendront d'eux-mêmes au-devant de la scène.

Colère et société

Un Esquimau *utku* ne se met jamais en colère mais n'est pas vraiment étonné par les éclats émotionnels de l'anthropologue qui a choisi de vivre avec eux[14]. Il les trouve simplement obscènes et inconvenants. « Jamais en colère » ne veut pas dire que cette émotion n'existe pas chez les Utkus. Son absence est plus visible que sa présence ; elle forme la maille qui relie les sujets dans le réseau social ; la rupture d'un seul nœud (un individu en colère) fait trembler tout le filet.

Un autre peuple aux frontières incertaines, celui des *automobilistes,* occupe les routes et les carrefours d'accès aux entrées des grandes villes. Il utilise, à l'opposé des Utkus, l'invective chargée d'adrénaline comme ciment de sa cohésion sociale. La colère crée paradoxalement le rapprochement et la sécurisation des deux individus qui s'insultent à travers les fenêtres de leur voiture : « A l'accordage par mise en tension commune se substitue une mise en accord plus proche de l'imitation[15] », ce véritable duo avec reprise des mêmes insultes et des mêmes gestes par les deux partenaires éphémères que le redémarrage du flot des véhicules a interrompu, laisse derrière lui une fureur apaisée s'apparentant à de la nostalgie : « Toi ma haine à peine entrevue... »

Les *Ifaluks*, habitants d'un atoll corallien de Micronésie dans le Pacifique occidental, disposent de plusieurs mots pour désigner la colère : *lingeringer*, pour la colère progressive, *nguch* désignant le ressentiment après une frustration, *tipmochmoch* pour l'irritabilité quand on est malade et surtout *song* décrivant une colère mêlée d'indignation contre quelqu'un qui a commis un acte moralement répréhensible ; le fautif ressent en réponse la peur, *metagu*. Il s'établit une sorte d'émotion bipolaire jouée à deux : fureur indignée d'un côté, culpabilité apeurée de l'autre[16]. Une véritable négociation s'engage entre *song* et *metagu* fondée sur un échange d'émotions convenues. La *metagu* s'enseigne aux enfants comme stratégie de compromis avec l'individu *song* qui, lui, doit être capable de justifier sa colère auprès des autres. Un système de valeurs est installé qui classe dans la hiérarchie du respect un individu calme et gentil, *maluwelu*, au-dessus d'un *sigsig* au mauvais caractère.

Les Britanniques, insulaires eux aussi, sont à leur manière des Ifaluks. Un de mes amis, marié à une Anglaise, me disait avoir été étonné lors de son premier séjour dans sa belle-famille : on ne se mettait jamais en colère, on boudait — comme le déchaînement d'une symphonie furieuse sifflotée entre les lèvres.

Ces exemples ne sont pas isolés et n'ont finalement rien de surprenant. La colère, orage affectif avec un éprouvé neurovégétatif violent, est la même pour les hommes, les singes, les mammifères, les reptiles, et jusqu'à un certain point, les poissons[17]. Mais le traitement que lui fait subir la psyché humaine est une autre affaire : contrôle, répression, déplacement et surtout projection avec capture dans le miroir tendu à l'autre. Pour revenir à la définition de la compassion proposée dans la première partie, être en colère, c'est se mettre à la place de l'autre par effraction. La colère est toujours chez l'homme dirigée vers autrui ou vers soi, ce qui revient au même.

11

Le cerveau de la violence : voies, centres et molécules

Les psychiatres américains, soucieux de classification systématique, ont défini un ensemble de troubles du comportement sous le sigle d'IED (pour *Intermittent Explosive Disorders*). Ce désordre affecterait plus de dix millions d'individus aux Etats-Unis[1]. Pour une provocation insignifiante, une futile frustration, voire sans raison apparente, le sujet se met à vociférer, brise un vase[2], lance les objets qui lui tombent sous la main et exécute des gestes offensifs destinés à son entourage qui, tout en déplorant son mauvais caractère, marche sur des œufs en sa présence. Parfois la violence offensive verse dans le délit sinon le crime et le misérable se retrouve devant un tribunal.

L'imagerie cérébrale pratiquée systématiquement chez des épileptiques a montré, chez les patients souffrant d'un IED, une atrophie moyenne de 17 % de leur cortex frontal gauche comparé à celui des patients non violents[3].

Le cortex frontal et l'amygdale qui jouent un rôle majeur dans les mécanismes de la compassion sont également en première ligne dans l'économie de la violence. Celle-ci s'adresse, en effet, toujours à l'autre, même lorsque le sujet s'en prend uniquement à des objets inanimés qui deviennent alors pour lui

« en charge d'être ». L'Arioste nous en offre une véritable observation clinique : « Il brise le rocher et détruit ainsi les vers qu'il porte ; il en fait jaillir des éclats jusqu'aux nues. Malheur à la grotte ! Malheur aux arbres où se lisaient les noms d'Angélique et de Médor ! [...] Il jette d'un côté son casque, de l'autre son bouclier ; il fait voler au loin son haubert et plus loin encore le reste de son armure. Tous ces objets sont épars sur tous les points de la forêt ; puis il déchire ses habits, il laisse à découvert son ventre, sa poitrine velue, son dos, son corps tout entier. Alors se produisirent les accès d'une folie si étrange et si épouvantable que jamais on n'en verra de semblable [...]. Il arrache de même deux autres arbres aussi élevés, comme si c'eût été du fenouil, des hièbles ou de l'aneth. Les hêtres, les chênes, les ormes antiques, les sapins, les charmes ne lui résistent pas davantage. Ce que fait un oiseleur pour nettoyer un champ où il tendra ses filets, en arrachant les joncs, les genêts ou les orties, Roland le fait des arbres les plus antiques et les plus vigoureux[4]. »

Avec son casque, Roland a-t-il jeté aux orties la partie de son cerveau qui tenait en respect sa fureur et sa rage ?

Les études neuroanatomiques désignent particulièrement la zone sus-orbitaire du cortex préfrontal étendue à la partie médiane des hémisphères. Cette aire tient sous son contrôle inhibiteur les ardeurs agressives du sujet. Ce frein agit vraisemblablement sur les amygdales (la gauche comme la droite, mais avec une prévalence de la première). Ces formations paires situées dans la profondeur des lobes temporaux sont une sorte de cerveau émotionnel chargé notamment de détecter dans l'environnement du sujet des signaux menaçants (un bruit, un visage, etc.) et d'organiser les réponses comportementales (attaque, fuite), émotives (colère, peur, dégoût) et hormonales (adrénaline, cortisol). Les amygdales, enfin, offrent un lieu de mémoire où se créent des réflexes conditionnés qui sont à la base de ce qu'on peut appeler le *style affectif* du sujet.

Les observations de deux patients éclairent la place particulière du cortex sus-orbitaire dans le comportement émotionnel des individus au sein de la société.

Le cas du patient EVR a été longuement étudié par Damasio et ses collègues du Département de neurologie de l'Université de l'Iowa. Pour résumer les résultats de ce véritable travail inquisitoire mené par les médecins, je dirai qu'il s'agit des mésaventures d'un honnête Monsieur Jekyll, homme d'affaires intelligent et scrupuleux, bon époux, bon père, qu'une opération neurochirurgicale rendue nécessaire par la présence d'une tumeur cérébrale bénigne (méningiome), mais de forte taille, a privé des régions ventro-médianes de ses cortex préfrontaux (le droit étant plus largement touché que le gauche). Il en est résulté l'apparition d'un Monsieur Hyde venu occuper le corps soudain désaffecté du brave Jekyll : un nouvel individu, paresseux, sans égard pour son entourage familial et professionnel, incapable d'un travail sérieux et accumulant divorces et mauvaises affaires. Mais, à la différence du héros de Stevenson, EVR n'a pas pris l'apparence d'un monstre grimaçant et bestial. Il affiche une ironie souriante, un détachement de bon ton lors de l'exposé de ses malheurs et conserve des facultés intellectuelles intactes. Il sème le mal et la désolation autour de lui, mais sans remords, dans une sorte d'indifférence amusée. Si les multiples épreuves cognitives qu'il subit au laboratoire sont franchies avec succès (intelligence supérieure, mémoire intacte), son comportement au travail est en revanche lamentable avec une incapacité de prendre des décisions, à tirer des leçons de ses erreurs et à assurer le suivi de ses tâches ; bref, un individu inconséquent et mauvais en raison de son inaptitude à apprécier le tort qu'il fait à son prochain. Damasio parle à son propos de *sociopathie acquise*, un cas qui ne justifie pas l'opprobe, mais une prise en charge sociale au même titre que tout malade souffrant d'un trouble neurologique, en l'occurrence un déficit majeur de la sphère des émotions.

Pour Damasio, l'origine des troubles réside dans un dysfonctionnement du système des *marqueurs somatiques*[5]. Dans ses prises de décision, ses choix, ses orientations, sa projection dans un futur immédiat, autrement dit dans l'exercice de sa raison — que celle-ci fonctionne de façon consciente ou non consciente —, le sujet ne dispose plus d'un *état* de son corps qui lui indique la valence affective de sa situation (« attention émotion en vue ! »). La mesure des variations de la résistance cutanée (réaction psycho-galvanique) permet à un observateur de connaître les fluctuations émotionnelles qui agitent le corps du sujet. EVR n'a montré aucune réaction dans des tâches où les choix décisionnels impliquent un risque de perte. On comprend qu'il soit incapable d'un travail suivi nécessitant des préférences, une hiérarchisation, un ordre, des *raisons* d'agir ou que pour reprendre la formule triviale d'un médecin, « sa raison pédale dans la choucroute affective ».

Il convient toutefois d'observer que si EVR est devenu un méchant drôle et « qu'il n'a pas de cœur », la violence est généralement absente de son comportement. Celle-ci est, en revanche, sur le devant de la scène dans l'observation d'un patient que rapportent Blair et Cipolotti[6].

J. S. a été victime d'un traumatisme crânien qui a endommagé gravement son cortex frontal sus-orbitaire des deux côtés. Lorsqu'il émerge d'un coma léger, cet ingénieur de 56 ans, jusque-là réservé dans ses mœurs et consciencieux dans son travail, se révèle sous un jour totalement différent : grossier, arrogant, il roule dans les couloirs de l'hôpital sur un chariot de malade, prenant plaisir à bousculer infirmiers et malades sur son passage ; il lance des objets et des meubles et va jusqu'à blesser sérieusement un membre de l'équipe médicale. J. S. est très différent du malade précédent par sa violence explosive d'abord, par ses capacités cognitives et émotives ensuite. Le trouble majeur de J. S. réside dans son incapacité spécifique à reconnaître chez les autres l'expression de la colère ou du dégoût, alors qu'il reste sensible au visage de la tristesse. Ses réponses émotionnelles de base (réaction psycho-galvanique) au bruit ou à la surprise sont conservées.

J. S., comme EVR, est devenu un infirme moral. Il ne sait plus attribuer aux autres les sentiments de peur, de colère ou simplement d'embarras. Sa dysexistence ne vient pas de l'absence d'émotion, mais de son manque total de jugement sur les émotions négatives des autres. Les règles sociales qu'il connaît en théorie ne sont plus applicables à ces autres, réduits pour lui à l'état de pantins désaffectés. Le *je* se perd de ne plus savoir que l'autre est ému et pourquoi.

Ces deux observations montrent combien il serait imprudent d'établir une corrélation trop étroite entre un territoire du cerveau et les troubles qu'entraîne sa lésion. Celle-ci, comme le nuage de Tchernobyl, ne respecte pas les frontières, en l'occurrence celles tracées par la neuro-anatomie. L'imagerie fonctionnelle permettra un jour, sans nul doute, d'animer ces différents territoires et de comprendre leur jeu subtil d'inhibition et d'activation réciproques qui conduit à l'affirmation de nos vertus morales ou à la révélation de notre misérable propension au vice. La tomographie par émission de positons (PET) a notamment montré des variations réciproques du métabolisme du glucose (témoin de l'activité des neurones) dans le cortex frontal et les amygdales[7]. Dans un travail récent qui élargit les observations faites chez des épileptiques mentionnées plus haut, il est fait état d'une diminution supérieure à 10 % de la matière grise du cortex préfrontal mesurée par résonance magnétique chez des sujets montrant une propension aux agressions impulsives[8]. Les techniques d'imagerie ont aussi « profité » aux délinquants et donné un renouveau à la notion de *psychopathie* héritée de Lumbroso et à son usage dans les cours de justice[9].

Les psychopathes se recrutent dans un groupe de patients souffrant de troubles de la personnalité désignés dans la nomenclature anglo-saxone sous le terme d'APD (*Antisocial Personality Disorders*). Le diagnostic repose sur une liste de questions dont les réponses permettent d'établir un score. Les experts français, moins influencés par la pression scientiste et quantificatrice que leurs collègues américains, s'abstiennent en général de fournir des données numériques aux tribunaux. En Californie, on estime aux trois quarts de la population pénitentiaire les sujets présentant un profil de personnalité asociale ; un quart dépasse le score de 30, considéré comme le seuil de la psychopathie avec risque élevé de récidive quel que soit le milieu de réinsertion. Le trait majeur du syndrome porte sur un déficit de la réactivité émotionnelle. Les psychopathes sont le plus souvent revendicateurs, manipulateurs et indifférents aux conséquences négatives de leurs actes. Deux régions du cerveau se partageraient la responsabilité de leurs troubles. Pour Adrian Raine[10], la psychopathie serait associée le plus souvent à une atrophie du cortex préfrontal sus-orbitaire. Pour James Blair[11], les *amygdales* cérébrales seraient en cause, ces dernières jouant, on le sait, un rôle majeur dans la gestion des émotions. Mais l'intervention d'autres structures comme l'*hippocampe* a été évoquée. Trop de facteurs incontrôlables et une large marge de variations individuelles donnent à ces corrélations un caractère relatif. Celui-ci vient s'ajouter aux problèmes posés par le diagnostic de psychopathie conforté par l'imagerie cérébrale face à la justice. Pour certains procureurs américains, la psychopathie et le risque inéluctable de récidives invitent à des peines ineffaçables (perpétuité ou mort). Pour les avocats, en revanche, la psychopathie témoigne de l'irresponsabilité du criminel et justifie un placement en institution spécialisée plutôt qu'en prison[12]. Mais les objections sont multiples. Il n'existe pas de traitement médicamenteux spécifique. La thérapie comportementale est réputée inefficace. Pis encore, un travail récent effectué à l'université de Toronto montre que, sur 224 prisonniers ayant suivi une thérapie comportementale avant leur libération, la majorité des récidives s'est produite chez les sujets présentant un score élevé d'APD et qui semblaient avoir répondu favorablement au traitement : réponse qui témoignait seulement de leur capacité à manipuler le thérapeute.

Les médiateurs de la contrepassion

Les structures nerveuses que j'ai décrites sont reliées à l'espace corporel par des voies neuronales. Leurs connexions se font par l'intermédiaire d'agents chimiques : les neuromédiateurs. Ainsi le cortex préfrontal reçoit-il une riche innervation en neurones à sérotonine, dont témoigne la présence d'une forte densité en récepteurs pour ce neuromédiateur[13]. Celui-ci partage la vedette avec le cortex préfrontal pour leur rôle dans la violence.

La sérotonine nous fait quitter les structures hémisphériques pour évoquer ce tronc aux racines et aux ramures enfouies au cœur de l'encéphale — un « cerveau flou » à côté du « cerveau câblé[14] » — qui apporte ses agents chimiques aux régions cérébrales à la façon d'un réseau d'irrigation qui prendrait sa source dans la profondeur, elle-même alimentée par les entrées et sorties du cerveau. A côté des « systèmes latéraux » qui activent désir et plaisir, on décrit des structures médianes de l'hypothalamus qui se prolongent en arrière par un feutrage de neurones occupant la zone centrale du tronc cérébral. La stimulation électrique de ces structures dites aversives provoque l'immobilisation du rat et des conduites d'attaque ou de fuite. Ces territoires sont également connectés aux systèmes désirants latéraux et sont au centre d'échanges avec les aires corticales, frontales en particulier, et le cerveau limbique dont font partie l'hippocampe et l'amygdale.

La sérotonine exerce un contrôle inhibiteur sur les pulsions agressives. A ce propos, il convient de noter que, dans la violence, il est habituel de distinguer les actes de caractère impulsif et ceux commis avec préméditation. Seuls les premiers sont associés à une baisse de la sérotonine cérébrale. Une étude de Moffit[15] a montré que le taux de sérotonine circulante était significativement plus bas chez les sujets violents de sexe mâle, mais conservait une valeur normale chez les délinquants ordinaires et les femmes. Une première triade se dégage : violence, sexe mâle et baisse de la sérotonine.

On trouve la sérotonine impliquée dans les états dépressifs, le système sérotoninergique étant par ailleurs une cible des antidépresseurs. Il faut dire que la dépression, qui conduit souvent au suicide, n'est qu'une modalité détournée d'agression. Suicide et mélancolie sont une forme retournée sur soi-même de la violence que le sujet destine à l'autre, cet autre étant le sujet par excès de narcissisme. Freud a écrit que « la torture que s'inflige le mélancolique représente la satisfaction des tendances sadiques et haineuses qui, visant un objet, ont subi de cette façon un retournement sur la personne elle-même[16] ». Le narcissisme exacerbé conduit à détruire cet être qu'on aime — soi-même — pour ne plus avoir à en souffrir. C'est l'autre que l'on tue et ce n'est jamais qu'une projection de soi-même qui est visée.

Au milieu des années 1970, M. Asberg a observé que le taux de métabolite de la sérotonine dans le liquide céphalorachidien (le 5HIAA), qui est un témoin indirect de la production de sérotonine par les neurones, était fortement diminué chez des sujets décédés après un suicide[17]. Des études plus récentes, faisant appel à la mesure des éléments du métabolisme de la sérotonine chez les sujets qui présentaient une violence impulsive dirigée contre les autres ou contre eux-mêmes, ont confirmé ce que l'on pressentait : une diminution de l'activité du transporteur de la sérotonine, et une baisse des produits de dégradation dans le liquide céphalorachidien.

En résumé, la sérotonine est basse dans le cerveau de l'incendiaire impulsif ; basse également chez celui qui tue sans préméditation ; basse encore dans le cerveau de la mère qui tue son enfant. Etrange expérience : des sujets « normaux », nourris exclusivement avec un régime sans *tryptophane* (l'acide aminé qui sert au cerveau pour fabriquer sa sérotonine), deviennent agressifs au laboratoire[18]. Des patients présentant une violence impulsive ont été traités avec succès par la *fluoxetine* (Prozac), un médicament qui augmente le taux de sérotonine dans les synapses. A quand la distribution de Prozac à l'entrée des stades de football ?

Un dernier point doit être souligné : l'alcoolisme de type 2 (le type 1 correspond à l'alcoolisme ordinaire, acquis) qui est transmis de père en fils et d'apparition précoce s'accompagne lui aussi d'une baisse de la sérotonine cérébrale d'où il ressort une nouvelle triade : alcoolisme, violence impulsive et sérotonine basse.

Il n'est donc pas exagéré de penser que la sérotonine est un ingrédient essentiel dans le chaudron de la violence.

Les expériences chez l'animal confirment et explicitent l'implication de ce neuromédiateur. Chez les souris tueuses, une lésion des neurones à sérotonine amplifie leur activité meurtrière. Certes, chez la souris, la tendance au crime est héréditaire (souche muricide), mais l'isolement social qui fait chuter la sérotonine accentue aussi ce trait de comportement.

Chez la souris comme chez l'homme, les manifestations meurtrières sont le produit des gènes et de la société, composants naturels de l'état central fluctuant. Il n'est pas étonnant que d'autres neuromédiateurs, ingrédients de cet état central, soient aussi compromis dans la violence, même s'ils apparaissent comme des seconds couteaux à côté de la sérotonine. On trouve un taux de noradrénaline élevé dans le cas de la violence suicidaire. Ce neuromédiateur intervient dans le stress qui est un associé de l'agressivité. La dopamine intervient elle aussi, mais de façon indirecte en favorisant l'alcoolisme et la toxicomanie.

Les hormones de la contrepassion

J'ai laissé supposer la prévalence des actes de violence impulsive dans le sexe mâle[19]. Les hormones jouent-elles un rôle déterminant ?

Dans de nombreuses espèces, y compris l'espèce humaine, la sensibilité individuelle à la frustration, à la menace et à la provocation varie en fonction du taux de *testostérone*, hormone mâle, dans le sang. L'usage d'anti-hormones mâles chez les délinquants sexuels conduit non seulement à un blocage de la libido, mais aussi à une diminution des pulsions agressives. Il est toutefois difficile d'affirmer à leur sujet s'il s'agit d'un effet spécifique ou indirect. Chez les rongeurs et les singes, la testostérone augmente les conduites agressives, mais d'une façon modulée selon la position sociale de l'individu et son histoire personnelle. On peut s'étonner que la testostérone n'agisse sur le cerveau qu'après y avoir été transformée par une enzyme (*aromatase)* en hormone femelle, l'*œstradiol*. Tout se réduit finalement à une question d'organisation des structures nerveuses, celles de la femelle ne réagissant pas à l'œstradiol comme celles du mâle. Il y a, en plus, chez la femelle, une autre hormone sexuelle, la *progestérone*, qui exerce vraisemblablement un frein sur les comportements agressifs. Les hormones sexuelles interviennent aussi dans les rapports sociaux et dans l'organisation hiérarchique. Celle-ci exerce une fonction sociale d'autant plus efficace qu'elle est mieux contrôlée. Le jeu complexe des hormones et de leurs récepteurs cérébraux ordonne ces relations. Le niveau d'expression de certaines enzymes permet des ajustements qui autorisent les compromis entre sexe et violence. Les relations entre pouvoir et violence forment un autre volet de ce jeu de compromis qui se déroule autant dans le cerveau que dans la société.

D'autres hormones sont concernées par l'agressivité. Ce sont essentiellement les *stéroïdes* que secrète la glande cortico-surrénale. Hormones des émotions, ces *corticostéroïdes* préparent l'économie de l'organisme à une riposte adaptée aux menaces venant des milieux extérieurs et organisent les réactions du cerveau.

Faire intervenir des molécules chimiques dans le déterminisme de la violence revient enfin à revendiquer un rôle pour les gènes qui code leur synthèse. Mais cette histoire a commencé bien avant que les chercheurs découvrent les gènes et les caractères de l'hérédité ; depuis, peut-être que le signe de Caïn hante l'imagination des hommes.

12

Le criminel

> « Le criminel est l'homme qui ne peut résoudre son conflit avec l'Autre, ou avec la société des hommes qu'" en réalisant " le grave événement d'attenter à l'existence de l'Autre. En d'autres termes qu'en déshumanisant son lien naturel à Autrui. »
>
> A. Hesnard, *Psychologie du crime*.

Quelles raisons manifestes ou obscures poussent l'homme à tuer ? Certains hommes sont-ils nés pour le crime ? Où se trouvent alors les causes organiques de cette prédestination ?

Le criminel me fascine ; je devrais dire le tueur, car il n'est de vrai criminel que celui qui réussit l'acte de tuer, ne serait-ce qu'une seule fois. Comme Dostoïevski et plus près de nous Philonenko[1], je considère que ce prototype humain appartient à une catégorie d'un « autre genre » que nous renonçons le plus souvent à comprendre.

Le criminologue Stanciu affirmait devant des collègues[2] que, parmi les antisociaux, le criminel est pour lui « le seul individu normal ». Parce que c'est le plus souvent un individu frustré, exaspéré par l'impossibilité de réaliser ses aspirations, mais qui s'accroche à la vie et veut se réaliser malgré tout. Pour Stanciu, les vrais « anormaux » sont ceux qui s'évadent dans le suicide ou la maladie mentale.

Normal ou non, celui qui se réalise par le crime est un phénomène humain auquel quelques misérables symptômes névrotiques tiennent lieu de réalisation. En tuant l'autre, le criminel se construit.

Observée sans préjugé, la situation du criminel n'est pas trop éloignée de celle du saint. Ce dernier distribue son *avoir* aux autres pour s'engager tout entier dans la réalisation de son *être*. Le tueur prive l'autre de sa vie en échange d'un avoir dérisoire, mais obtient en retour un peu de cet être qui lui manque. S'ils ne peuvent cacher leur admiration pour l'un et leur répugnance pour l'autre, les gens ordinaires demeurent frappés de stupeur devant cet abîme existentiel où se nouent l'être et l'avoir, menaçant, s'ils n'y prennent garde, de les engloutir.

Le criminel-né

Cette méfiance abyssale explique peut-être la propension à rechercher les causes du crime dans quelque malformation organique, de préférence antérieure à la naissance du criminel et donc à son existence personnelle, ou dans des conditions liées au milieu tellement forcées qu'elles sont, en quelque sorte, extérieures à l'existence même du sujet. C'est dans ce contexte que s'est installée la théorie du *criminel-né*, prolongée aujourd'hui par les travaux de la génétique auxquels a en apparence tenté de répondre la socio-crimino-genèse[3], un domaine que je n'aborderai pas.

Les prétoires ont été longtemps habités par le spectre du criminel-né. Si les magistrats se défendent aujourd'hui de souscrire à pareille croyance, on est surpris de sa résurgence, mise au goût du moment par la nouvelle mythologie du gène : « Si ce n'est toi, c'est donc ton gène ! » Grave question, car on est en droit de se demander ce qu'est un sujet, sinon l'expression de ses gènes, tout en sachant que celle-ci ne peut se faire sans l'intervention du milieu, appelée encore *épigenèse*. Le faux couple antiéthique gène/milieu n'est pas neuf, il sert à maintenir le vieux parallélisme entre le biologique et le psychologique qui a présidé à toutes les tentatives depuis le milieu du XIXe siècle jusqu'aux sciences cognitives du XXe pour réduire le mal à ses origines organiques.

L'idée du criminel-né a été défendue à la fin du XIXe siècle par Lombroso[4], qui voulait rendre service à l'humanité en détectant les signes de la potentialité criminelle dans des traits physiques comme la forme des doigts, la petite cavité crânienne dans la région frontale (déjà le cortex frontal), une forte mandibule et un écartement excessif des orbites oculaires. Lombroso ne mérite pas la réputation qu'on lui fait aujourd'hui. Le premier, il osa prendre parti contre l'école spiritualiste de la liberté humaine du choix. Dans la conception morale du crime, l'être humain naît apte au bien comme au mal, incarnant « une sorte de manichéisme naturaliste » selon l'expression de Hesnard. Le choix est libre et le sujet engage sa responsabilité dans le mal qu'il commet, à moins que le mobile fondamental du crime ne soit une impulsion irrésistible comme chez certains aliénés, retenue par des « forces » psychiques étrangères à sa volonté. Ces termes n'ont d'ailleurs pas totalement disparu dans certaines expertises mentales auprès des tribunaux. L'auteur de l'*Homo delinquente* paru en 1876 conçut sa célèbre doctrine en réaction contre la doctrine morale : les criminels présenteraient des signes corporels qui feraient d'eux des êtres prédéterminés au crime. Il fallait donc s'efforcer de déceler ces tares corporelles que l'on pouvait rapprocher des anciens « stigmates de dégénérescence » (asymétrie faciale, ogivalité de la voûte palatine et déformation crânienne). La médecine et la physiologie triomphante du début du XXe siècle ne sont pas venues contredire, mais au contraire rectifier et compléter cette vision du crime résolument organique.

Pende[5], et dans sa continuité, Di Tullio, sont les représentants typiques de cette idéologie psychosomatique du crime. A l'appui de sa thèse, Pende rapporte l'existence chez un fort pourcentage de criminels de lésions méningo-diencéphaliques qui n'ont pu être décelées que grâce à la radiographie du crâne. Pende focalise son intérêt sur la région diencéphalique (partie centrale et sous-corticale du cerveau). Pour lui, cette région est la « région du Moi », de la cœnesthésie : « première zone de révolte, de résonance affective, de satisfaction automatique impérieuse, de tous les appels des tissus pour leurs besoins vitaux de nourriture, de reproduction, de respiration, de défense et d'agression ». Le dérèglement de la « zone instinctivo-émotive » et des tendances de l'« égoïsme biologique », et sa libération des centres corticaux supérieurs surtout *préfrontaux* lui paraissent expliquer les manifestations de « superégoïsme individuel brutal, habituel ou explosif qui fait le criminel ».

Dans cette même période (deuxième quart du XXe siècle), des travaux comparables en France (Delay et Tournay), aboutissent après l'examen radiocrâniographique de soixante-seize délinquants adultes (presque tous assassins), à la notion « d'encéphalose criminogène ». Pende invoque dans le même temps l'endocrinologie dans la genèse des troubles comportementaux. Il pense que l'insuline sensibilise les centres de la faim, que la thyroxine excite l'émotivité générale, l'adrénaline et la cortine les pulsions d'agression et de défense, les hormones sexuelles les impulsions érotiques : un bilan qui, somme toute, n'est pas très éloigné de ce que nous savons aujourd'hui après un demi-siècle de *neuroendocrinologie*, une discipline dont Pende peut à juste titre être considéré comme le grand précurseur. Quant au diencéphale, et notamment l'hypothalamus, les stimulations électriques de ces régions pratiquées chez l'animal dès 1909 par Karplus et Kreidl et par Ranson et Magoun utilisant la méthode de localisation des électrodes par stéréotaxie en 1935, ont montré le rôle de ces régions dans le déterminisme des comportements de base (manger, boire, se reproduire, se défendre), des régulations neurovégétatives et des émotions. De là à impliquer ces régions dans la genèse des crimes, le pas a été vite franchi, entraînant dans son sillage les psychochirurgiens qui tentèrent de conjurer l'esprit du mal en l'expulsant de son repaire à la pointe de l'électrode[6].

Ces approches ne sont finalement pas trop éloignées de celles qui sous-tendent aujourd'hui la notion de sociopathie à grand renfort d'imagerie cérébrale et de dosages neurohormonaux. J'épargnerai au lecteur les considérations psychologiques de l'époque (on dirait aujourd'hui profilage) qui vont avec le portrait « en cerveau » de l'assassin. J'en évoquerai quelques traits : maturité défectueuse de la vie affective ; conflit entre le moi propre et le moi social ; perte des capacités d'inhibition et d'autodomination, etc.

J'en viens aux facteurs de prédétermination et à la fameuse et antique doctrine de l'*atavisme criminel.* La génétique nous invite à regarder nos gènes comme les responsables possibles de nos crimes. La recherche d'un facteur génétique fait en général appel à des enquêtes épidémiologiques qui portent sur des jumeaux ou sur des cohortes d'enfants adoptés qui ne connaissent pas leurs parents biologiques. Les données les plus intéressantes concernent une cohorte danoise[7], largement confirmées dans divers pays[8]. L'étude permet d'établir une relation entre la délinquance des parents et celle chronique des enfants condamnés par la justice et séparés depuis leur naissance. On observe une relation significative pour les délits d'atteinte à la propriété, c'est-à-dire les vols, mais non en ce qui concerne la violence. En revanche, quand il y a violence chez les parents biologiques, on retrouve des signes de pathologies mentales chez les enfants qui sont souvent des schizophrènes, des grands déprimés et des alcooliques. Une série suédoise renforce ce propos et souligne le caractère héréditaire des facteurs associés, notamment l'alcoolisme. L'alcoolisme des enfants adoptés, lié à celui des parents, expliquerait cette prédisposition à la violence, probablement plus induite par des facteurs secondaires que par des facteurs directs.

Les gènes

La génétique a jusqu'à ce jour donné des résultats contradictoires ou peu convaincants. Faut-il s'en plaindre ? L'existence d'un gène de la violence ne faciliterait pas la tâche des magistrats et l'on peut prévoir les dérives de tout ordre qu'elle pourrait entraîner.

La génétique moléculaire s'est efforcée de son côté d'identifier les gènes qui codent les molécules impliquées dans les mécanismes de la violence, au premier rang desquelles figure la sérotonine. Une anomalie du gène qui code le transporteur de la sérotonine (situé sur le chromosome 17) a été observée. Elle est associée à un alcoolisme de type 2 et à une violence impulsive[9]. Chez les souris, on a obtenu des mutants qui ne possédaient pas le gène codant ce récepteur. Sans ce gène, ces souris sont devenues méchantes et ont agressé les souris étrangères introduites dans leur cage.

Chez des singes en élevage, le niveau d'expression des gènes codant pour la synthèse de sérotonine, attesté par le taux des métabolites du neurotransmetteur présent dans le liquide céphalorachidien, varie en fonction des soins maternels et de la présence des congénères[10].

On a beaucoup parlé, il y a quelques années, d'une famille hollandaise dans laquelle une majorité d'hommes étaient pyromanes, violeurs, exhibitionnistes et voleurs depuis un siècle. On a trouvé que l'anomalie impliquait un gène codant une enzyme chargée de détruire la sérotonine[11]. Ces faits sont d'ailleurs difficiles à interpréter, car la mise hors jeu de l'enzyme en question s'accompagne d'une accumulation de la sérotonine qui est en principe abaissée dans la vitesse. Mais la noradrénaline est également anormalement élevée. Celle-ci est connue pour entraîner violence et impulsivité chez le sujet mâle.

Toujours dans le domaine de la génétique, quelques données d'apparence scientifique traînent encore, auxquelles il convient de tordre le cou sans remords. La notion de violence associée à un double chromosome Y repose, par exemple, sur un fantasme — celui de la brutalité qui serait en corrélation directe avec la taille des testicules chez l'homme. C'est une observation que l'on peut faire aussi, à beaucoup de nuances près, chez les singes. Cependant, ceux qui seraient tentés de proposer des castrations systématiques, au niveau pénal, ne doivent pas trop fonder d'espoir sur cette manœuvre, car les violents risquent de demeurer violents après avoir perdu leurs génitoires. L'idée d'une corrélation entre le taux de testostérone et le niveau d'agressivité a conduit à l'hypothèse que le chromosome qui détermine la masculinité serait responsable de la violence : celle-ci serait donc inévitable chez les doubles Y. Cette théorie s'est totalement effondrée faute de la moindre preuve.

Limites de l'approche biologique du criminel

Finalement l'activité d'un gène d'une molécule ou d'une région du cerveau n'a aucun sens lorsqu'elle est examinée en dehors de l'état central fluctuant, c'est-à-dire du corps, de ses relations avec le monde et de son histoire à la fois génétique et personnelle.

La tentation est aujourd'hui plus grande que jamais de vouloir réduire la personne d'un individu à des données biologiques ou à une image, fût-elle celle d'un cerveau en activité lue par un ordinateur. Je ne peux me résoudre à un parallélisme simplet entre le cortex préfrontal un peu atrophié, une sérotonine cérébrale un peu basse d'une part et l'activité mentale qui a accompagné le geste de l'assassin d'autre part.

Qui n'est prêt à reconnaître cependant que c'est à l'intérieur du cerveau d'un homme que se nouent le pourquoi et le comment de cette arme pointée vers un autre homme ? Les neurosciences expliquent, mais ne « comprennent » pas le crime pour la raison précise que la psyché du criminel — j'entends celui qui tue en toute conscience, celle-ci fût-elle enténébrée par d'obscures pulsions — ne peut être réduite à une organisation d'*états mentaux* qui ne sont rien d'autre que les « faits psychologiques » de l'ancienne science de l'esprit. Toute la question, une fois encore, réside dans l'articulation de ces états mentaux « colorisés » (comme on dit des vieux films en noir et blanc remis au goût du jour) par une couche d'intentionnalité et d'intersubjectivité, avec les *états cérébraux* qui en sont les supports neuronaux.

Lorsque le neurobiologiste montre qu'une lésion de l'encéphale plus ou moins définie anatomiquement ou un déficit en tel ou tel neurotransmetteur peut causer une « attitude criminelle », il n'a pas le droit d'évoquer une relation de causalité. Celle-ci relève de la complicité entre scientifiques parlant le même langage et s'intéressant au monde objectif des aires cérébrales et des réseaux de neurones activés lorsque le sujet poursuit une tâche motrice relativement simple ou purement abstraite (calcul, méditation). La tâche qui consiste à tuer un homme est infiniment plus complexe et difficile à réaliser sous le regard d'un scanner. Dans le domaine de la psyché, il n'y a plus de causalité immédiate, mais joie et souffrance, compagnes du désir. Ces mouvements de l'être n'ont ni intérieur, ni extérieur, pas de structure objectivement conçue ni de fonctions intrinsèques ni de processus, mais des structures de signification ne pouvant être réduites, à moins d'une opération du Saint-Esprit, à des assemblées cellulaires et à des activités synaptiques.

Il suffit de constater comment une simple molécule de neuroleptique se fixe sur ses cibles neuronales et écrase la subjectivité du patient pour reconnaître des rapports d'intersignification entre le neuronal et le mental. Il est donc un peu vain de faire appel à la biologie objective pour chercher à *comprendre* le geste meurtrier et sa préparation latente chez le criminel en puissance ; les valeurs subjectives et intersubjectives restent, de leur côté, peu accessibles à la compréhension du juge et de l'expert, et elles sont cependant les fondements des états de la psyché qui seuls en définitive comptent.

Faut-il, dès lors, apprécier la responsabilité du criminel en raison inverse de l'atrophie de son cortex frontal ? Ce serait rendre un bien mauvais service à la biologie que de l'emprisonner dans l'objectivité et les « fonctions du réel ». Or le *sens* est toujours présent, entremêlant ses fils aux réseaux de neurones d'où émerge la figure de l'Autre. Un Autre qui appelle la compassion dans l'amour et sa négation dans le crime[12]. C'est par la médiation du frère qu'il a tué que la mort se livre à la conscience de Caïn. En cela, il est bien le *deuxième* homme. Dans le cortex frontal d'Adam s'est révélée la présence de l'Autre, si semblable et si opposée : Eve qui signifie la vie. En Caïn, son fils, s'achève la création de l'homme. Pour reprendre la formule inversée de Schiller que propose Philonenko[13] : « L'homme n'est pleinement homme que là où il tue et c'est seulement lorsqu'il tue que l'homme est homme. Alors seulement, le cerveau de l'altérité peut prendre la mesure de la finitude de l'être à l'aune de sa mort. »

13

Récompense et châtiment

> « Petit père, pourquoi ont-ils tué... le pauvre petit cheval ? sanglote l'enfant. Mais il a la respiration coupée et les mots s'échappent de sa gorge contractée en cris rauques [...]. Il retira la hache de dessous son pardessus, l'éleva à deux mains et d'un geste mou, presque machinal, la laissa tomber sur la tête de la vieille. Il lui semblait n'avoir plus de forces ; elles lui revinrent dès qu'il eut frappé une fois. »
>
> Fédor Dostoïevski, *Crime et Châtiment*.

Raskolnikov et le poisson chinois

Deux figures de prédateur s'imposent à ce stade de notre avancée dans les gouffres de la contrepassion : la première est sortie de l'imagination de Dostoïevski, la seconde des schistes du Chengjiang : l'une et l'autre sont des vertébrés authentiques soumis aux injonctions punitives ou gratifiantes de leur cerveau et à l'empire de leurs émotions.

Retirer une hache de sous un pardessus, l'élever à deux mains et la laisser retomber sur une cible — un tronc d'arbre ou la tête d'une vieille, c'est égal —, cette séquence de gestes ordinaires décrit l'aspect purement mécanique du passage à l'acte violent[1]. L'acte lui-même est *précédé* (de façon brève ou longuement délibérée) par des processus d'interprétation de la situation avec évaluation des risques et bénéfices. Cette *estimation*[2] se poursuit pendant la réalisation de l'acte dans un afflux de signaux en provenance du corps et de l'espace extracorporel sur lesquels se greffent les retours de mémoire. Par l'appréciation des résultats partiels obtenus, en confrontant gain et coût, le cerveau est conduit à poursuivre ou à changer sa stratégie[3].

La punition pour Raskolnikov n'est pas tant le bagne qui l'attend (huit ans pour deux meurtres, c'est donné) que la faillite attribuée à la mauvaise évaluation de son plan. Le bénéfice escompté était le pouvoir et la gloire, mais il n'est pas devenu le « grand criminel » qu'il projetait d'être. Après l'échec existentiel de son forfait, il se débarrasse de son misérable butin. *Crime et Châtiment* est le roman d'une impuissance : l'impossibilité du *tout prévoir* (être Dieu ?) ; son remords se résume à cette pensée : « J'aurais dû tout prévoir. » Au bout du compte, il ne reste que des ignominies dont le châtiment le mène à la compassion. « Mais ici commence une autre histoire, celle de la lente rénovation d'un homme, de sa régénération progressive, de son passage d'un monde à l'autre », d'un monde dans lequel il était le comptable égoïste et rapace de ses passions à celui « d'un amour infini [par lequel] il rachèterait désormais les souffrances qu'il avait fait subir [à l'autre][4] ». Lui qui, malgré ses rêves de grandeur ou à cause d'eux, n'avait jamais cessé d'appartenir à l'embranchement des vertébrés accède enfin à l'humain.

La grande innovation introduite par les vertébrés dans l'évolution des espèces n'est pas tant la vertèbre (leur marque déposée) qu'une nouvelle tête[5]. Celle-ci rassemble à l'avant du corps des organes sensoriels (yeux, oreilles, organes olfactifs bien protégés par un masque osseux) pour la recherche et l'approche des proies, une vaste bouche, enfin, pour saisir, tuer et avaler ces dernières. Bref, une vraie gueule d'assassin.

La *crête neurale*, structure embryonnaire transitoire des vertébrés[6], est constituée de cellules pluripotentielles qui, après migration dans le corps et la tête, donnent notamment les os, le tissu conjonctif de la face, une vaste gueule pour dévorer les autres et le système sympathique. Celui-ci contribue à l'innervation végétative des organes vitaux du corps (cœur, poumons, vaisseaux, tube digestif et même système immunitaire) ; il permet au cerveau de savoir ce qui se passe à l'intérieur du corps et d'agir sur le fonctionnement des organes, autrement dit à l'individu d'*être ému*. Ainsi s'installent dans la nouvelle tête des systèmes de neurotransmission[7] branchés en direct sur l'espace corporel et chaque situation du sujet se voit affectée d'une valeur positive ou négative, agréable ou désagréable, effrayante ou bénéfique. Celle-ci peut être mémorisée en fonction du contexte. Confronté à la même situation, le vertébré peut réagir de façon plus appropriée ; ce qui fait de lui un tueur remarquablement efficace dans les milieux les plus diversifiés. La découverte récente de fossiles d'authentiques vertébrés datant de 540 millions d'années en Chine du Sud est venue apporter une confirmation éclatante de ces hypothèses évolutionnistes. Le premier de ces spécimens mis au jour a été appelé *Haikonichtys*.

Le parallèle entre Raskolnikov et un poisson, celui-ci fût-il un ancêtre des vertébrés modernes, peut sembler provocateur et dérisoire. Mais quand on connaît l'attachement de la plupart des hommes à leur ascendance réelle ou imaginaire — souvent la seule justification de leur position sociale —, pourquoi refuseraient-ils de se reconnaître dans un fossile de 540 millions d'années ? Raskolnikov le Russe et Haikonichtys le Chinois sont deux formidables prédateurs dont les sens aiguisés et le cerveau avisé facilitent l'approche d'une victime désignée, source d'une jouissance attendue ; ceci au risque de bien des tourments pour l'obtenir. L'un et l'autre sont sous l'emprise du crime et du châtiment avec un cerveau qui partage les mêmes valeurs — à l'âme près pour le premier, tout de même, ce qui n'est pas rien !

A l'école des valeurs

Les termes « récompense » et « punition » rappellent l'école et sonnent étrangement moraux. Les récompenses et châtiments dont il s'agit ici ne font que traduire les états de bien-être et de mal-être du corps. Ce n'est sûrement pas un hasard si les psychologues anglo-saxons emploient souvent les termes « *reward* » et « *punishment* » pour décrire les conduites humaines et animales. Comme à l'école, la punition est la sanction d'un écart de conduite, et la récompense une prime pour une bonne action. Un idéal de vie se forge ainsi et nous poursuit bien au-delà de l'école : éviter les punitions et accumuler les récompenses.

Rolls, professeur au Département de psychologie expérimentale à l'université d'Oxford, définit ainsi ces notions : « Par récompense, on entend tout ce pour quoi un animal travaille et par punition tout ce qu'il cherche à éviter et à fuir[8]. » Selon cet auteur, toutes les émotions peuvent être définies comme des états entraînés par des punitions et des récompenses. Ces émotions, en tant qu'actes, apparaissent comme des réponses à des stimuli. On parle de *renforcement positif* lorsqu'un stimulus provoque un comportement/récompense dont le sujet cherche la répétition, et de *renforcement négatif* pour un stimulus qui entraîne une punition dont le sujet évite qu'elle se renouvelle[9].

Ce qui importe, c'est la valeur de récompense ou de punition du stimulus (événement ou objet) dont le prix est fixé par le cerveau, notamment par le cortex frontal sus-orbitaire, véritable commissaire-priseur qui détermine son montant et celui de l'action qui s'y rapporte[10].

Dans cette optique, le plaisir et la souffrance, et plus largement toutes les émotions ne sont que la valeur ajoutée sanctionnant l'efficacité utilitaire des actes en termes de bilan consultable à tout instant par le corps du sujet. En forçant un peu la note, je conclurai que nos actes obéissent aux lois du marché ; nos plaisirs et nos peines en sont les profits et les pertes. Un exemple m'est donné par un ami coureur de jupons : « Le plaisir, dit-il, que me rapporte une maîtresse, me coûte la souffrance infligée par sa conversation. » Faire l'amour ou s'enfuir, de toute façon on paie après. Jouissance ou frustration sont en quelque sorte « la monnaie commune » de nos comportements selon l'heureuse formule de Rolls.

Je ne résiste pas au plaisir de citer Cabanac, parangon de l'utilitarisme en physiologie des comportements : « Des courbes de compromis dans le choix conflictuel entre douleur et récompense, obtenues à partir d'expériences de psychophysique, recouvrent exactement les lois économiques décrivant le taux marginal dégressif de substitution[11]. » Nos comportements seraient le résultat de transactions du type : « Tu me donnes tant de plaisir, mais je t'enlève tant de douleur et je paie la différence en monnaie convertible en comportements. »

Sans tomber dans la caricature, on peut dire que la jouissance, conséquence immédiate du comportement sexuel, a été retenue par la sélection naturelle parce qu'elle encourage la reproduction pour le plus grand bénéfice de l'espèce. Le plaisir attendu d'un repas permet la maintenance métabolique du corps ; celui de l'habillement contribue à la thermorégulation ; la douleur conduit à l'éloignement du danger et à l'immobilité réparatrice, etc.

Malgré leur caractère tranché et réducteur, ces positions théoriques sont loin d'être claires. Dans les cas les plus simples, l'état affectif (plaisir ou souffrance) fait suite à l'acte dont il est la sanction directe et enclenche sa répétition ou son évitement. Lorsqu'il est question de renforcement avec son caractère algébrique (par exemple : l'omission ou l'arrêt d'un renforcement négatif équivaut à un renforcement positif), on ne distingue plus très bien ce qui constitue le renforçateur : le stimulus ou l'acte ?

Enfin, les termes « récompense » et « punition », par leur connotation morale, ne sont pas dépourvus d'ambiguïté. Dans l'acte sexuel, quelle est la récompense effective ? La satisfaction d'avoir une nombreuse descendance ou le plaisir de faire l'amour ? Autre exemple, qu'est-ce qui est la punition : être privé de repas (châtiment ordinaire dans mon collège puritain) ou souffrir d'avoir faim ?

Confrontés à ces objections, il semble à nouveau préférable d'adopter une position théorique qui subordonne l'acte à l'état. Les *valences affectives*[12] qui s'inscrivent dans les représentations et dans les actions du sujet sont liées aux fluctuations de son état intérieur. Expression de ce dernier, le plaisir et la peine sont des sentiments primordiaux (affects) qui gouvernent « la puissance d'agir de notre corps[13] ».

Rôle des affects dans la mise en acte de la contrepassion

Les profondeurs du cerveau contiennent un ensemble de structures neuronales qui gèrent les relations affectives que le sujet (homme ou animal) entretient avec son environnement. Ce que le sujet sait du monde et ses schèmes d'action sur ce monde passent par des voies nerveuses alimentées par un certain nombre de neuromédiateurs et organisées sous la forme de couples opposants. La plupart de nos conduites, et notamment la violence, fonctionnent sur ce mode, si bien que l'on peut être « addictus » de la violence, comme on l'est de la drogue, de l'alimentation, du jeu, etc.

Je crains qu'à ce point de mon exposé, le lecteur peu féru de biologie ne soit exaspéré par ma façon d'appuyer ma démonstration sur des exemples tirés de l'animal ou de l'homme. Comment parler de plaisir chez un rat ? Qu'en est-il de la jouissance du poisson tout entier à sa proie attaché ou de la limace de mer en quête de récompense ? L'approche phénoménologique m'autorise à parler d'une subjectivité du poisson[14], mais il s'agit tout au plus d'une subjectivité *observée*, en aucun cas *partagée* et encore moins *vécue*. Mon anthropocentrisme est donc comparable à mon réductionnisme, uniquement utilitaire, visant à chercher à comprendre. J'ajoute qu'on ne sait pas trop se situer dans le temps évolutif. Nous sommes enfermés dans notre condition d'humains avec notre court passé d'espèce. Comment penser en singe, ce cousin si proche ? Comment penser en poisson, cet ancêtre direct ? Comment penser en aplysie, cette limace marine, notre vieille cousine ? Nul ne pourra toutefois nier la violence du chien qui un jour m'a mordu, même si celui-ci n'a pas su répondre à ma question : « A quoi penses-tu, sale bête, d'attaquer ainsi un pauvre homme qui ne t'a rien fait ? »

La violence n'est pas réductible à l'événement extérieur qui éventuellement la déclenche ; elle exprime un état central, traduction du *dialogue* entre l'environnement et le corps du sujet[15]. Une expérience rapportée par Karli[16] illustre mon propos :

« On choisit deux rats particulièrement " placides " et on les met ensemble dans une cage. Chez l'un d'entre eux, on implante une électrode dans le système de plaisir et de récompense. Toutes les fois que cet animal montre une velléité, une ébauche d'agression à l'égard de son congénère (bien qu'il y ait beaucoup de biscuits dans la cage, il a envie de celui que le congénère est en train de grignoter !), on le “ récompense ” en stimulant le système de plaisir. On constate que le rat devient de plus en plus agressif, et ce comportement persiste même quand on arrête de le stimuler. En associant, de façon répétée, une expérience affective plaisante à l'agression, on a rendu celle-ci “ payante ” : elle est devenue l'instrument qui permet à l'animal de revivre une expérience qu'il recherche. »

Ce qu'il est important de noter dans cette expérience n'est pas tant le caractère instrumental de l'acte agressif que son aspect subordonné à l'état de plaisir déclenché chez l'animal par la stimulation intracérébrale de ses voies dopaminergiques (système de plaisir). Le monde des objets et événements (la présence d'un congénère par exemple) qui constituent son espace extracorporel et peuvent être les stimuli de comportements, notamment de violence, tire sa signification du corps intime du sujet. Homme ou rat, celui-ci possède un monde qui lui appartient, inscrit dans son cerveau sous la forme de cartes cognitives. Les « représentactions » ont été tirées au hasard de la fortune dans le double jeu du plaisir et de la peine. Les objets du désir et les stratégies pour l'obtenir, placés sous le signe de la violence, s'édifient dans un moment de la vie où s'impriment chez l'enfant des cartes cérébrales ineffaçables. Cela explique, peut-être, que certains criminels dont les représentactions se sont formées dans une petite enfance confrontée à des processus opposants insoutenables, développent des stratégies d'action qui seront mises en œuvre après une période de latence prolongée de façon contraignante, répétitive et inévitable. Sans revenir sur une éventuelle prédisposition constitutionnelle à la violence, je poursuivrai, à propos de ces représentations « vandalisées » par une enfance déchirante, la métaphore du jeu de cartes. Le sujet dispose, lorsqu'il joue, de cartes servies plus ou moins bonnes, ce sont les cartes génétiques. Il joue ensuite avec des partenaires plus ou moins qualifiés ; il apprend à jouer ; il apprend à tricher. Rien n'est acquis définitivement, il faut néanmoins admettre que certains disposent de cartes meilleures que d'autres ou savent mieux s'en servir. La façon dont ils ont appris à jouer interviendra dans la façon dont ils joueront leur vie qui consistera pour certains à prendre la vie de l'autre.

14

Face-à-face avec le démon

> « Si même le démoniaque se trouve à l'extrême limite de la vie et se penche déjà au-dessus de l'inaccessible, de l'infini, il n'en fait pas moins partie de l'humain. »
>
> Stephan Zweig [1].

Tendre enfance

Comment se forment dans le cerveau malléable de l'enfant les « représentactions » qui, inscrites de façon plus ou moins définitive, seront les supports neuronaux de ses conduites violentes ? Le rôle des proches apparaît prépondérant, ainsi que la précocité des influences qui s'exercent sur lui.

« Je trouve que nos plus grands vices prennent leurs plis dès notre plus tendre enfance, et que notre principal gouvernement est entre les mains des nourrices[2]. » Les plis dont parle Montaigne ne sont pas seulement responsables de nos vices, mais aussi de nos vertus, celles-là mêmes qui s'expriment dans la compassion de l'homme pour l'homme. Lorsque cette dernière se change en contrepassion, ce sont alors des mauvais plis qui se marquent dans le cerveau comme des froissures sur un vêtement et aucun repassage, fût-il appliqué avec un fer brûlant, ne parviendra à les effacer.

Deux attitudes se sont régulièrement affrontées au sujet de l'enfant : petit ange de douceur perverti par le monde des grands ou jeune bête animée par l'instinct d'agression que contraignent plus ou moins les exigences de la vie collective. La première opinion se manifeste dans l'horreur qui s'empare du public devant un acte de pédophilie bafouant l'image de pureté attachée à l'enfance. La seconde est exemplairement traduite dans le roman de William Golding, *Sa Majesté des mouches*[3] : des enfants naufragés sur une île déserte retournent à la barbarie et refont à leur manière méchante l'histoire de la civilisation, « produisant du mal comme les abeilles produisent du miel ». Angélique ou pessimiste, les deux positions s'accordent cependant sur le rôle des autres — enfants ou adultes — dans la genèse de nos vices et vertus. Que la priorité soit donnée à l'encouragement de l'expression naturelle de la sympathie et de la pitié chez l'enfant ou à la répression de ses gestes brutaux et de ses curiosités cruelles, c'est toujours le « prochain » qu'il aimera et/ou haïra comme lui-même.

Maria Montessori, la première dans un XXe siècle où la pédagogie s'est imposée au public, a révélé l'urgence d'une réforme de l'éducation enfantine ; l'enfant brutal et indiscipliné, objet de la sévérité de l'entourage, est à ses yeux la victime des préjugés de l'adulte qui ne connaît ni ne respecte sa nature. Le seul climat favorable au développement de cette nature est celui de la tendresse et d'une liberté discrètement surveillée[4].

Les expériences réalisées par Anna Freud et Dorothy Burlingham montrent ce rôle de l'adulte face à une communauté d'enfants livrés à eux-mêmes. Il s'agissait de jeunes séparés de leurs parents par la guerre. Partant de l'idée que l'autorité « caporaliste » ne contrôle pas l'enfant, mais en fait un abruti dressé contre l'adulte et contre lui-même, les éducatrices tentèrent d'abord un essai de « communauté enfantine pure » ; elles observèrent que « la loi de la force était le seul principe d'ordre social ; les tout-petits respectaient les plus âgés ; ceux-ci les protégeaient s'ils y trouvaient leur intérêt... ; il n'y avait ni pitié, ni honte, ni sentiment de culpabilité, ni aucune tentative pour s'améliorer ou se transformer. Les enfants étaient trop jeunes pour être éduqués dans une communauté. » « Alors, rapporte Anna Freud, nous formâmes des groupes de *mères artificielles.* Le résultat fut extraordinaire. Bien sûr, la possessivité apparut d'abord ; c'est “ ma Jane, ma Mary ”, disaient les petits. Il y eut des jalousies violentes. Mais tous les autres défauts disparurent peu à peu ; les enfants devinrent propres, ils réclamèrent la justice dans la nursery ; ils freinèrent leur agressivité pour gagner l'amour de la pseudo-mère. Une forme de générosité se développa lentement ; l'enfant commença à donner ce qu'il aimait d'abord à la mère artificielle, puis à tous les enfants[5]. »

Les études longitudinales[6], c'est-à-dire celles réalisées sur le même groupe d'individus à des âges successifs, font ressortir le rôle des autres lors des premières années de vie dans la détermination du caractère violent ou non violent des individus. Le style émotionnel stable et invariant s'installe dans les manières du sujet : un enfant peu agressif et tourné vers les autres sera un adulte paisible et altruiste ; un individu violent à trente ans l'était déjà à huit et à dix-neuf ans. Parmi les déterminants majeurs d'une agressivité interpersonnelle émergent les attitudes de la mère envers l'enfant, négatives, faites de froideur et d'indifférence voire de rejet ou, à l'opposé, trop permissives. Un facteur identique apparaît dans toutes les études : le comportement violent des parents à l'égard du jeune — menaces, coups, punitions corporelles. La violence est socialement héréditaire.

Les enfants violents sont souvent des « infirmes sociaux » peu capables de communiquer avec leurs camarades et d'interagir de façon adaptée et valorisante. Encore faut-il distinguer une agressivité défensive (l'enfant répond à une offense) d'une violence spontanée (l'enfant attaque les autres sans raison manifeste). Cette dernière forme aurait seule une valeur prédictive des conduites futures de l'adulte. Ces données sont amplifiées chez le garçon. Il me paraît cependant que ce sont les styles de violence qui diffèrent selon les sexes et non l'agressivité intrinsèque : la douceur de la fille opposée à la brutalité du jeune mâle sont peut-être à ranger parmi les clichés, à côté de l'innocence enfantine.

Est-ce qu'une main tendue peut effacer les traces d'une main qui frappe ? Oui, répondent les tenants de la *résilience*[7]. Ce concept aurait eu peut-être sa place dans la première partie de ce livre. Car il est certain que l'exercice de la compassion peut avoir un effet bénéfique et réparateur sur les dégâts psychiques occasionnés par des événements et des conditions de vie particulièrement éprouvants chez le jeune enfant. Mais, il me semble que, dans les exemples de résilience, l'enfant qui « s'en est sorti » a surtout été confronté dans son passé à la violence du monde — misère, carence affective, guerre — plutôt qu'à la violence de l'autre et au masque grimaçant de l'amour vandalisé. Le tueur en série ou le bourreau d'enfants ne connaît pas la résilience et ses effets bénéfiques. Le mal dont ils souffrent leur a été infligé par cet homme qu'ils appelaient de toute la profondeur de leur être : les ailes de la compassion ont été brisées au moment de leur envol.

A parler de la violence manifestée par l'enfant, on ne doit pas oublier, en effet, que celui-ci est aussi la victime de maltraitances. Paradoxalement, derrière l'indignation tonitruante — marche blanche et autres carnavals à la Ensor[8] de masques endeuillés —, une chape de plomb pèse sur la culpabilité des adultes. Comme le remarque Lassus, « l'ampleur comme la gravité des sévices infligés aux enfants restent occultés, voire minimisés et leur fonction pathogène sous-estimée. Notre culture semble prisonnière d'une idéologie ancestrale qui protège les grands contre les petits, les parents contre les enfants ou, pire encore, inverse les responsabilités en culpabilisant la victime. Quand l'appel au secours est lancé, tout se conjugue, y compris dans les institutions judiciaires, pour ne pas l'entendre. Et les mécanismes de la maltraitance se répètent de façon implacable à travers les générations[9] ». Ne peut-on aller jusqu'à dire qu'au-delà du cas de l'enfant, la société protège les bourreaux contre leurs victimes — violeurs contre violées, généraux contre torturés, déporteurs contre déportés ? N'est-il pas illusoire de chercher une explication dans le jeu neuronal des processus opposants qui soumettent nos représentactions à la dialectique infernale des valeurs enfouies dans notre cortex frontal ? La cause en est la répression, bien sûr, qui a fort à faire pour freiner la mécanique insatiable du désir. Le voilà, le coupable, celui qui fait monter le rouge au large front de l'homme — surtout lorsqu'il s'agit de sexe.

Le miroir brisé

Lorsque l'on considère les racines de la violence chez l'enfant, on peut difficilement faire l'impasse sur le sexuel. Face au miroir, l'enfant découvre l'image de son corps, prototype du corps de cet autre à la fois désiré et haï. Les processus opposants œuvrent dans ce combat que l'enfant engage dès l'aube de sa vie pour canaliser ses pulsions[10] et pour atteindre leurs buts. Agressivité et sexualité empruntent les mêmes voies et obéissent aux mêmes mécanismes avant d'être spécifiées par leurs objets. Chez certains individus, le clivage ne s'effectue qu'incomplètement ou pas du tout ; la violence exercée contre l'autre ou contre soi est alors confondue avec la pulsion sexuelle. Tout crime est, peu ou prou, un crime de l'amour.

« Si nous approfondissions les manifestations sexuelles de l'enfant, nous découvririons les traits essentiels de la pulsion sexuelle ; nous comprendrions l'évolution de cette pulsion et nous verrions comment elle puise à des sources diverses[11]. » Le sexe latent ou manifeste anime chacun de nos gestes et colore de son éclat écarlate les représentations inscrites dans notre cerveau. Il est présent dans cette main que recouvre comme un gant le souvenir de caresses anciennes et sur cette bouche ouverte par les mots que certaines religions ordonnent de cacher comme la plus obscène des nudités. « Nous dirons que les lèvres de l'enfant ont joué le rôle de *zone érogène* et que l'excitation causée par l'afflux du lait chaud a provoqué le plaisir. Au début, la satisfaction de la zone érogène fut étroitement liée à l'apaisement de la faim [...]. Mais bientôt, le besoin de répéter la satisfaction sexuelle se séparera du besoin de nutrition, et la séparation sera devenue inévitable dès la période de dentition, lorsque la nourriture ne sera plus seulement tétée, mais mâchée. L'enfant ne se sert plus alors, pour la succion, d'un objet extérieur à son corps, mais préfère une partie de son propre épiderme, plus accessible, parce qu'il se rend ainsi indépendant du monde extérieur qu'il ne peut encore dominer ; et aussi parce que, de cette manière, se crée une seconde zone érogène, de moindre valeur cependant que la première. L'insuffisance de cette seconde zone sera une des raisons conduisant l'enfant à la recherche d'un substitut de valeur équivalente : les lèvres d'une autre personne. " Dommage que je ne puisse me donner un baiser ", pourrait-on lui faire dire[12]. »

A cette phase dite *orale* succède sans toutefois y mettre fin complètement une seconde phase où, selon la théorie psychanalytique, la zone érogène essentielle est un autre orifice alimentaire : l'anus. La jouissance qui résulte de l'excitation liée à la riche innervation de la zone est auto-érotique[13], puisqu'elle se passe de tout « objet » sexuel extérieur au corps du sujet. Dans le même temps se développe son comportement agressif qui fait qualifier cette phase de *sadique anale*.

La découverte chez l'enfant de son corps nu dans une glace[14] fait naître les premières représentations de violence associées à la jouissance attendue de cet objet de désir : l'autre. Le *démon* dans la première enfance prend ainsi l'apparence désirable de son propre corps ; reflet où tout commence à se jouer entre lui et soi. Lacan a bien mis en rapport ce moment de la formation du Moi avec cette expérience narcissique fondamentale qu'il désigne sous le nom de « stade du miroir[15] ».

Ce déploiement de la pulsion sexuelle associé à la mise en jeu de comportements agressifs, me paraît pouvoir être expliqué par la mise en jeu des systèmes désirants sous-tendue par la dynamique des processus opposants (plaisir/approche contre souffrance/aversion[16]).

Si ces systèmes passionnels constituent un trait d'union entre sexe et violence — un passage commun obligé —, les structures spécifiques (« centres ») impliquées respectivement dans l'un et l'autre n'en sont pas moins cloisonnées. Les « centres[17] » sexuels sont fortement activés dans la première enfance avant de se calmer jusqu'à la puberté (ce qui ne veut pas dire que toute sexualité ait disparu dans la deuxième enfance).

Ainsi, pendant ses premières années, l'enfant trouve en lui-même la source de son plaisir et c'est en lui, dans son propre corps, que s'accomplit sa demande d'altérité. Son besoin d'assouvissement ne connaît ni frein, ni loi. Il est dépourvu de pudeur, il aime s'exhiber, il prend plaisir à la souffrance qu'il inflige comme à celle qu'il subit. « En somme, tout se passe comme s'il possédait une disposition innée à la perversion, et même à ses formes les plus révoltantes pour le goût et la morale. La seule différence entre l'enfant et l'adulte perverti est que le premier est disponible pour toutes les sortes de satisfaction qui s'offrent, tandis que le second est électivement fixé à une déviation donnée. C'est ce qu'exprime la célèbre formule de Freud, qui définit l'enfant comme *pervers polymorphe*[18]. »

La théorie psychanalytique s'est en partie construite sur la description de ce monstre de dépravation : l'enfant que nous avons été. On comprend la réprobation suscitée par une telle démonstration. Freud fut accusé de souiller la pureté sacrée de l'enfance et de calomnier l'homme en remplaçant la bienheureuse innocence de ses origines par une dégoûtante histoire d'excréments tissée d'indicibles horreurs. D'autant plus que ce sombre roman d'apprentissage s'achevait à l'adolescence sur un parricide. Pour Freud, l'explication de cette curieuse occultation du passé tient à ce qu'il qualifie lui-même d'*amnésie infantile*. Il ne s'agit pas d'un effacement, puisque « ces impressions tombées dans l'oubli n'en ont pas moins laissé dans notre psyché les traces les plus profondes et qu'elles furent décisives pour notre évolution ultérieure. Il ne peut donc être question d'une réelle disparition des impressions d'enfance, mais d'une amnésie analogue à celle qui, chez les névrosés, a effacé le souvenir d'événements survenus dans un âge plus avancé, et qui est caractérisée par le refus d'admettre certaines impressions dans la conscience (refoulements[19]) ».

Sans tomber dans le dualisme ou — ce qui ne vaut guère mieux — dans le parallélisme psyché/cerveau, il est possible de proposer une explication biologique de l'amnésie infantile. Celle-ci n'est pas le propre de l'homme. Elle peut être mise en évidence chez le raton âgé de quelques jours, qui semble ne retenir que de façon éphémère le souvenir des signaux qui lui sont offerts[20]. Cette faiblesse de la rétention chez le jeune rat est à rapprocher du développement incomplet de ses structures cérébrales. Le cobaye, qui naît après une longue gestation et avec un cerveau totalement achevé, ne présente pas le phénomène d'amnésie infantile. Chez l'enfant, la maturité des structures limbiques du cerveau n'est atteinte que vers quatre à six ans, un peu plus tard d'ailleurs chez le garçon que chez la fille dont la période d'amnésie infantile est généralement plus courte. Ce sont ces mêmes régions qui sont lésées lors de l'amnésie observée chez l'adulte, à la suite par exemple d'un traumatisme. Il est intéressant de constater à quel point les symptômes présentés par l'amnésique adulte le font ressembler au jeune enfant, la mémoire qui disparaît semblant être celle qui n'existe pas encore chez le jeune enfant — mémoire dite épisodique ou déclarative[21].

Les représentactions sont là, mais inaccessibles à la conscience pour cause d'absence de voies d'accès « carrossables ». Ce qui n'empêchera pas ces « représentactions » infantiles de servir de substrats aux « représentactions » plus tardives qui sont, elles, accessibles à la mémoire consciente du sujet.

Il s'agit d'un exemple manifeste du phénomène de *néoténie*. Cet allongement de la période de développement observé chez certaines espèces, dont l'humaine, est particulièrement démonstrative, puisqu'il faut plus d'un quart de la durée moyenne de la vie d'un homme pour que la maturation de son cerveau soit achevée, lors même que celle de son appareil sexuel est déjà complète. On observe aussi une vitesse de maturation différente selon les structures du cerveau, celle liée à la mémoire à long terme se faisant plus lentement que celle de la mémoire à court terme. A l'œuvre dès la naissance, cette dernière enregistre pour un temps très bref les représentations sensori-motrices ; gloutonne, elle absorbe tout sans discriminer. En regard de son activité, sa faible capacité la contraint à un effaçage incessant pour lui permettre de recevoir de nouvelles traces. Une mémoire à long terme vient faire son choix dans le flot de ces représentations éphémères pour construire une trace à la fois enfouie et stable, marquée par un émoi défini. Les performances de cette mémoire s'améliorent avec l'âge du jeune enfant et avec la maturation des structures du cerveau — cortex frontal, hippocampe — principalement concernées. Ce sont ces dernières qui organisent les représentations mentales de l'espace et du temps sous forme de cartes cognitives spatio-temporelles. Avec le lieu et le moment, elles assignent au souvenir les critères qui permettront son évocation ultérieure à partir d'une mémoire devenue épisodique et événementielle[22].

Cet inachèvement du petit humain dans les premières années de sa vie s'observe aussi au niveau d'autres structures cérébrales, notamment celles logées dans le cortex préfrontal. J'ai montré précédemment qu'il joue un rôle de répression sur les conduites violentes. Leur immaturité permet aux pulsions sexuelles et agressives du jeune enfant de s'exprimer sans contrainte. A partir de quatre ans environ, la censure[23] se met en place, tout en laissant s'organiser dans le calme apparent de la « période de latence » les représentations sexuelles du futur adulte. Il n'en existe pas moins pendant cette période une sexualité qui s'exprime dans des jeux érotiques et des expérimentations menées dans le cadre de l'école ou de la famille. La puberté, avec ses déchaînements hormonaux qui évoquent les déferlements musicaux d'une ouverture d'opéra, précède et accompagne le lever du rideau sur une scène où les décors sont en place et les rôles appris.

Dans la première partie de ce livre, j'ai fait apparaître comment la compassion dirige le dessin des cartes du Tendre sur lesquelles se construisent les « représentactions » amoureuses exposées aux ravages de la contrepassion. Cette construction n'est pas sans risque. C'est pendant la première enfance que la carte est la plus vulnérable, menacée par le vandalisme de l'entourage et parfois des parents eux-mêmes. Violence, contrainte, sévérité excessives ou dilemmes insupportables sont autant de dégâts et d'injures qui, au lieu d'une carte aux contours bien tracés, laissent au futur adulte un plan raturé et truqué pour le guider sur le terrain de la sexualité.

Tous ces désordres de l'amour ou *paraphilies*[24] sont marqués du sceau des processus opposants : contraintes, violences, déformations infligées à l'autre ou à soi-même. Je reviendrai sur l'emballement des systèmes désirants qui entraînent à un rythme obsédant les sujets sur les chemins défoncés de la sexualité et de la violence sans retour.

Trois figures de la contrepassion

J'en viens à l'extrême de la contrepassion dont aucun discours clinique ou biologique ne peut rendre compte. La négation échevelée de l'humain efface toute résistance — plus de processus opposants, mais la répétition sans fin avec, au cœur du tourbillon sanglant, le noir absolu. Le tueur en série dissimulé derrière le luxe exubérant de ses déchaînements passionnels est totalement impénétrable. Il ne peut vivre que dans la jouissance du désir qui le porte vers l'autre ; insatiable soif du mal. Pour tenter de comprendre, il faut se placer sous le signe des larmes — « les larmes d'Eros » — et tremblant de peur s'avancer vers le cœur des ténèbres, derrière Bataille et Sade, ces promeneurs de l'abîme. Une autre figure de la contrepassion s'incarne dans le bourreau, un homme ordinaire celui-ci, tellement ordinaire qu'il en perd son humanité et que la psychologie expérimentale peut l'étudier comme elle le ferait d'un rat. J'hésite à le dire, mais les expériences de Stanley Milgram me désespèrent de l'homme plus que la vie de Gilles de Rais ou celle d'Erzsebet Bathory. La troisième figure est celle du guerrier, je parlerai à son propos de contrepassion culturelle et fondatrice : après l'invention de l'outil qui sert à manipuler les autres, vient l'invention des armes qui servent à tuer les autres. Le premier homme est aussi le premier guerrier. Il n'appartient pas à la catégorie des monstres, à moins de basculer dans l'ivresse du sang et dans la barbarie, réalisant alors la synthèse effarante du bourreau et du tueur en série. Il lui arrive aussi de revêtir l'étoffe du héros et d'abandonner la fureur de la contrepassion pour trouver les gestes compatissants de la réconciliation.

Le tueur en série[25] est un personnage à la mode. Il fascine parce qu'il reflète la nature profonde de l'homme à la façon de ces miroirs déformants qu'on trouvait autrefois parmi les attractions foraines. Il y a quelque chose d'universel chez cet individu toujours singulier qui est cependant l'expression de la société dans laquelle il vit. Le tueur britannique a des manières de bas-fonds brumeux et de faubourgs industriels qui ne sont pas celles du tueur américain dessinées sur mesure par les agents et profileurs du FBI, encore moins celles franchouillardes qu'incarne

Monsieur Landru. Marié, père de deux enfants, il assassine, entre 1915 et 1919, un enfant et dix femmes qu'il étrangle, dépouille, découpe, brûle dans une cuisinière et dont il disperse les cendres dans un étang. Il offre, en compagnie de Peter Kurten (alias le Vampire de Düsseldorf, dix-sept victimes), d'Albert Salvo (dit l'Etrangleur de Boston, treize victimes) et du quasi légendaire Jack l'Eventreur, les emblèmes horrifiques de la civilisation moderne.

Les tueurs en série ne sont pas une exclusivité de notre temps. Ils ont existé dans un passé reculé sous d'autres appellations : écorcheurs, vampires, loups-garous, bête du Gévaudan et diables.

Malgré les efforts de quelques criminologues spécialisés ou prétendus tels, la psyché du tueur à répétition demeure impénétrable. Son inaccessibilité est comparable à celle du cerveau infantile dont l'immaturité neuronale ne permet pas l'accès à la mémoire épisodique, non plus que l'usage de la communication verbale. Le destin du tueur en série est inscrit de façon indélébile dans cette première enfance. Les cartes vandalisées, effacées ou enfouies restent présentes à la façon d'un palimpseste ou d'une encre sympathique que révèle le traitement chimique de la puberté. On n'a, peut-être, pas bien interprété les derniers mots de Landru à son avocat qui le presse de livrer ses secrets avant de perdre la tête : « Désolé, Maître, c'est mon petit bagage. »

Le poids de la première enfance et les racines de l'amour arrachées par la violence des autres peuvent parfois réapparaître dans un cri comme dans le cas de Patrice Alègre.

Celui-ci est âgé de trente-quatre ans lors de son procès. C'est un homme d'apparence solide et bien tenu ; plutôt séduisant, rien en lui ne désigne le violent impulsif. A son tableau, cinq jeunes femmes, brunes, jolies. Il les connaît, les étrangle et les viole, puis maquille le crime (ainsi la mort de Valérie passe aux yeux de la police pour un suicide) ou dissimule le corps (Mireille enterrée dans son jardin). Le viol et la tentative de meurtre en 1997 d'Emilie, qui perd connaissance et à son réveil lui parle doucement, vaut à la victime d'être épargnée et à Patrice Alègre d'être pris.

Selon les experts, il souffre de carences affectives et éducatives majeures. Adolescent, il a basculé dans la drogue et l'alcool, les trafics et une violence de moins en moins retenue dont son père, policier, lui évite le châtiment. Malgré une compagne et la naissance d'une fille aujourd'hui âgée de douze ans, ses dérapages sont allés en s'accélérant, jusqu'à faire de lui un tueur, qui, selon un expert, n'exprime ni regret, ni remords.

Un autre expert (ne souhaitant pas être nommé) témoigne d'une compréhension moins « professionnelle » que ses collègues. Ce médecin parle de *fantasmes* — c'est le terme psychiatrique qui correspond à ce que j'appelle des « représentactions ». L'actualisation des fantasmes (passage à l'acte) est l'expression de la violence haineuse contre la mère. L'acte sexuel (le viol) clôt le scénario, mais n'est pas le motif principal. Chez les parents de Patrice, on observe un duo stéréotypé entre le père policier violent, buveur, et la mère, objet désigné de l'amour de l'enfant. Le bon, c'est la mère, et le mauvais, le père : les processus opposants s'exercent aussi dans l'espace extracorporel. Or, dans l'espace intime du corps, c'est l'inverse qui correspond à la réalité : la mère a des amants nombreux qu'elle amène à la maison et elle jouit devant l'enfant. Plus tard, dans l'épanouissement (*sic*) de l'âge adulte, le véritable objet de haine, celui qui spécifie le désir de Patrice, est la femme/mère qu'il étrangle dans un contexte sexuel. Pour preuve, il y a cet aveu (ce cri) inattendu pendant une audience : « Papa, je t'aime. » La jouissance n'est ici que secondaire : un processus de renforcement, car le plaisir est aussi de la partie.

On retrouve, dans cette histoire, l'association du sexuel et de la haine sous la forme d'un noyau dur qui pèse sur la mère. La violence et le sexuel, comme je l'ai montré plus haut, empruntent les voies neuronales communes du désir, réalisant selon l'expression de l'expert un « compactage du coït et de la haine ». Patrice Alègre est un tueur à faible rendement. Il exprime davantage la violence du désamour que l'entraînement répétitif dans lequel l'engagent les processus opposants.

Le cas de Richard Ramirez illustre en revanche de façon spectaculaire la nature addictive de la violence meurtrière.

Le « chasseur de la nuit » — est-il ainsi appelé par la presse — a assassiné dix-neuf personnes qu'il a en général éventrées et à qui il a parfois arraché les yeux. A toutes ses victimes, parfois tuées l'une devant l'autre, il fait jurer « gloire à Satan ». Comme pour presque tous les « serial killers », les meurtres sont extraordinairement ritualisés ; leur fréquence s'est accélérée comme s'accroît la consommation de drogue chez un toxicomane. Il a commencé par commettre un meurtre tous les ans, et jusqu'à cinq dans le mois qui a précédé son arrestation. Il a été jugé. On a fait savoir à cette occasion qu'il était un admirateur fanatique du groupe ACDC, ce qui a déclenché aux Etats-Unis une campagne contre le hard-rock, sous l'influence duquel on a prétendu qu'il avait tué.

L'histoire de Ramirez est celle de tous ses semblables : sévices, viols dans la petite enfance et drogue. Celle-ci ne fait qu'accroître, par le phénomène de sensibilisation croisée, la participation des structures communes qui au sein du cerveau sont responsables de toutes les conduites addictives. L'alcool s'y trouve à côté de la violence et de la drogue.

Le type de meurtre commis par le psychopathe répond parfaitement au schéma des processus opposants dans leur expression la plus horrible, puisqu'elle conduit à la négation même de la personne. « L'autre » n'est plus qu'une projection absurde de lui-même que le tueur met en pièces. Ramirez a expliqué qu'il se tuait lui-même dans l'autre, celui qu'il n'aimait plus et que pourtant il aimait par-dessus tout. Le cœur des autres ne bat plus dans son corps et celui-ci n'est plus qu'une caisse de résonance vide où éclate le vacarme assourdissant de la haine.

J'en viens à deux cas de tueurs à répétition où la contrepassion apparaît dans toute sa splendeur. J'emploie à dessein ce mot qui peut choquer à propos d'êtres aussi abjects. Ils se présentent, l'un comme l'autre, l'homme et la femme, sur un champ héraldique de sang et d'or. Ce sont des grands seigneurs au-dessus du lot commun des hommes ; leur humanité n'en est pas pour cela plus grande, mais seulement exemplaire. Ils sont à la contrepassion ce que les saints comme François sont à la compassion ; la boue et le sel de l'humanité : Gilles de Rais et Erzsébet Bathory, monstres « en majesté » !

Le premier était un grand capitaine, qui s'illustra aux côtés de Jeanne d'Arc. Cousin du duc de Bretagne, il était pratiquement intouchable par la justice des hommes. D'un courage guerrier hors du commun, il se complaisait à répandre le sang de ses ennemis et à étaler sa magnificence dans des fastes qui le vidèrent de son or et le ruinèrent à tout jamais. La guerre finie, sa violence, qui était un programme de vie, ne trouva plus à s'employer que dans le sacrifice de misérables enfants. Ses forfaits, longtemps commis sous la protection de ses pairs, étalés au grand jour, le livrèrent à la justice de Dieu lorsqu'il fut chargé du crime sans appel de lèse-majesté divine. Lors du procès, il avoua avec des larmes de remords les vices les plus affreux. On lit au procès-verbal : « Ledit Gilles de Rais, accusé, volontairement et publiquement devant tous, confessa que, pour son ardeur et sa délectation sensuelle, il prit et fit prendre un si grand nombre d'enfants qu'il ne saurait le préciser avec certitude ; lesquels il tua et fit tuer, avec lesquels il commit le vice et le péché de sodomie ; et il dit et confessa qu'il émettait la semence spermatique de la façon la plus coupable sur le ventre desdits enfants, tant avant qu'après leur mort, et aussi durant leur mort ; auxquels enfants quelquefois lui-même, et parfois d'autres de ses complices [...] infligeaient divers genres et manières de tourments [...] et il en riait [...], après quoi, il faisait brûler et convertir leurs cadavres en poussière[26] », pour éviter les mauvaises odeurs (!). Et, ajoute Sade dans une sorte d'attendrissement émerveillé, « quand à la fin les enfants reposaient morts, il les embrassait... et ceux qui avaient les plus beaux membres, il les donnait à contempler et il faisait cruellement ouvrir leurs corps et se délectait à la vue de leurs organes intérieurs[27]. »

On retrouve les traits habituels de ce genre de meurtres poussés à l'extrême : la créativité dans l'excès, la convivialité des rabatteurs et complices et surtout la rationalité, le calcul comme instrument de la cruauté. « Ce qui rend si monstrueuses les boucheries de Gilles de Rais, c'est la combinaison de l'intelligence, de la passion et du rituel[28]. » Je passe sur la description de l'odieuse cérémonie dans laquelle la technologie précise de la violence sert à accroître l'excitation et le plaisir.

Au président du tribunal qui l'interroge sur la *vérité* des causes, l'accusé répond : « Vraiment il n'y avait aucune autre cause, aucune autre fin, ni intention sinon ce que je vous ai dit. » La cruauté ne poursuit pas une fin, elle n'a d'autre sens qu'elle-même. Finalement, le criminel ne voulait qu'une chose : *voir la mort à l'œuvre*. C'est la mort, toujours elle qui est visée, bien au-delà de la souffrance qui lui a servi d'apparat.

La violence, pour fonctionner, n'a pas besoin de mobile, ni de fin ; comme la drogue, elle est gratuité pour le corps. Les systèmes désirants fonctionnent pour et sur eux-mêmes ; emballés dans l'addiction, ils écrasent, jusqu'à les anéantir, les sursauts répressifs du cortex frontal qui bascule dans des schèmes rationnels absurdes. Les meurtres n'ont plus d'inhibition ; ils répètent leurs gestes méticuleux et fixes qui rappellent le remplissage appliqué de la seringue par le morphinomane. L'orgasme intervient seulement pour mettre une fin provisoire ; presque un alibi sexuel que le sujet se donne. L'assouvissement est de courte durée. L'excitation recommence avec l'ennui de l'habitude. Il faut des doses de cruauté de plus en plus fortes, et plus la jouissance faiblit, plus le criminel devient implacable[29]. Une structure cérébrale est sans doute un des supports neuronaux de cet affolement des systèmes désirants : le *cortex cingulaire antérieur*[30]. Je reviens sur ce cerveau de l'altérité qui s'efforce d'arracher la psyché fascinée du meurtrier au corps de l'autre — celui d'un enfant dénudé et déchiré —, ce même cerveau qui indique la finitude du temps et « dessine dans l'âme du tueur l'ombre terrible de la mort ».

Le criminel ne perd pas la tête ; son cerveau préside la cérémonie. « La passion de la violence n'est pas une frénésie qui ferait perdre conscience, ni un de ces ravissements transportant l'homme dans un ailleurs où il ne sait plus qui il est. Là, il sait très bien ce qu'il fait. C'est une Passion de ce monde, une excitation incandescente qui saisit le corps, l'âme et la conscience, de l'existence. Il grandit à partir de son centre et s'étend de plus en plus amplement. Il conquiert un nouveau terrain, celui de la liberté absolue[31]. » Celle-ci signifie la liberté par rapport à la mort.

La mort est la violence absolue, la force pure qui procure un plaisir ineffable : la montée en soi de la vie que l'on arrache à l'autre. Dans leur multiplication, les victimes perdent leur identité et ne sont plus que de la chair vivante dont le sang se transfuse dans le corps du tueur : victoire sur les autres, victoire sur soi-même.

L'homme sait d'instinct que le sang qui s'écoule du corps de l'autre exprime la violence de sa mort attendue. La cruauté n'a d'autre fin que le sang, même lorsqu'elle se réduit à des paroles qui « blessent ». Dans les gradins de l'arène, la foule s'excite à la vue du sang qui se répand sur le sable — extase lorsque la corne du taureau frôle la poitrine du matador, puis s'éloigne pour revenir. La contagion de la violence et de la mort atteint à l'incandescence : or et sang, *sol y sombra*.

L'autre grande figure de la cruauté est présentée par Georges Bataille : « C'est en moi la conscience à l'opposé du sang-froid délirant qu'appelle le nom d'Erzsébet Bathory que s'ordonnent ces phrases désolées. Il ne s'agit pas de remords, il ne s'agit pas non plus, comme il en fut dans l'esprit de Sade, de l'orage du désir. Il s'agit d'ouvrir la conscience à la représentation de ce que l'homme est vraiment. Devant cette représentation, le christianisme s'est dérobé. Dans leur ensemble sans doute les hommes doivent à jamais se dérober, mais la conscience humaine — dans l'orgueil et l'humilité, avec passion, mais dans le tremblement— doit s'ouvrir à l'horreur au sommet[32]. »

La grande dame de la noblesse hongroise, parente de l'empereur d'Autriche Rodolphe, fit mourir dans les caves de son château des centaines de jeunes créatures, des servantes d'abord, puis des filles de la noblesse dont le sang plus proche du sien devait lui assurer, répandu sur son propre corps, une jeunesse éternelle[33]. Erzsébet fut condamnée à être murée vivante dans son château. Elle survécut trois ans et ne fit aucune manifestation de repentir. Elle se fondit peu à peu dans le silence de la pierre. Gilles fut pendu et brûlé. Auparavant, il demanda pardon à Dieu, puis il enleva son chapeau, embrassa le crucifix et commença la prière des agonisants.

Derrière ces exemples de contrepassion, portraits de petits artisans du meurtre ou de seigneurs magnifiques de l'ignoble, se profile la mort dont la présence obsédante occupe et envahit la psyché en un retournement tragique de la compassion où se confondent le vivant et l'amour dans une immense bulle transparente qui éclaire nos raisons et nos sentiments.

Le bourreau diffère radicalement du tueur en série : il ne tue pas, il exécute. Anti-héros de la contrepassion, il tourne le dos à l'humain et ne se reconnaît pas dans l'autre, lui refusant jusqu'à son appartenance à l'espèce humaine. Dans la violence exercée contre ses innocentes victimes, le tueur en série exalte jusqu'à se perdre la déchirure de son être ; le bourreau est impassible, tout investi de sa mission. Celle-ci n'est pas de faire parler contrairement à la finalité alléguée à la torture, mais de faire taire : étouffer, à l'aide de la souffrance infligée, la parole de l'homme, et installer dans son espace extracorporel désormais vide et silencieux l'ordre uniforme imposé à l'individu devenu une simple pièce *(ein Stück)* de l'édifice totalitaire[34]. Au point que la victime « se sente « contestée comme homme, comme membre de l'espèce[35] ».

Ces bourreaux sont-ils des monstres ? Quelques-uns peut-être qui ont trouvé là l'occasion de se damner sans trop de risque pour leur confort ici-bas ; mais pour l'immense majorité, non, ou alors monstres de banalité.

Jamais la torture ne s'est aussi bien portée qu'en

notre époque civilisée. On affecte de croire qu'elle a été abolie avec le triomphe des « lumières ». Je ne partage pas l'opinion rassurante sur la barbarie du passé. L'officialité procédurière des supplices les rendait presque humains. Je songe à cette image du corps nu de la marquise de Brinvilliers tiraillé par les extrémités, image rendue presque galante par la présence affairée d'un jeune bourreau sous le regard impassible du greffier[36]. Les questions et les réponses figurant au procès-verbal ont le ton calme et poli d'une conversation. Une torture bien policée est la réponse administrative de l'ordre de la violence. Le supplice infligé à Damiens pour crime de lèse-majesté est une des dernières fêtes sanglantes de la royauté. Pour avoir égratigné Louis XV d'un coup de canif, il fut écartelé. Casanova qui partageait le devant d'une fenêtre donnant sur la place avec trois femmes et son ami Tireta, raconte : « Au supplice de Damiens, j'ai dû détourner mes yeux quand je l'ai entendu hurler n'ayant plus que la moitié de son corps ; mais la Lambertini et Mme X ne les détournèrent pas ; et ce n'était pas un effet de la cruauté de leur cœur. Elles me dirent, et j'ai dû faire semblant de les croire, qu'elles ne purent sentir la moindre pitié d'un pareil monstre, tant elles aimaient Louis XV. Il est cependant vrai que Tireta tint Mme X si singulièrement occupée pendant tout le temps de l'exécution qu'il se peut que ce ne soit qu'à cause de lui qu'elle n'a jamais osé ni bouger, ni tourner la tête[37]. »

Il ne reste plus en Europe de bourreaux d'Etat en exercice. Ni la compassion, ni la contrepassion n'ont à voir avec ces artisans de la mort. Le bourreau et ses acolytes ne sont que des pièces de la machine à tuer, rangées après chaque usage. En revanche, il n'a jamais autant existé de bourreaux de circonstance ou de vocation : militaires, révolutionnaires et contre-révolutionnaires, sbires de toutes les tyrannies ou exécutants des basses œuvres d'une démocratie un peu rude. La méchanceté les excite et leur cortex préfrontal tente de maîtriser leur violence en ne réussissant qu'à les rendre présentables au regard d'une société aveugle. Détachée de la justice pénale, la torture s'est réinvestie dans les polices secrètes, les milices, les unités spéciales des armées. Elle est devenue praticienne d'un ensemble relativement codifié de procédés de mise à l'agonie (l'interruption de la torture par la mort de la victime est une faute technique). « La torture vise toujours toutes les catégories sociales qui n'appartiennent pas à la région nucléaire de la société homogène. C'est une technique de lutte contre l'Autre, un instrument de scission sociale, d'exclusion. Elle trace une ligne de démarcation entre amis, ennemis et étrangers, entre le citoyen et le barbare, le civilisé et le sauvage, le fidèle et le païen. Et elle sépare les hommes de ceux qui n'en sont pas[38]. »

Ce qui se passe dans le cerveau du tortionnaire reste pour moi un mystère. Nous sommes dans le domaine de l'addiction légère comme celle que procure une « grosse bouffe » ou une beuverie. Le bourreau est homme qui n'est pas indifférent au plaisir du sang et qui se goinfre jusqu'à la satiété, mais il ne tombe jamais dans la fascination et l'ascèse de la violence. Un supérieur est toujours proche ; il ordonne sans participer et décharge l'exécutant de sa responsabilité. Dans la salle d'interrogatoire règne non la hiérarchie, mais le copinage. Tout le monde met la main à la pâte. Les aides maintiennent la victime tant qu'elle se débat. Ils la frappent en se relayant, brandissant tour à tour pelles, matraques et tuyaux, ou accrochant des électrodes sur les parties sensibles du corps. Ils s'aiguillonnent mutuellement et se mettent à plusieurs pour se moquer de la victime ou pour la violer.

C'est une insulte à toutes les victimes de parler, comme on l'entend parfois, du couple bourreauvictime, sous-entendant une sorte de partenariat. Le « sens de la souffrance », quelle abjecte formule ! Comme si la souffrance subie donnait un sens à l'acte violent de l'autre. Il n'y a *personne* pour dire l'indicible souffrance de la femme violée. Le viol, déchirure de l'être, s'étend d'ailleurs à tous les hommes, mâles ou femelles, torturés. La violence vécue n'est presque jamais énoncée par la victime. Sa violence est comme déréalisée par la peur énorme, comme une marée intracérébrale de substances anesthésiantes (opiacés endogènes) qui paralysent la victime. On présente souvent à ce propos les clichés qui fascinèrent Bataille du supplicié chinois condamné à la mort lente par le découpage progressif de son corps. L'écrivain insiste sur l'apparence extatique des traits de la victime. Fasciné par sa propre angoisse à laquelle il donne un sens mystique, Bataille se trompe. La réalité est plus banale : le sujet a littéralement perdu son corps, sa peur désincarnée n'a plus de substrat organique ; comment souffrir encore d'un corps réduit progressivement à néant. D'une façon moins exemplaire, on peut dire que le désespoir de la victime de la violence se présente comme une fracture du rapport corporel à soi ; la victime ne peut plus se toucher ; elle est un corps perdu dans une sorte de temps sans limites ; un corps qu'on ne peut plus atteindre. Dans cette situation extrême, on ne peut opposer la souffrance au plaisir : ce dernier a toujours un objet, ne serait-ce qu'une drogue lointaine ou un produit de l'imaginaire, mais la première est sans objet. Dans son débordement, la psyché efface les limites du monde, du corps et du temps et annule ces trois domaines de la subjectivité. Pavese a dit cela mieux que je ne saurais le faire : « La douleur n'est nullement un privilège, un signe de noblesse, un souvenir de Dieu. La douleur est une chose bestiale et féroce, banale et gratuite, naturelle comme l'air. Elle est impalpable, elle échappe à toute prise et à toute lutte ; elle vit dans le temps, elle est la même chose que le temps ; si elle a des sursauts et des hurlements, c'est seulement pour mieux laisser sans défense celui qui souffre, pendant les instants qui suivront, pendant les longs instants où l'on savoure de nouveau la torture passée et où l'on attend la suivante. Ces sursauts ne sont pas la douleur proprement dite, ce sont des instants de vitalité inventés par les nerfs pour faire sentir la *durée* de la vraie douleur, la durée fastidieuse, exaspérante, infinie du temps-douleur. Celui qui souffre est toujours en état d'attente — attente du sursaut et attente du nouveau sursaut. Le moment vient où l'on crie sans nécessité, afin de rompre le cours du temps, afin de sentir qu'il *arrive quelque chose*, que la durée éternelle de la douleur bestiale s'est un instant interrompue — même si c'est pour s'intensifier. Parfois, il nous vient le soupçon que la mort — l'enfer — consistera encore en l'écoulement d'une douleur sans sursauts, sans voix, sans instants, tout entière temps et tout entière éternité, incessante comme l'écoulement du sang dans un corps qui ne pourra plus mourir[39]. »

En m'attachant à la torture individuelle par souci de ne considérer que la personne singulière du tortionnaire, j'ai laissé de côté l'inexprimable noirceur de l'holocauste et les questions qui n'ont cessé depuis de se poser : Eichmann et ses millions de complices ne faisaient-ils qu'appliquer des ordres ? Peut-on tous les appeler complices ? Je rapporterai, parce qu'elles touchent à la biologie, les expériences réalisées à l'université de Yale par Stanley Milgram en 1961 et 1962.

En réponse à une annonce dans le journal offrant 4,50 $ pour une heure de travail, des volontaires sont invités à une expérience de psychologie censée porter sur la mémoire et l'apprentissage. L'individu est présenté à un expérimentateur en blouse blanche, au visage sévère et à son cosujet, un individu plaisant et aux manières amicales. L'expérimentateur explique que l'expérience portera sur le rôle de la punition dans l'apprentissage, que l'un des sujets sera instructeur et l'autre l'apprenti. Un tirage au sort truqué décidera des rôles respectifs. Le cosujet est amené dans une pièce où il est attaché à un siège et ne peut effectuer de mouvements ; une électrode est placée sur un bras. Le « maître » est conduit dans une pièce voisine qui contient un générateur de courant et où se trouve l'expérimentateur qui ne dispose d'aucun moyen de coercition sur le sujet autre que son aura d'autorité et son regard vide de toute expression émotive. Le maître lit à l'élève une liste de mots qu'il convient d'appareiller correctement. Le générateur dont il dispose présente 30 plots gradués de 15 à 140 volts avec des indications allant de « chocs légers » à « danger » ; les deux derniers étant marqués XXX. Le maître est supposé augmenter le choc à chaque erreur du cosujet. Ce dernier est un comédien qui simule la souffrance ; l'équipement des plots lui permet de savoir quand la stimulation survient et s'arrête. De temps à autre, le maître inquiet interroge l'expérimentateur afin de demander qui est le responsable. Assuré par l'expérimentateur que celui-ci assume l'entière responsabilité, le maître continue les chocs, malgré l'évidente torture qu'il impose au pseudo-cobaye. L'état de stress dans lequel se trouve le maître ne fait qu'accroître sa cruauté. 65 % des sujets punissent les élèves jusqu'au maximum de 450 volts et aucun ne reste en dessous de 300 volts. Ces résultats surprenants ont donné lieu à des débats qui nuisirent à la carrière universitaire de Milgram. *Plus des deux tiers des sujets acceptèrent donc de se comporter en bourreaux et les autres n'en étaient pas loin.*

De nombreuses variantes de cette expérience de base ont confirmé ces données. Dans l'une d'elles, Milgram montre que le maître est moins obéissant quand l'expérimentateur n'est pas présent dans la pièce et communique avec lui par téléphone. Des expériences étalées sur une période de vingt ans ont été répétées en Australie, en Afrique du Sud et dans différents pays européens. Dans l'une, conduite en Allemagne (mais cette information n'a pas été vérifiée), 85 % des sujets auraient administré le choc maximal à l'apprenti.

La conclusion de ces résultats est que l'homme est avant tout obéissant. Des individus ordinaires peuvent ainsi être conduits à commettre des actes destructeurs pour autrui en l'absence de toute coercition physique exercée sur eux. Autrement dit, « l'homme n'a pas besoin d'être génétiquement mauvais ou dérangé mentalement pour agir de façon répréhensible et inhumaine ». L'auteur de ces expériences écrit dans une lettre : « Ma véritable patrie spirituelle est l'Europe centrale [...]. J'aurais dû naître dans la communauté germanophobe de Prague en 1922 et mourir dans une chambre à gaz quelque vingt ans plus tard. Comment j'en vins à naître dans un hôpital du Bronx, je ne l'ai jamais complètement compris. » Pendant une période d'un an, Milgram conduisit plus d'une vingtaine d'expériences pour étudier comment les conditions expérimentales pouvaient modifier la volonté d'obéir des sujets. Quatre jours après l'achèvement de la dernière, Adolf Eichmann était pendu pour son rôle dans le meurtre de six millions de Juifs[40].

Dans les rapports de force qui s'exercent dans le cerveau de ces animaux sociaux extrêmes que sont les hommes, l'obéissance semble donc l'emporter sur la compassion. S'il n'en était pas ainsi, peut-être n'y aurait-il pas parmi eux de soldats pour faire la guerre ?

Le guerrier, troisième figure de la contrepassion, suscite généralement à la différence des deux autres le respect et l'admiration. C'est à lui que sont réservés en priorité le titre de héros et la Légion d'honneur. La violence est par délégation au service du groupe social (horde, village, tribu, nation) afin d'assurer le maintien de son intégrité, sa défense contre les menaces extérieures et l'expansion de son moi social avec les conquêtes territoriales.

L'arme dont est doté le guerrier est une variante de l'outil : un instrument à tuer que le singe n'aurait pu inventer qu'après avoir découvert la mort, autrement dit sa capacité d'anticiper sa propre mort dans celle de l'autre : un vivant que l'on change en objet inerte. Philonenko attribue à Kant cette formule : « La main est le cerveau extérieur de l'homme. » Cette main avec son pouce opposable aux autres doigts est l'indispensable compagne dans l'évolution du nouveau cerveau (néo-cortex) de l'homme. « C'est à l'intérieur de celui-ci que s'entrelacent le *pourquoi* et le *comment* dans la flèche qui pointe vers l'autre homme[41]. »

Le corps de l'autre constitue la cible du guerrier et le sien est l'instrument qui lui sert à tuer (frapper, étrangler, etc.). Le guerrier est davantage qu'une cruelle figure de la contrepassion, il est l'incarnation même de cette réciprocité qui caractérise la compassion. Le désir de tuer est inséparable du risque d'être tué. Le guerrier représente à la fois le lanceur et la cible. C'est ce qu'exprime le chant *achuar* qui donne son titre au livre de Descola : « La lance du crépuscule arrive, fils, mon fils — Vite, esquive-la ! — La lance creuse arrive, fils, mon fils — Mon fils soleil, la lance du crépuscule vient à toi — Vite, esquive-la[42]. » Comme les deux autres figures de la contrepassion, le tueur en série et le bourreau, le soldat connaît parfois l'ivresse du sang, le moment de l'emballement sans fond de la psyché au point que celle-ci s'évanouit dans la répétition : une auto-excitation où le sujet se perd. Mais à la différence des deux autres, le guerrier sait retrouver le chemin de la compassion : l'heure où la lance pointée sur le cœur de l'ennemi se redresse vers le ciel — le temps de la réconciliation.

La guerre a peu à peu perdu sa fonction contrepassionnelle. Par la mise à distance et l'invention d'armes dont chaque progrès — du coup de poing à la lance, de l'arc au fusil, du canon à la fusée — augmente l'éloignement du tueur de son objectif. L'horreur immonde et glacée n'affecte plus le cœur des autres — une chair à canon privée d'âme. L'espace extracorporel de l'ancien guerrier, simple extension de son corps, ne dépassait pas la portée de main ; celui du militaire moderne s'étend au-delà des montagnes et des mers, grâce aux radars, sonars et autres guidages à base d'électronique. La guerre d'aujourd'hui a gommé la présence de l'autre. Les acteurs de la guérilla (la petite guerre) rendent au guerrier sa véritable raison d'être, le cœur à cœur.

Epilogue

Le 5 juin 1625, Justin de Nassau remettait les clés de la ville de Breda au général en chef des troupes espagnoles, Ambrosio Spinola. Peint dix années plus tard, le tableau de Vélasquez[1] connu sous le titre *Les Lances* célèbre cette reddition qui a marqué le triomphe de l'Espagne sur les « Provinces-Unies » de Hollande soutenues dans leur révolte par l'Angleterre. Olivares a pu déclarer à cette occasion : « Dieu est espagnol et favorise aujourd'hui notre nation. »

Le siège avait duré toute une année, dont un hiver terrible. Les assauts et les tentatives de sorties se succédèrent. Des massacres furent commis au son des tambours et des cris des blessés. Un soldat espagnol raconte l'une de ces batailles : « Le champ de bataille était devenu un abattoir de bouvillons anglais, une boucherie de viande hollandaise. Certains ne se défendaient même pas, comme ces soldats sur lesquels nous tombâmes, pataugeant dans un marécage, de l'eau jusqu'à la ceinture. Nous fondîmes sur eux, pêchant les calvinistes comme on pêche le poisson, les harponnant, les poignardant de droite et de gauche, sans faire aucun cas de leurs supplications ni de leurs mains levées qui demandaient miséricorde, jusqu'à ce que l'eau noirâtre devienne toute rouge du sang des soldats qui y flottaient, comme des thons déchiquetés[2]. » Il y eut de longues attentes dans des tranchées envahies par l'eau des canaux où flottaient des charognes de bétail et d'humains, des combats à l'arme blanche dans les tunnels de mines et de sapes entre des chairs aveugles qui s'enlaçaient pour se tuer, et pour finir, des mutineries de compagnies entières réprimées sans pitié par les chefs. Ce sont des troupes exténuées, désolées qui ont remporté le long combat.

Au lieu du triomphalisme décoratif propre à ces scènes de genre, Vélasquez a choisi de montrer le moment où le vainqueur accueille le vaincu et lui évite de s'incliner. Il y a dans le face-à-face des deux guerriers un concentré de ce que j'ai voulu dire sur la *tendresse* dont les hommes sont capables. Le geste de la main de Spinola sur l'épaule à peine abaissée de Nassau célèbre la victoire éclatante et modeste de la compassion sur la contrepassion.

Les lances ne donnent pas sans raison son titre au tableau et sont peut-être la clé de son mystère. Les radiographies ont révélé en effet que l'artiste avait d'abord peint des drapeaux avec ces beaux plissés dont raffolent les peintres. L'alignement des piques du côté des vainqueurs vient barrer (annuler) la violence d'un paysage où brûlent encore les plaies de la bataille.

Dans leur ultime corps-à-corps, les deux chefs retrouvent leur conscience de soi et leur désir d'eux-mêmes que la guerre odieuse avait vandalisés. La *réconciliation* exprime l'absolue nécessité de la présence de l'autre pour que l'homme existe dans son être singulier. Ses racines animales lui donnent la force de dépasser les avatars de l'humanité dont la philosophie et l'histoire dressent l'inépuisable inventaire. La compassion n'a pas attendu la philosophie pour être présente dans le cœur de l'homme.

Ce que notre époque a le plus perdu, c'est peut-être ce goût de l'autre qui donne son sens à l'amour du prochain. Je ne crois pas que « l'humanitaire[3] » soit une réponse véritable aux méfaits aujourd'hui si spectaculaires de la contrepassion.

L'objet de mon étude en tant que biologiste est l'homme et non l'humanité. On se tromperait sur mon compte si l'on situait mon propos dans la lignée des grands Anglais, Hutcheson, Adam Smith et Hume, qui assimilent le phénomène de sympathie à un mécanisme utile au bonheur du plus grand nombre, ou dans celle de philosophes, Rousseau et Schopenhauer entre autres, qui réduisent l'amour à la pitié. Ces attitudes ont conduit à un « humanitarisme » qui appelle de ses vœux une humanité heureuse et déchargée de la souffrance collective grâce au progrès du bonheur.

C'est à cet « amour de l'humanité » que s'en prend Nietzsche lorsqu'il parle de *ressentiment,* forme sournoise et généralisée de la contrepassion dans nos sociétés modernes. Ce que l'on recherche, ce que l'on estime, ce n'est pas l'acte d'amour personnel d'homme à homme, mais avant tout une « disposition » impersonnelle à procurer le bonheur[4]. Goethe, dans le déferlement général de *pathos* initié par Rousseau, affiche son scepticisme : « Je crois, moi aussi, que l'humanité finira par triompher. Mais je crains bien qu'en même temps le monde ne devienne un vaste hôpital où chacun serait l'infirmier de son voisin. »

Auguste Comte, dans sa science de l'humanité qu'il appelle le « Grand Etre », fait le lit de la sociobiologie avec la notion d'altruisme qui fonde l'amour des hommes sur ce qu'ils ont de plus bas, de plus vulgaire. L'humanité telle qu'il la conçoit n'est pas un objet d'amour, mais la contrepartie de la haine, du ressentiment universel, expression de la médiocre condition des hommes à laquelle Nietzsche a déclaré la guerre.

Pour revenir une dernière fois sur le tableau des *Lances*, ce ne sont pas les misères de la guerre, la cruauté, la férocité animale qui sont montrées ici, mais dans la nudité de sa chair, ce que j'ai appelé la compassion et qui n'est rien d'autre que l'amour de l'homme pour l'homme.

Notes

Introduction

1. J.-P. Sartre, *L'Etre et le Néant,* Paris, Gallimard, 1945.

2. « Esprit » est un « vieux mot usé, archivé comme dénominateur commun des songes préscientifiques » (C. Bruaire, « L'Etre de l'esprit », *in L'Univers philosophique,* Encyclopédie philosophique universelle, Paris, PUF, 1989). Conserver à l'esprit sa pleine valeur ontologique reviendrait à adopter une position spiritualiste qui n'est à l'évidence pas la mienne. L'esprit — si tant est qu'il est — ne doit qu'à l'esprit, et le réduire à la nature, c'est-à-dire au fonctionnement de quelques milliards de cellules nerveuses, le prive de sa raison d'être. Assigné à résidence dans les localisations cérébrales, il se démet de lui-même et se prive de sa liberté originelle inaliénable. Il y a donc une contradiction sémantique totale entre nature et esprit qui me fait rejeter ce dernier mot.

3. J.-P. Sartre, *op. cit.*

4. J.-D. Vincent, *La Chair et le diable,* Paris, Odile Jacob, 1996. La pensée traduit les processus de catégorisation sur le réel. Il est faux en revanche d'affirmer que la pensée est l'opérateur de ces catégorisations, c'est-à-dire qu'elle effectue un travail sur les représentations. Ce serait, comme le souligne Alain Prochiantz, tomber dans un clivage fatal avec le corps, « réintroduire un dualisme vitaliste qui sépare la fonction de son substrat, substituer au réel la métaphore de l'ordinateur et réduire la logique du vivant à la logique mathématique (A. Prochiantz, *La*

Biologie dans le boudoir, Paris, Odile Jacob, 1995). Cette critique s'adresse évidemment aux sciences cognitives.

5. P. Hadot, *Qu'est-ce que la philosophie antique ?*, Paris, Gallimard, 1995.

6. J. Decety, « Le sens des autres ou les fondements naturels de la sympathie », *in Qu'est-ce que la vie psychique*, Université de tous les savoirs, Y. Michaud éd., Paris, Odile Jacob, 2002.

7. Le livre de Catherine Pozzi, *Peau d'âme*, Paris, éditions La Différence, 1990, a donné son titre à l'ouvrage collectif publié sous la direction de M. Simon, Paris, Editions du Cerf, 1994.

8. De cette sève, la distillation tire une essence, mais loin de moi la sottise de confondre, poussé par la métaphore, la philosophie et l'art du parfumeur.

9. J.-J. Rousseau, *Discours sur les sciences et les arts*, Paris, Garnier-Flammarion, 1971.

10. La bataille de Collestrada opposa le 12 décembre 1202 les habitants d'Assise à ceux de Pérouse chez qui s'étaient réfugiés des nobles de la ville. Elle se termina par une sanglante défaite au cours de laquelle François fut fait prisonnier.

11. L. Boff, *François d'Assise*, Paris, Editions du Cerf, 1986.

12. S. Freud, *Psychologie collective et analyse du Moi*, trad. fr. de S. Jankélévitch, Paris, Payot, 1951.

13. J. Ladrière, *Vie sociale et destinée*, Gembloux, Duerlot, 1973.

14. Le *Lebenswelt*, le monde de la vie selon la terminologie de Husserl est la donnée originaire, le fondement primordial de notre expérience.

15. Max Scheler, *Nature et forme de la sympathie*, Paris, Payot, 1971.

16. J.-D. Vincent, *Biologie des passions*, Paris, Odile Jacob, 1986.

Chapitre 1

1. C. Darwin, *The Expressions of the Emotions in Man and Animals*, Chicago, The University of Chicago Press, 1965.

2. P. Ekman, « Universal and cultural differences in facial expression of emotion », *in Nebraska Symposium on Motivation*, Lincoln, University of Nebraska, J. K. Cole ed., 1972.

3. H. James, *L'élève et autres nouvelles*, Paris, Union générale d'éditions, 1963.

4. W. James, *Précis de psychologie*, trad. fr. de E. Baudin et G. Bertier, Paris, Marcel Rivière, 1932.

5. « Le nez, c'est l'expression des facultés du raisonnement chez l'homme ; c'est l'organe qui précède, qui éclaire, qui annonce, qui sent, qui indique. Le nez invisible correspond au nez impalpable que tout homme porte en soi en venant au monde » (Villiers de l'Isle-Adam, *Fibrelat Bonhomet*). La génétique du développement nous a permis de vérifier que le nez et le pénis sont sous le contrôle des mêmes gènes.

6. R. Dantzer, *Les Emotions*, Paris, PUF, 1988.

7. J.-M. Amat et J.-D. Vincent, *L'Art de parler la bouche pleine*, II, Camblanes, Editions du Fleuve, 2003.

8. L. Ferry et J.-D. Vincent, *Qu'est-ce que l'homme ?*, Paris, Odile Jacob, 2000.

9. G.-B. Duchenne de Boulogne, *Mécanisme de la physionomie humaine ou analyse électrophysiologique de l'expression des passions*, Paris, Baillère, 1876.

10. Voir L. Ferry et J.-D. Vincent, *op.cit*. Selon une étude de A. Whiten et coll. (*Nature*, 1999, n° 399, pp. 682-685), les observations de terrain sur l'ensemble du continent africain démontrent de façon rigoureuse qu'il existe chez les chimpanzés d'Afrique différents « foyers culturels » dont les traditions varient de l'un à l'autre et regroupent une quarantaine de comportements : les types d'outils (tiges souples, bâtonnets, pierres), leur mode d'utilisation, l'usage de feuilles pour s'essuyer la bouche, les gestes de mains, les danses, etc. Il s'agit bien d'une transmission sociale indépendante des conditions écologiques (comme, par exemple, nids aériens ou au sol selon la présence ou l'absence d'arbres et les risques de prédation) et des facteurs génétiques (la carte culturelle ne recoupe pas celle des sous-espèces).

11. P. Ekman, *op.cit*.

12. P. Ekman, R. W. Levenson et W. V. Friensen, « Auto-

nomic nervous system activity distinguishes among emotions », *Science*, 1987, n° 221, pp. 1208-1210.

13. S. Bloch, P. Orthous et G. Santibanez, *Journal Social of Biology Structure*, 1987, n° 10, pp.1-9.

14. K. Scherer, « Les émotions et leur futur », *in* Y. Michaud, *Qu'est-ce que la vie psychique ?*, *op. cit.*

15. « Il fallait un calculateur, ce fut un danseur qui l'obtint. » (Beaumarchais, *Le Mariage de Figaro*.) Les cognitivistes n'ont pas manqué de se manifester en matière de danse. A l'Institut de Recherche en Informatique de Toulouse, Philippe Joly (cité par Pierre Le Hir, *Le Monde*, 13 juin 2002) cherche à établir une « grammaire de la chorégraphie » : à l'aide de capteurs optiques de mouvement et de logiciels de traitement d'images, il analyse les figures de base de la danse, les ordonne, les codifie, repère leur chronologie élémentaire, leur transition de phase et leurs traits répétitifs de façon à définir un style et la signature d'un créateur. La danse devenue un calcul, il ne reste plus qu'à faire danser le calculateur...

16. S. Schachter et J. Singer, « Cognitive, social and physiological determinants of emotional states », *Psychological Revue*, 1962, n° 62, pp. 379-399.

17. R. S. Lazarus, J. R. Averill et E. M. Opton, « The Psychology of Coping : Issues of Research and assessment », *in* G. V. Lolho, D. A. Hamburg et J. F. Adams eds, *Coping and Adaptation Basic Books*, New York, 1974.

18. S. S. Tomkins, « Affect Theory », *in* K. Scherer et P. Ekman eds., *Approaches to Emotion*, Hillsdale, New York, Erlbaum, 1984.

19. K. Scherer, *op. cit.*

20. N. Elias, *La Société des individus*, Paris, Fayard, 1991.

21. N. Elias, *La Civilisation des mœurs*, Paris, Calmann-Lévy, 1973.

22. O. Spengler, *Le Déclin de l'Occident*, Paris, Gallimard, 1948.

Chapitre 2

1. G. Bataille, *Les Larmes d'Eros*, Paris, Jean-Jacques Pauvert, 1961.

2. H. Bergson, *Œuvres*, Editions du Centenaire, Paris, PUF, 1959.

3. M. Jouvet, *Le Sommeil et le rêve,* Paris, Odile Jacob, 1992.

4. J.-C. Rouchouse. « Mimiques faciales des nourrissons », *in* B. Cyrulnik, *Le Visage*, Paris, Eshel, 1988.

5. P. Ekman, « The argument and evidence about universals in facial expressions of emotion », *in* H. Wagner et A. Manstead eds., *Handbook of Psychophysiology. The Biological Psychology of Emotion and Social Processes*, Londres, John Wiley, 1989.

6. G. Ceschi et K. Scherer, « Contrôler l'expression faciale et changer l'émotion : une approche développementale », *in Enfance*, 2001, n° 3, pp. 257-269.

7. R. O. Masters, D. G. Sullivan, J. T. Lauzetta, G. J. McHugo et B. G. Englis, « The facial displays of leaders : toward an ethology of human politics », *Journal Social of Biology Structure*, 1986, n° 9, pp. 319-343.

8. F. Lelord et C. André, *La Force des émotions,* Paris, Odile Jacob, 2001.

9. Voltaire, *Œuvres*, Paris, A. Lequiem, 1820.

10. Y. Coppens, *Le Genou de Lucy*, Paris, Odile Jacob, 1929.

11. J.A.R.A.M. Van Hooff, « The facial displays of the catarrhine monkeys and apes », *in* D. Morris ed., *Primate ethology*, Londres, Weidenfed Nicolson, 1967.

12. Sont *homologues* des structures qui, présentes dans des organismes différents, se correspondent anatomiquement et ont une origine embryologique commune ; sont *analogues* des structures qui se ressemblent dans des organismes différents, mais ne se correspondent ni anatomiquement, ni embryologiquement. Par exemple les bras de l'homme et les ailes de l'oiseau sont homologues ; les ailes de l'oiseau et celles de la chauve-souris sont analogues.

13. A. Malraux, *La Métamorphose des dieux*, t. I, Paris, Gallimard, 1957.

14. Stendhal, *De l'amour*, Paris, Garnier-Flammarion, 1970.

15. H. Bergson, *op. cit.*

16. R. Provine, « Laugher », *American Scientist*, 1996, n° 84, pp. 38-45.

17. M. Schröder, *L'Expression vocale de l'amusement : premières expériences audiovisuelles*. Mémoire de maîtrise de Sciences du Langage, sous la direction de V. Aubergé, Université Stendhal, Grenoble II, 1998. V. Aubergé et G. Bailly, « Generation of intonation. A global approach », *Eurospeach 95*, Madrid, 1995, pp. 2065-2068.

18. Un rire est une série de segments ressemblant à des voyelles, chacun d'une durée d'environ 75 ms, avec des intervalles réguliers de 210 ms entre deux segments. Il n'existe pas de voyelle spécifique pour le rire, mais lors d'un rire, la voyelle reste la même. Le registre sonore du rire d'une femme est situé vers 502 Herz, celui d'un homme vers 276 Herz.

19. I. Fried, C. L. Wilson, K. A. Mac Donald et E. J. Behuke, « Electric currents stimulate laughter », *Nature*, 1998, n° 391, p. 650.

20. J. S. Kim, « Pathology laughter after unilateral stroke », *Journal of the Neurological Sciences*, 1997, n° 148, pp. 121-125.

21. K. Sander et H. Scheich, « Auditory perception of laughing and crying activates human amygdala regardless of attentional states », *Cognitive Brain Research*, 2001, n° 12, pp. 181-198.

22. D'après J. C. Rouchouse, *op.cit.*

23. R. Barthes, *Michelet par lui-même*, Paris, Le Seuil, 1957.

24. P. Nagy, *Le Don des larmes au Moyen Age*, Paris, Albin Michel, 2000.

25. Le fameux papier que Pascal cousait dans la doublure de ses pourpoints garde le souvenir ébloui d'une nuit de feu : « [...] Père juste, le monde ne t'a point connu, mais je t'ai connu. / Joie, Joie, Joie, pleurs de joie. Je m'en suis séparé — *Deliquerunt me fontem aquae vivae* [...]. »

Voir A. Beguin, *Pascal*, Paris, Le Seuil, « Ecrivains de toujours », 1952.

26. R. Barthes, *Fragment d'un discours amoureux*, Paris, Le Seuil, 1977.

Chapitre 3

1. G. de Tarde, *Les Lois de l'imitation*, Paris, Kiné, 1993, avec une excellente présentation de B. Karsenti.
2. R. Zayan, « Mental representations in the recognition of conspecific individuals », *Behavioural Processes*, 1994, n° 33, pp. 233-246.
3. M. Tomasello, *The cultural origin of human cognition*, Cambridge, Cambridge University Press, 2000.
4. W. Kellogg et L. Kellogg, *The Age and the Child : a Study of Environmental Influence upon Early Behavior*, New York, Whittlesey House, 1933.
5. J.-D. Vincent, *La Chair et le diable*, *op. cit.*
6. E. Trochu, *Ernest à l'école*, Cambes, Editions du Pagodon, 2003.
7. A. N. Meltzoff et M. K. Moore, « Infant intersubjectivity broadening the dialogue to include imitation, identity and intention ». *in* S. Braten ed., *Intersubjective Communication and Emotion in Early Ontogeny*, Cambridge University Press, 1998.
8. J. M. Baldwin, *Le Développement mental chez l'enfant et dans la race*, Paris, Félix Alcan, 1897.
9. M. Jeannerod, *La Nature de l'esprit*, Paris, Odile Jacob, 2002.
10. J. Decety, « Naturaliser l'empathie », *L'Encéphale*, 2002, n° 28, pp. 9-20.
11. C. Heyes, « Causes and consequences of imitation », *Trends in Cognitive Sciences*, 2001, n° 5, pp. 253-260.
12. Le mot *psyché* désigne également une glace mobile montée sur un châssis à pivots grâce auxquels on peut l'incliner à volonté et se regarder en pied.
13. J. Proust, « La pensée de soi », *in* Y. Michaud éd., *Qu'est-ce que la vie psychique ?*, Paris, Odile Jacob, 2002.
14. R. Zazzo, « La genèse de la conscience de soi (la reconnaissance de soi dans l'image du miroir) », *in*

P. Fraisse ed., *Psychologie de la connaissance de soi*, Paris, PUF, 1975.

15. R. Zazzo, « Le miroir chez l'enfant et l'animal », *in* B. Cyrulnik éd., *Le Visage*, Paris, Eshel, 1988.

16. G. Gallup, « Chimpanzee : self-recognition », *Science*, 1970, n° 167, pp. 86-87.

17. R. Zazzo, *op. cit.*

18. G. Rizzolati, L. Fadiga, V. Gallese et L. Fogassi, « Premotor cortex and the recognition of motor actions », *Cognitive Brain Research*, 1996, n° 3, pp. 131-141.

19. G. Rizzolati et M. Arbid, « Language within our grasp », *Trends in Neurosciences*, 1988, n° 21, pp. 188-194.

20. M. Jeannerod, *op. cit.*

21. Ce que les philosophes appellent l'aperception correspond à la conscience ou connaissance de l'état intérieur (Leibniz) ou encore à l'action de rapporter une représentation à la conscience de soi — sous sa forme pure ou transcendentale, c'est la conscience de soi, le « je pense » (Kant). Chez Maine de Biran, ce terme prend une signification qui traduit le sens interne de l'effort musculaire, « un sentiment intime de la cause ou de la force productive du mouvement qui est le soi-même identifié à son effort ». Cette thèse centraliste est reprise par Wundt qui développe la notion de sensation d'innervation grâce à laquelle le cerveau prend conscience des ordres qu'il donne aux muscles : « L'aperception exprime un principe général d'explication en vertu duquel les formes supérieures de la vie mentale comportent d'autres liaisons que celle de l'association mécanique et peuvent se régler sur des intérêts esthétiques ou logiques. » Comme dans la physiologie des émotions, on retrouve l'opposition entre centralistes et périphéralistes. William James, dans sa querelle avec Wilhelm Wundt, se retrouve du côté de ces derniers. Il se moque du concept d'aperception *(« it verily means nothing more than the act of taking a thing into mind »)* et pense que nous devenons conscients *a posteriori* de nos mouvements par l'intermédiaire des sensations de mouvements de notre corps. Comme pour les émotions, c'est bien le corps qui instruit le cerveau. En fait, cette opposition central/périphérique ne peut se résoudre, comme je l'ai montré à propos des émotions,

par le triomphe d'un des deux camps, mais par un compromis entre le cerveau et le corps.

22. La proprioception désigne la sensibilité propre aux muscles, os et articulations du corps ; l'intéroception, la sensibilité des viscères ou organes du corps et des humeurs circulantes.

23. Voir au sujet des capacités psychiques des animaux : D. Lestel, *Les Origines animales de la culture*, Paris, Flammarion, 2001.

24. La prolifération des animaux de compagnie et notamment des chiens dans les espaces urbains correspond à une perte progressive de la fonction d'autrui, une solitude désespérée où le sens de l'autre ne trouve plus d'autre objet à saisir qu'un substitut.

25. Les phénoménologistes et les chercheurs en neurosciences labourent les champs de la connaissance avec des charrues différentes qui n'empêchent pas la moisson de lever dans les deux approches. On lira à ce propos l'intéressant débat entre Paul Ricœur et Jean-Pierre Changeux, *La Nature et la règle*, Paris, Odile Jacob, 1998.

26. D. Premack et G. Wooddruff, « Does the chimpanzee have a theory of mind ? », *The Behavioural and Brain Sciences*, 1978, n° 1, pp. 516-526.

27. M. Jeannerod, *op. cit.*

28. O. Houdé, B. Mazoyer et N. Tzourio-Mazoyer, *Cerveau et psychologie*, Paris, PUF, 2002.

29. Le cortex moteur primaire dessine sur la circonvolution frontale ascendante située en avant de la scissure de Rolando un hémicorps dont les différentes parties activent les muscles des parties correspondantes de l'hémicorps contralatéral. Cette représentation, dite somatotopique, a l'apparence grotesque d'un « homoncule », ses parties occupant des surfaces proportionnelles à leur importance fonctionnelle : la main plus grande que l'épaule, le pouce et l'index plus larges que le reste de la main et la face plus large que le dos.

30. J. Decety, T. Chaminade, J. Grèzes et A. N. Meltzoff, « A pet exploration of neural mechanisms involved in reciprocal imitation », *Neuroimage*, 2002, n° 15 (1), pp. 265-272.

31. P. Ruby et J. Decety, « Effect of the subjective pers-

pective taking during simulation of action : a pet investigation of agency », *Nature, Neuroscience*, 2002, n° 15, pp. 265-272.

32. J. Gibson, *The Ecological Approach to Visual Perception*, New York, Hougton Mifflin, 1979.

33. P. Rochat, « Self Perception and Action in Infancy », *Experimental brain research*, 1998, n° 123, pp. 102-109.

34. On désigne ainsi les fichiers anthropométriques de la police judiciaire qui permettent l'identification des délinquants, criminels ou présumés innocents.

35. Dans certaines situations ou certains cas pathologiques, l'inhibition ne se produit pas et l'imitation se produit effectivement. Dans l'imitation compulsive, le sujet ne peut s'empêcher de reproduire l'action qui se déroule devant lui. Dans certains mouvements de foule, l'imitation physique collective s'associe à la contagion affective. Chez les animaux, on décrit de nombreux exemples de comportements collectifs induits par imitation généralisée qui correspondent à une sorte d'entrée en résonance motrice : il suffit pour s'en convaincre d'écouter le vacarme assourdissant provoqué par les battements d'ailes simultanés d'un vol d'étourneaux nichés dans un arbre.

36. Voir par exemple le théâtre de l'esprit chez D. C. Dennet, *La Conscience expliquée*, Paris, Odile Jacob, 1993.

37. A la fois en état de conscience P (pour *phenomenal consciousness)*, éveil nécessaire à la réalisation de la tâche d'écriture, et de conscience A (*access consciousness*), qui donne accès au contenu de ce qui est écrit — selon la terminologie du philosophe américain Ned Black.

38. Pour des données récentes sur la conscience, voir C. Denett, *op cit.*, et les ouvrages de M. Jeannerod, *op. cit.* ; P. Buser, *Cerveau de soi, cerveau de l'autre*, Paris, Odile Jacob, 1998 ; J. P. Changeux, *L'Homme de vérité*, Paris, Odile Jacob, 2002.

Chapitre 4

1. R. Queneau, *Zazie dans le métro*, Paris, Gallimard, 1959.

2. T. C. Schneirla, « The Process and mechanism of ant learning. The combination problem and the successive presentation problem », *Journal of Comparative Neurology*, 1934, n° 17, pp. 309-328.

3. J. Proust, *Les animaux pensent-ils ?*, Paris, Bayard, 2003.

4. B. Heinrich, « Testing insight in ravens », *in* C. Heyes et L. Huber (eds.), *The Evolution of Cognition*, Cambridge, Mass., MIT Press, 2000, pp 289-305.

5. E. W. Menzel, « A group of young chimpanzees in one-acre field », *in* M. Schrier et F. Stollnitz eds., *Behavior of Non Human Primates*, vol. 5, New York, Academic Press, 1974, pp. 83-153.

6. R. Nadeau, *Vocabulaire technique et analytique de l'épistémologie*, Paris, PUF, 1999.

7. Le *Grand Robert de la langue française* donne 70 exemples de cris d'animaux.

8. M. D. Hauser, *A quoi pensent les animaux ?*, Paris, Odile Jacob, 2002.

9. J. Vauclair, *L'Homme et le singe*, Paris, Flammarion, 1998.

10. R. Queneau, *op. cit.*

11. M. Leiris, *La Règle du jeu*, I, *Biffures*, Paris, Gallimard, 1948.

12. Sophocle, *Tragédies*, trad. fr. P. Maran, Paris, Gallimard, 1983.

13. Selon Eibl-Eibesfeld, le cri du nouveau-né obéirait à un modèle unique : un son expiré d'une durée moyenne d'une seconde, suivi d'une pause de 0,2 seconde, puis un murmure inspiré de 0,1 à 0,2 seconde ; une pause de 0,2 seconde et enfin un son expiré. La fréquence moyenne est de 400 Hz.

14. K. Scherer, « Vocal affect expression : a review and a model for future research ? », *Psychological ICSLP*, 1966.

15. Lorsqu'un excitateur entre en vibration, il fournit un signal dont le résonateur va amplifier certaines composantes. On obtient alors des *formants* qui sont un facteur fondamental dans la caractérisation du timbre. Ils servent, justement, à « former » ce dernier.

16. V. C. Tartler, « Happy talk : perceptual and acoustic

affects of smiling on speech », *Perception & Psychophysics*, 1980, n° 27, pp. 24-27.

17. J. G. Herder, *Traité sur l'origine de la langue*, trad. fr. de P. Penisson, Paris, Aubier, 1977.

18. P. Feyereisen et J. D. de Lannoy, *Psychologie du geste*, Bruxelles, Liège, Mardaga, 1985.

19. Voir sur le sujet J. Segui et L. Ferrand, *Leçons de parole*, Paris, Odile Jacob, 2000.

20. G. Josse et N. Tzourio-Mazoyer, « La spécialisation hémisphérique pour le langage », *in* O. Houdé, B. Mazoyer et N. Tzourio-Mazoyer (eds.), *Cerveau et psychologie*, Paris, PUF, 2001.

CHAPITRE 5

1. G. Lecointre et H. Le Guyader, *Classification phylogénétique du vivant*, Paris, Belin, 2001. La systématique phylogénétique (cladistique) s'oppose à la classification fondée sur la similitude globale (phénétique) ou fondée sur l'adaptation (systématique électrique).

2. L. Ferry et J.-D. Vincent, *Qu'est-ce que l'homme ?*, *op. cit*.

3. B. Cardinaud, J.-M. Gibert, K. Sugamori, F. Liu, B. Guibert, J.-D. Vincent, H. B. Nisnik et P. Vernier, « The amphioxus D, B, receptors : evidence for the emergence of an adrenergic neurotransmission system in vertebrates », *PNAS*, n° 100, 2003.

4. F. Nietzsche, *Ainsi parlait Zarathoustra*, trad. fr. de H. Albert, Paris, Mercure de France, 1958.

5. J. Olds et P. Milner, « Positive reinforcement produced by electrical stimulation of septal area and other regions of the brain », *Journal of Comparative Physiology and Psychology*, 1954, n° 47, pp. 419-429.

6. Il s'agit principalement de corps cellulaires rassemblés dans la région du mésencéphale qui correspond à la substance noire et à l'aire tegmentale ventrale.

7. A. Manzardo et L. H. Parsons, « Dopaminergic involvement in arousal, incentive-motivational learning and cognition », *in* A. Sidhu, M. Laruelle et P. Vernier eds.,

Dopamine Receptors and Transporters, New York, Marcel Dekker, 2002.

8. J.-D. Vincent, *Casanova ou la contagion du plaisir*, Paris, Odile Jacob, 1990 ; J. R. Wilson, R. E. Kuchn et F. A. Beach, « Modification in sexual behavior of male rats produced by changing the stimulus females », *Journal of Comparative Physiology and Psychology*, 1963, n° 3, pp. 636-642 ; A. G. Phillips, C. O. Blaha et N. C. Fibiger, « Dopamine release in the nucleus accumbens and sexual behavior in male rats », *in Behavioral pharmacological clinical neurosciences,* Londres, Academic Press, 1989.

9. J. Michelet, *La Femme*, Paris, Calmann-Lévy, 1989.

10. A. Y. Deutch, S. Y. Tam et R. H. Roth, « Foot-shock and conditionned stress increase DOPAL in the ventral tegmental area but not in substantia nigra », *Brain Research*, 1985, n° 333, pp. 143-146.

11. R. Lulle, *L'Ami et l'aimé*, Paris, Le Nouveau Commerce, 1985.

12. J.-D. Vincent, *Biologie des Passions*, *op. cit.* ; *La Chair et le diable*, *op. cit*.

13. R. L. Solomon, « The opponent-process theory of acquired motivation : the coast of pleasure and the benefits of pain », *American Psychologist*, 1980, n° 35, pp. 691-712.

14. R. Wagner, *Tristan et Isolde*, Paris, Avant-Scène.

15. T. Mann, *Tristan*, Paris, Arthème Fayard, 1947.

16. D. M. Buss, *The Evolution of Desire : Strategies of Human Making*, New York, Basic Book, 1994.

17. H. Harlow, « The Nature of love », *American Psychologist*, 1970, n° 25, pp. 161-168.

18. G. Horn, « Visual imprinting and the neural mechanisms of recognition memory », *Trends in Neurosciences*, 1998, n° 21, pp. 300-305.

19. M. G. Schaefer, K. Yamazaki, K. Osada, D. Restrep et G. K. Beauchamp, « Olfactory fingerprints for major histocompatibility complex-determined body odors », *Journal of the Neurological Sciences*, 2002, n° 22, pp. 9513-9521.

20. E. Blass, « Prenatal and postnatal determinants of suckling and sexual behaviors in rats », *in Ethology*, Toulouse, Université Paul-Sabatier, 1985.

21. M. J. Meaney, « Material care, gene expression, and the transmission of individual differences in stress reactivity accross generations », *Annual Review of Neuroscience*, 2001, n° 24, pp. 1161-1192.

22. A. S. Fleming et J. J. Rosenblath, « Olfactory regulation of maternal behavior in rats. II. Effects of peripheral induced anosmia and lesions of lateral olfactory tract in pup-induced virgins », *Journal of Comparative Physiology and Psychology*, 1974, n° 86, pp. 233-246.

23. D. T. Theodosis, C. Montagnèse, F. Rodriguez, D. A. Poulain et J.-D. Vincent, « Oxytocin induces morphological plasticity in the adult hypothalamo-neurohypophysial system », *Nature*, 1986, n° 322, pp. 738-740.

24. Les stéréoïdes sexuels (les œstrogènes et la progestérone), dont la montée à la veille du terme prépare les profondeurs du cerveau aux bouleversements qui suivent ; puis les hormones de l'allaitement (la *prolactine* et l'*ocytocine)* qui enclenchent le comportement maternel.

25. M. Lemasson, C. Delbé, J.-D. Vincent, G. Gheusi et P. M. Lledo, « Using method based on ultrasonic vocalization rate oralysis to measure olfactory perception in mice pups », *Chemical Sciences*, 2003 (à paraître).

26. T. R. Insel et L. J. Young, « The Neurobiology of Attachment », *Nature Review of Neuroscience*, 2001, n° 2, pp. 129-136.

27. R. M. Bluthé et R. Dantzer, « Chronic intracerebral infusions of vasopressin and vasopression antagonist modulate social recognition in rat », *Brain Research*, 1992, n° 572, pp. 261-264.

28. K. J. Parker et T. M. Lee, « Central vasopressine administration regulates the onset of facultative paternal behavior in microtus pennsylvanicus (meadow voles) », *Hormones and Behavior*, 2001, n° 39, pp. 285-299.

29. G. Anzenberger, « Monogamous social systems and paternity in primates », *in* R. D. Martin, F. Dixson et E. J. Wickens eds., *Paternity in Primates : Genetic tests and theories*, Bâle, Karger, 1992.

30. L'ascension des testicules au cours du coït a été décrite pour la première fois par le dominicain Albert Le Grand.

31. N. Kaplan, *La Géométrie dans les spasmes*, Paris, Losfeld, 1959.

32. F. Garcia-Lorca, « La femme adultère », *in Poésies* II, Paris, Gallimard, 1961.

33. K. Wallen et P. L. Tannenbaum, « Hormonal modulations of sexual behavior and affiliation in rhesus monkeys », *Annals of the New York Academy of Sciences*, 1997, n° 807, pp. 185-202.

34. K. B. Strier, « Subtle cues of social relations in male muriqui monkeys (*Brachytelas arachnoïdes*) », *in* W. G. Kinzey ed., *New World Primates : Ecology, Evolution and Behavior, New York*, Aldine de Gruyter, 1996.

35. S. Zuckerman, *The social life of monkeys and apes*, Boston, Routledge and Paul Kregan, 1932.

Voir une revue générale récente dans C. T. Snowdon, *Attachement et monogamie chez les primates*, Société française de Primatologie, IInd Annual Meeting, Paris, 1999.

36. Ausone, cité par M. Dubuisson, *Lasciva Venus*, Soignies (Belgique), Editions Talus d'approche, 2000. La traduction des citations est donnée dans cet excellent recueil. Selon la tradition, nous n'avons pas cru devoir traduire les propos pornographiques afin de ne pas offenser la pudeur du lecteur non averti (et non latiniste).

37. K. Unas-Moberg, « Oxytocin may mediate the benefits of positive social interaction and emotions », *Psychoneuroendocrinology*, 1998, n° 23, pp. 819-835.

38. T. M. Field, « Massage Therapy Effects », *American Psychologist*, 1998, n° 53, pp. 1270-1281.

39. E. Lévinas, *Entre nous*, Paris, Grasset, 1992.

40. Aristote, *Ethique à Eudème*, V II,2, cité par A. Comte-Sponville, *Dictionnaire philosophique*, PUF, Paris, 2001.

41. B. Spinoza, *Ethique* III, trad. fr. de R. Caillois, Paris, Gallimard, 1954.

42. Voir « Le moment nietzschéen », *in* L. Ferry, *Qu'est-ce qu'une vie réussie ?*, Grasset, Paris, 2002.

43. Platon, *Œuvres complètes*, vol. I, La Pléiade, Paris, Gallimard, 1940-1942.

44. Plotin, *Ennéades*, Paris, Les Belles Lettres, 1924-1938, cité par Pierre Hadot, *op. cit*.

45. « La nature humaine, au fond, n'était pas

meilleure ; mais les hommes trouvaient leur sécurité dans la facilité de se pénétrer réciproquement, et cet avantage, dont nous ne sentons plus le prix, leur épargnait bien des vices ». J.-J. Rousseau, *Discours sur les sciences et les arts*, Paris, Garnier-Flammarion, 1971.

46. Vertus qui ont Dieu lui-même pour objet et qui sont les plus importantes pour le salut. Ce sont la foi, l'espérance et la charité.

47. A. Comte-Sponville, *Dictionnaire philosophique*, *op. cit*.

CHAPITRE 6

1. M. H. Klauss, R. Jerauld, N. C. Kreger, W. McAlpine, M. Steffa et J. H. Kennel, « Maternal attachment : importance of the first post partum days », *New England Journal of Medicine*, 1972, n° 286, pp. 460-463. Plus la rencontre sera précoce et prolongée entre la mère et l'enfant, plus seront attentifs et incessants les soins, les baisers que la mère donnera à l'enfant dans les mois à venir. En retour, un bébé qui aura bénéficié de contacts maternels précoces et plus importants que d'autres criera moins et sourira davantage. Klauss remarque que cette différence est plus apparente encore lorsque le bébé est un petit garçon.

2. E. Trochu, *op. cit*.

3. O. Güntürkün. « Adult Persistence of Head-turning Asymetry », *Nature*, 2003, n° 421, p. 711.

4. C. Trevarthen, « Communication and Cooperation in Early Infancy. A Description of Primary Intersubjectivity », *in* M. Bulowa ed., *Before Speech : The Beginning of Human Communication*, Londres, Cambridge University Press, 1979.

5. G. L. Leclerc, comte de Buffon, *De l'homme*, Paris, F. Maspero, 1971.

6. F. Delaporte, *Anatomie des passions*, Paris, PUF, 2003.

7. J. C. Rouchouse, « Mimiques faciales des nourrissons », *in* B. Cyrulnik éd., *Le Visage*, Paris, PUF, 1998.

8. J. C. Cohn et E. Z. Tronick, « Communication rules

and sequential structure of infant behaviour during normal and depressed interaction », *in* E. Z. Tronick ed., *Social Interinchange in Infancy : Affect, Cognition and Communication*, Baltimore, M. D. University Park Press, 1982.

CHAPITRE 7

1. W. Singer, « Synchronisation neuronale et représentations mentales », *Pour la science*, 2002, n° 302, pp. 74-79.
2. W. James, *Précis de psychologie*, Paris, Marcel Rivière, 1932.
3. On trouvera d'excellentes informations sur la mémoire, le temps et les différentes formes d'amnésie dans J. Cambier et P. Verstichel, *Le Cerveau réconcilié*, Paris, Masson, 1998.
4. J. Guignot, R. Mara, P. Vu, N. Guérin, Y. Samson, P. Pradat-Duhl, Y. Touitou et C. Morin, « Perturbations du sens du temps et lésion hémisphérique », *in* Y. Touitou éd., *Mécanismes et physiopathologie des fonctions rythmiques*, Paris, Vernazobies-Grego, 2003.
5. F. Macar, *Le Temps, perspectives psychophysiologiques*, Bruxelles, Pierre Mardaga, 1980.
6. L'être-là perpétuel doit se maintenir dans son anticipation (M. Heidegger, *L'Etre et le Temps*, traduction de H. Corbin *in Qu'est-ce que la métaphysique ?*, Paris, Gallimard, 1951).
7. J. Proust, « La pensée de soi », *in* Y. Michaud éd., *Qu'est-ce que la vie psychique ?*, Paris, Odile Jacob, 2002.
8. E. Goffman, *La Mise en scène de la vie quotidienne*, Paris, Les Editions de Minuit, 1973.
9. W. James, *op. cit.*
10. S. Freud, *Au-delà du principe du plaisir*, Paris, Payot, 1970.
11. P. Boyer, *Et l'homme créa les dieux*, Paris, Robert Laffont, 2001.
12. P. Ariès, *Essais sur l'histoire de la mort en Occident du Moyen Age à nos jours*, Paris, Le Seuil, 1975.
13. G. Leopardi, *Canti*, Paris, Gallimard, 1982.
14. P. Boyer, *op. cit.*

15. B. A. Bacon, « La science n'en a pas fini avec Dieu », *Courrier international*, 2003, n° 646, pp. 26-29.

16. J. Arnould, communication personnelle.

17. A. B. Newberg et E. G. D'Aquili, « The neuropsychology of spiritual experience », *in* E. G. Koenig ed., *Handbook of Religions and Mental Health*, San Diego, Acad. Press, 1998.

18. B. A. Bacon, *op. cit.*

19. M. A. Persinger, « Out-of-body-like experience are more probable in people, with elevated complex partial epileptic-like signs during period of enhanced geomagnetic activity. A non linear effect », *Perpetual and Motor Skills*, 1995, n° 80, pp. 553-569.

20. W. James, *La Volonté de croire*, Paris, Flammarion, 1916.

21. A. Green, *La Causalité psychique,* Paris, Odile Jacob, 1995.

22. W. James, *L'Expérience religieuse*, Paris, Alcan, 1906.

23. F. Nietzsche, *La Généalogie de la morale,* Paris, Gallimard, 1971.

24. L. Boff, *François d'Assise*, Paris, Editions du Cerf, 1986.

25. M. Scheler, *Nature et forme de la sympathie*, Paris, Payot, 1971.

26. Parmi les centaines d'ouvrages consacrés à François d'Assise, lire J. Green, *Frère François*, Paris, Le Seuil, 1983.

27. L. Boff, *op. cit.*

CHAPITRE 8

1. Ezra Pound, « Canto LXXXIII », trad. fr. de Denis Roche, *Les Cantos*, Flammarion, Paris, 1986.

2. Max Scheler fait remarquer que dans le poème de Milton, *Le Paradis perdu,* Satan confesse le principe de son être : « ... adieu remords ; tout bien pour moi est perdu ; que le mal soit mon bien ». Mais dans le même mouvement, il reconnaît que « toujours le ciel rayonne dans mon âme » et qu'il est contraint de « loucher vers le

ciel ». Plus je vois de jouissance à l'entour, plus je sens du tourment en moi-même, comme du détestable siège des contraires ; tout bien devient pour moi souffrance et au ciel mon état serait pire. (M. Scheler, *L'Homme du ressentiment,* Gallimard, Paris, 1970). On notera dans ce texte une magnifique observation de la présence des processus opposants dans l'âme même du Diable.

3. F. Guery, *Haine et destruction*, Paris, Ellipses, 2002.

4. A. Schopenhauer, *Le Monde comme volonté et comme représentation*, Paris, PUF, 1950.

5. N. J. Emery et M. S. Clayton, *Nature*, 2001, n° 414, pp. 443-446.

6. F. Nietzsche, *La Généalogie de la morale*, *op. cit*.

7. Voir définition de ce terme chapitre 2, note 12.

8. Bible de Jérusalem, Genèse, 4, 8.

9. Bible de Jérusalem, Genèse 4, 9-10. Signalons à ce propos que le péché originel ne réside pas, malgré la monstruosité du crime, dans l'acte de Caïn, mais dans la *connaissance* du bien et du mal. L'espèce humaine n'est d'ailleurs pas désignée sous le nom d'*Homo criminalis*, mais sous celui d'*Homo sapiens*, celui qui distingue le bien du mal grâce à la subjectivité qu'il tire de son prochain et partage avec lui. La violence faite à ce dernier (ou à soi-même), qui appelle la culpabilité et le péché, réside dans ce savoir spécifiquement humain et renvoie à la psyché. Lorsque la méchanceté s'exprime dans la violence, ce n'est pas la bête qui refait surface, mais l'homme qui s'y affirme.

CHAPITRE 9

1. K. Lorenz, *L'Agression. Une histoire naturelle du mal*, Paris, Flammarion, 1969.

2. I. Eibl-Eibesfeldt, *Contre l'agression*, Paris, Stock, 1970.

3. Cité par I. Eibl-Eibesfeldt, *op.cit*.

4. T. Hobbes, *Leviathan*, Paris, Sirey, 1971.

5. Sur la question de l'âme et des passions, voir le chapitre : « Platon, inventeur de l'âme », *in* V. Despret, *Ces*

émotions qui nous fabriquent, Paris, Les empêcheurs de penser en rond, 1999.

6. I. Eibl-Eibesfeldt, *op.cit*.

7. F. Nietzsche, *Le Crépuscule des idoles*, trad. fr. de H. Albert, Paris, Garnier-Flammarion, 1985.

Chapitre 10

1. Horace, *Epîtres*, Livre I, EP. 2, v. 62.

2. H. Fauconnier, *Malaisie*, Paris, Stock, 1998.

3. I. Eibl-Eibesfeldt *(op. cit.)* donne une description parallèle et en tous points semblable du visage d'une petite fille en colère et d'un mandrill menaçant. C'est par « galanterie » que je n'ai pas décrit une femme en colère pour en avoir, toutefois, fait bien souvent l'expérience. La colère ne choisit pas son sexe.

4. I. Eibl-Eibesfeldt souligne la similitude avec l'attitude d'un grand singe qui hérisse sa fourrure au point de modifier son aspect de façon impressionnante. Chez l'homme, la posture a survécu à la réduction du système pileux. Celui-ci est organisé de manière à ce que les poils des épaules et du dos soient dirigés vers le haut et tendent en se dressant à élargir la carrure afin de la rendre plus impressionnante. L'homme moderne, moins velu que ses ancêtres, compense cette perte par le port de toutes sortes d'épaulettes.

5. A. Hesnard dans son livre *Psychologie du crime* (Paris, Payot, 1963), analyse la relation entre l'acte symbolique et l'acte réalisé motricement : l'homme en colère est porté (en lui-même) à frapper son adversaire du moment. Mais sa constitution psychique est incompatible avec cette spontanéité que sa censure morale lui interdit. Alors se produit une action détournée, symbolique, où la parole injurieuse — agressive à distance — apparaît, en même temps qu'une régression se manifeste par un retour à l'acte magique de néantiser l'adversaire et, souvent, au stade infantile sadique anal, ce qui explique la fécalité de ses vaines menaces.

6. Je suis redevable à Robert Dantzer de l'étude psycho-

biologique de la colère. R. Dantzer, *Les Emotions*, Paris, PUF, 1988.

7. V. Despret *(op. cit.)*, qui fait observer la prégnance du corps et de la tradition physiologique dans la conceptualisation de l'émotion. Ce sont des médecins venus à la psychologie qui s'y sont principalement intéressés et ont fait de celle-ci « la fille de la biologie et l'hôte d'honneur du laboratoire ». Il est vrai que la visibilité de l'émotion a facilité une psychologie pratique et de terrain qui trouve un accueil favorable dans un public dolent soucieux de découvrir l'explication de ses malaises dans un psychisme réduit aux dimensions du corps (voir le succès de la médecine dite psychosomatique). Grâce à la « révolution cognitiviste », les émotions sont, depuis, devenues une source inépuisable de connaissance sur l'activité mentale de l'homme et, pourquoi pas, de l'animal.

8. Mot anglais qui signifie « excitation et éveil » (dans le sens d'une activation).

9. Le terme « sympathique », si peu approprié à la colère, a été utilisé par Winslow (1737) pour le nerf « grand sympathique » en raison du rôle qu'il lui attribue dans la transmission de sympathies ou interactions mutuelles entre organes. Dans notre cas, il s'agit du système orthosympathique.

10. S. Aaron, *Le Non de Klara*, Paris, Maurice Nadeau, 2002.

11. M. Frankenhaeuser, « Psychoneuroendocrine approaches to the study of stressful person-environment transactions », *in* H. Selye ed., *Selye's Guide to Stress Research*, vol. l, New York, Van Nostrand, 1980, pp. 1146-1170.

12. M. Friedman et R. H. Rosenman, *Type A Behavior and Your Heart*, New York, Knof, 1974.

13. H. Ursin, E. Baade et S. Levine, *Psychobiology of Stress : a Study of Coping in Men*, New York, Academic Press, 1978.

14. J. Briggs, *Never in Anger : Portrait of an Eskimo Family*, Cambridge (Mass.), Harvard University Press, 1970.

15. V. Despret, *op. cit.*

16. C. A. Lutz, *Unnatural Emotions*, The University of Chicago Press, Chicago, 1988.

17. Voir J.-D. Vincent, P. Vernier, « Les vertébrés : une famille sentimentale », *Médecine/Sciences*, 2003, à paraître.

Chapitre 11

1. Entre huit et dix millions selon les chiffres donnés par le *Chicago University Magazine* (février 2001).

2. Un vase a deux fonctions : recevoir des fleurs, expression de l'amour et de la tendresse, et être brisé comme exutoire à la violence (cf. le vase de Soissons).

3. F. G. Woermann et coll., *Journal of Neurology, Neurosurgery and Psychiatry*, 2000, n° 68, pp.162-171.

4. L'Arioste, *Roland furieux*, chant XXIII, trad. fr. de C. Hippeau, Paris, Flammarion, 1982.

5. On trouvera dans le livre de A. R. Damasio, *L'Erreur de Descartes*, Paris, Odile Jacob, 1995, un exposé détaillé du cas EVR (Elliot) et la théorie des marqueurs somatiques.

6. R. J. Blair et L. Cipolotti, *Brain Research*, 2000, n° 123, pp. 1122-1141.

7. H. C. Abercombie et coll., *Psychophysiology*, 1996, n° 33, pp.17-32.

8. A. Raine et coll., *Archives of General Psychiatry*, 2000, n° 57, pp.119-127.

9. *Nature Review of Neuroscience*, 2001, n° 410, p. 296.

10. A. Raine et coll., *op. cit*.

11. J. Blair et coll., *Brain Research*, 1999, n° 122, pp. 883-893.

12. M. E. Seto et coll., *Journal of Interpersonal violence*, 1999, n° 14, pp. 1235-1248.

13. F. Biver et coll., *Neuroscience Letters*, 1996, pp. 204-225.

14. J.-D. Vincent, *Biologie des passions, op. cit*.

15. T. E. Moffit et coll., *Biological Psychiatry*, 1998, n° 43, pp. 446-461.

16. S. Freud, *Métapsychologie*, Paris, Gallimard, 1940.

17. M. Asberg et coll., *Science*, 1976, n° 191, pp. 478-480.

18. J. M. Bjork et coll., *Psychopharmacology*, 1999, n° 142, pp. 24-51.

19. Il y aurait beaucoup à dire sur la place du dimorphisme sexuel dans la violence comportementale, depuis l'opposition naïve entre la femme spécialiste de l'amour et l'homme voué à la brutalité jusqu'à l'extrémisme biologisant qui analyse la fréquence du crime en termes de « sex ratio ». Le cerveau de la femme, moins latéralisé que celui de l'homme, permettrait à celle-ci d'aller au cœur de l'émotion plus vite et de façon plus compréhensive que celle de l'homme, tout encombré qu'il est de son moi et de la gestion catégorique et compartimentée de ses objectifs selon Paul Pearsall (*Superimmunity*, New York, Faucet,1987), l'« orientation du cerveau global est plus en accord avec les principes d'une vie saine dans notre monde et pour notre monde. » Dans un domaine plus trivial, des études ont essayé de montrer les variations de l'agressivité au cours du cycle menstruel. Selon L. Taylor (*Born to crime*, Wesport [Conn.], Greewood Press, 1984). 62 % des délits violents chez la femme sont commis dans la période du *paramenstruum* (4 jours avant et 4 jours pendant les règles).

Chapitre 12

1. A. Philonenko, *Tueurs*, Paris, Bartillat, 1999.

2. Au Congrès international de criminologie de Paris (1950), cité par A. Hesnard, *Psychologie du crime, op. cit.*

3. De cette dernière, je n'ai en effet rien à dire. Elle est l'affaire des sociologues qui ont écrit des choses intelligentes sur la question de « violence et société » dont on nous affirme qu'elle se pose aujourd'hui avec la plus grande insistance (lire notamment Y. Michaud, *Changements dans la violence*, Paris, Odile Jacob, 2002). Je me limiterai donc à l'homme dans sa relation passionnée à l'autre sans trop tenir compte — impasse abusive, je le concède — du monde qui l'entoure. C'est que le biologiste fasciné par l'humain comme je le suis (je n'ose pas dire humaniste) ne sait trop que faire avec la sociologie, à moins de se plonger dans la sociobiologie, qui m'excite

autant que les jeux mathématiques proposés l'été par les journaux.

4. C. Lombroso, *L'Homme criminel*, Paris, Alcan, 1895.

5. N. Pende, professeur de pathologie et méthodologie clinique de Rome, est l'inventeur du terme « endocrinologie », qui désigne la toute nouvelle médecine et la physiologie des glandes à sécrétion interne. J'emprunte à A. Hesnard le résumé de la théorie *biocriminogénétique* de Pende. Le crime est conditionné par la personnalité de l'être criminel, avec ses motifs généraux : motifs *déterminants* de nature constitutionnelle, héréditaire ou congénitale, et en même temps *conditionnants*, réalisateurs, déchaînants. C'est donc en partant de l'étude scientifique de la personnalité du délinquant qu'il faut apprécier son action criminelle et les conséquences sociales de celle-ci. Toute manifestation phénoménale de l'individu est l'expression de processus qui intéressent les tissus, les humeurs, la conscience. Et toute manifestation comme le crime est en même temps exogène et endogène, d'origine héréditaire et congénitale, et d'origine méso-logique et socio-logique.

6. Le bilan de la psychochirurgie dans la correction des conduites déviantes graves (homicides, viols), notamment avec ses fameuses lobotomies, est très contrasté. Autant la stimulation électrique sous-corticale, notamment dans le traitement de la maladie de Parkinson, connaît un renouveau d'un intérêt considérable, autant la production de lésions artificielles — à l'exception, peut-être, d'indications réservées à des syndromes obsessionnels graves et invalidants — me paraît inacceptable dans un cadre pénal, non seulement sur le plan éthique, mais aussi d'un strict point de vue épistémologique.

7. M. Bohman, C.R. Cloninger, S. Sigvardson, *Archives of General Psychiatry*, 1982, n° 39, pp.1233-1241.

8. J. Volavka et coll., « The Neurobiology of violence : an Update », *in Journal of Neuropsychiatry and Clinical Neurosciences*, 1999, n° 11, pp. 307-314.

9. T. Hallikainen et coll., *Molecular Psychiatry*, 1999, n° 4, pp. 385-388.

10. I. D. Higley et coll., *Biological Psychiatry*, 1992, n° 32, pp. 127-145.

11. Il s'agit de la région P11-P21 du chromosome X. L'hormone impliquée est la mono-amine-oxydase de type A (MAO,A). Voir H. G. Brunner et coll., *Science*, 1993, n° 262, pp. 578-580.

12. Le cerveau de l'homme est un dialecticien impénitent (*dialektisches moment*). Celui de Raskolnikov mérite à cet égard d'être conservé dans le formol de la littérature universelle.

13. A. Philonenko, *Tueurs, op. cit.*

Chapitre 13

1. F. Dostoïevski, *Crime et Châtiment*, trad. fr. de D. Ergaz, Paris, Gallimard, 1975.

2. Il s'agit du *coping* ou ajustement, que j'ai déjà analysé.

3. P. Karli, *Le Cerveau et la liberté*, Paris, Odile Jacob, 1995.

4. F. Dostoïesvki, *op. cit.*

5. Le terme crâniates utilisé aujourd'hui pour désigner les vertébrés rend compte de l'importance de la « new head » dont C. Evans et R. G. Northcutt, les premiers (*Science*, 1983, n° 220, pp. 268-274), ont souligné le rôle fondateur dans l'émergence et le succès évolutif du nouvel embranchement.

6. Les travaux de Nicole Le Douarin et ses collaborateurs ont montré le rôle de la crête neurale dans les bouleversements anatomiques et fonctionnels qui accompagnent l'apparition de la tête (N. Le Douarin, *Des chimères, des clones et des gènes*, Paris, Odile Jacob, 2000).

7. Philippe Vernier et son équipe étudient l'évolution des systèmes de neurotransmission impliqués dans les processus de punition et de récompense, notamment dans les espèces les plus anciennes de l'embranchement des vertébrés (J.-D. Vincent, B. Cardinaud et P. Vernier, *Bulletin de l'Académie nationale de médecine*, 1998, n° 182, pp. 1505-1516).

8. E. T. Rolls, « Précis of the brain and emotion », *Behavioral and Brain Sciences*, 2000, n° 23 (2), pp. 77-191.

9. La notion de « conditionnement *opérant* », associée à

celles de « punition » et de « récompense » n'est pas propre aux vertébrés et a été largement utilisée dans l'étude des apprentissages chez les insectes et les mollusques. Dans le cas d'un conditionnement *classique* (ou *pavlovien*), un stimulus neutre acquiert la capacité de produire une réponse à la suite de l'association répétée avec un stimulus dit inconditionnel qui provoque naturellement et de façon inévitable cette réponse. Un conditionnement opérant (ou *instrumental*) désigne, lui, le processus associatif par lequel la probabilité de survenue d'une réponse comportementale dépend de ses conséquences. Selon la fameuse *loi de l'effet* (Thorndike), une réponse comportementale n'est conservée que si elle est suivie d'une récompense ; autrement dit, aucun geste n'est *appris* (mis en mémoire) s'il n'est suivi d'un effet utile à l'animal. L'aplysie (*Aplysia californica*), mollusque marin, offre un modèle de conditionnement opérant par récompense et de conditionnement d'évitement par punition. Dans un travail récent (*Science*, 2002, n° 296, pp. 706-709), John Byrne et ses collaborateurs observent le comportement d'ingestion de ces intelligentes limaces. Dans les conditions naturelles, elles présentent des mouvements sporadiques de la « langue » qui deviennent fréquents et réguliers en présence de nourriture. Un nerf œsophagien informe le ganglion buccal (centre nerveux du comportement ingestif) de cette présence. On peut remplacer le renforcement positif lié à l'aliment par une stimulation électrique du nerf. Vingt-quatre heures plus tard, on note une augmentation des mouvements spontanés de la langue devenus renforçateurs, grâce à une plasticité nerveuse témoignant d'un processus de mémoire à long terme (un jour c'est long pour une limace) induite par renforcement. Plus intéressant encore est l'enregistrement dans un neurone (cellule B51) de changements biophysiques qui semblent nécessaires pour l'expression d'un comportement récompensé. Enfin, il est possible de reproduire l'effet renforçateur de la stimulation du nerf œsophagien par l'application directe sur la cellule d'une infinitésimale giclée de dopamine, le neurotransmetteur associé chez les vertébrés aux systèmes de récompense, exemple parmi d'autres de l'étonnante conservation au cours de l'évolution des mêmes molécules, accommodées, il est vrai, à des sauces différentes. Même si la dopamine reste au cœur des processus dits de récompense chez les vertébrés, une différence radicale avec les invertébrés me paraît résider dans l'importance donnée chez les premiers aux états affectifs et aux émotions, par opposition au caractère strictement réglé et conditionné des comportements chez ces derniers. Les expériences réalisées chez l'aplysie libre et dans un milieu « naturel » sont reproductibles dans une préparation d'organes maintenus *in vitro*, en dehors de l'organisme : le caractère fluctuant de l'état central est ici réduit à sa plus simple expression et l'état affectif de l'animal tenu pour négligeable !

10. Dans le cortex sus-orbitaire des singes macaques, des neurones répondent à un stimulus olfactif qui signale de la nourriture, mais uniquement lorsque le singe a faim, autrement dit lorsque le stimulus a valeur de renforcement positif.

11. M. Cabanac, *Le Plaisir*, Québec, Liber, 1995.

12. J'utilise ce terme de préférence à celui de *valeur* trop anthropomorphique avec ses connotations morales ou économiques (qualité d'une chose fondée sur son utilité). *Valence* est un mot emprunté à la chimie (nombre de liaisons chimiques qu'un atome ou un ion engage avec d'autres atomes ou ions dans une combinaison) qui traduit dans cette acception la puissance d'attraction (valence positive) ou de répulsion (valence négative) d'un objet ou d'une action.

13. B. Spinoza, *Ethique*, III, *op. cit*.

14. Tout animal est un sujet ; le vertébré est gouverné par ses états affectifs ; l'humain seul est capable de les dire (cf. J. von Uexküll, *Theoretische Biologie*, Berlin, Springer, 1928).

15. P. Karli, *L'Homme agressif*, Paris, Odile Jacob, 1987.

16. P. Karli, *Les Racines de la violence*, Paris, Odile Jacob, 2002.

Chapitre 14

1. Cité par F. Boyer, *Comprendre et compatir*, Paris, POL, 1993.

2. M. de Montaigne, *Essais*, I, XXIII.

3. W. Golding, *Sa Majesté des mouches*, Paris, Gallimard, 1956.

4. M. Montessori, *L'Enfant*, Paris, Desclée et Co, 1935.

5. A. Freud et D. Burlingham, *Enfants sans famille*, Paris, PUF, 1951.

6. On trouvera dans P. Karli, *Les Racines de la violence*, *op.cit.*, les références et l'analyse des études réalisées en Scandinavie, aux Etats-Unis et en Afrique du Sud dans la deuxième moitié du XXe siècle.

7. B. Cyrulnik, *Les Vilains Petits Canards*, Paris, Odile Jacob, 2001.

8. James Ensor (1840-1949), peintre et graveur belge, a décrit de façon expressive une humanité grimaçante et grouillante, notamment dans son tableau célèbre, *L'Entrée du Christ à Bruxelles*.

9. P. Lassus, *Maltraitances*, Paris, Stock, 2001.

10. Le terme « pulsion » est un des plus « chargés » de la psychologie. Il est utilisé ici dans le sens de désir ou de processus dynamique consistant en une poussée qui fait tendre un organisme vers un but (Voir J. Laplanche et J.-B. Pontalis, *Vocabulaire de la psychanalyse*, Paris, PUF, 1967). Il intervient en français pour rendre le mot allemand *Trieb* et est utilisé pour désigner les instincts, mot qui ne peut être employé avec précision que dans le cadre d'une approche éthologique (comportement spécifique hérité et peu variable d'un individu à l'autre). Notons que la notion de pulsion spécifique d'agression est rejetée par Freud, qui se servira du vocable *agression* dans le cadre de la théorie dualiste des pulsions de vie et des pulsions de mort.

11. S. Freud, *Trois essais sur la théorie de la sexualité*, trad. fr. de B. Reverchon-Jouve, Paris, Gallimard, 1962. La lecture de ces essais est indispensable à quiconque souhaite soulever un coin du voile ; elle lui en apprendra davantage que les exégèses obscures et les variations

bavardes qui accompagnent généralement les textes fondamentaux.

12. J. Laplanche et J.-B. Pontalis, *op. cit*.

13. Le terme « auto-érotique » a été utilisé pour la première fois par Havelock Ellis (*Etudes de psychologie sexuelle*, trad. fr. de A. Van Gennep, Paris, Mercure de France, 1932). On parle plus volontiers aujourd'hui de narcissisme, terme qui fait référence au mythe de Narcisse, beau jeune homme qui, ayant dédaigné l'amour d'Echo, est condamné à tomber amoureux d'un autre jeune homme qui vit dans l'eau sans reconnaître sa propre image. Notons qu'Echo serait aussi à l'origine de la masturbation. Pan aimait Echo, mais ne pouvait jamais la saisir ; son père Hermès, pris de pitié pour son désir incessant mais insatisfait, lui enseigne le secret de la masturbation jusque-là inconnue (voir H. Ellis, *op.cit*.).

14. L'assimilation de l'eau à un miroir permet de parler de l'homme confronté à son image avant même l'invention de ce mobilier. Ehrenreich, ethnologue allemand du XIXe siècle, lors de son expédition chez des Indiens amazoniens non encore touchés par la civilisation, constata que les Bakairis ne furent pas étonnés par le miroir ; il l'appelèrent « eau ». Enfin, je ne peux manquer à propos du narcissisme d'évoquer le philosophe par excellence de la compassion, Jean-Jacques Rousseau, qui fut à dix-huit ans l'auteur d'une comédie, *Narcisse ou l'amant de lui-même*.

15. J. Lacan, *Ecrits*, Paris, Le Seuil, 1970.

16. J'éviterai ici d'évoquer la notion de sadomasochisme qui me paraît devoir être réservée à un ensemble de perversions observées chez l'adulte. Trop de spéculations s'attachent en effet à ce terme lorsqu'il est utilisé à propos de sexualité infantile.

17. A propos du *dimorphisme sexuel*, voir J.-D. Vincent, *La Chair et le diable*, *op. cit*. Deux structures contrôlent respectivement le comportement sexuel mâle (région ventro-médiane de l'hypothalamus) et le comportement femelle (aire préoptique), l'une et l'autre sont toutefois présentes dans les deux sexes où elles s'expriment à des degrés divers. Il convient d'insister sur le cloisonnement entre les centres sexuels et les systèmes opposants. Ces

derniers, non spécialisés et sans but, sont secondairement orientés et tendus vers la réalisation d'un acte sexuel à la suite de l'intervention des premiers, dans lesquels se fait l'intégration entre, d'une part, les données hormonales grâce à la présence de récepteurs aux stéroïdes sexuels et, d'autre part, les données affectives. C'est donc au niveau des systèmes opposants qu'intervient la contagion entre sexe et violence.

18. M. Robert, *La Révolution psychanalytique*, Paris, Payot, 1964.

19. S. Freud, *Trois essais sur la théorie de la sexualité*, *op. cit.*

20. N. E. Spear, *The processing of memories*, Millsdale, LEA, 1973.

21. Morris Moscovitch, *Memory Dysfunctions : an Integration of Animal and Human Research from Preclinical and Clinical Perspectives*, D. S. Orton, E. Gamzu et S. Corkin eds., New York, New York Academy of Sciences, 1985.

22. J.-D. Vincent, *Casanova, ou la contagion du plaisir*, *op. cit.*

23. On dénonce la censure qu'un Etat exerce parfois, au nom des bonnes mœurs, sur ce que certains considèrent comme un étalage inacceptable du sexuel. Il est vrai que cette censure s'exerce déjà à titre privé chez la majorité des citoyens, pour le plus grand bénéfice de la société. Ce qui est difficilement acceptable dans la censure officielle, c'est qu'elle prétend s'exercer à la place de la psyché personnelle (je pense pour toi). En réprimant au lieu d'éduquer, l'Etat mutile ses sujets et les livre sans défense à la mécanique aveugle des pulsions.

24. Pour une liste non exhaustive des paraphilies, voir J.-D. Vincent, *La Chair et le diable*, *op. cit*. Dans quelques cas, un lien entre partenaires pervertis se crée sur la complémentarité des deux cartes. Mais le plus souvent, le pervers est seul et sa carte truquée ne lui permet pas le partage dans l'amour. Un clivage peut parfois se produire entre la gestion secrète de la paraphilie et une vie de couple d'apparence normale ; ainsi, Monsieur, reine de la nuit, épuise dans les bras de Madame, instrument passif de ses copulations, la provision d'imaginaire rassemblée durant ses escapades nocturnes. Une étrange

complicité s'installe de temps à autre entre le pervers et sa victime. Ce phénomène ressemble à une tolérance conditionnée qui enchaîne le malheureux ou la malheureuse à son bourreau et réclame toujours plus de souffrance. Une femme martyrisée par un époux sadique retournera à ses fers et à ses fouets après qu'on aura cherché à l'en délivrer ; un enfant martyr ne dénoncera pas ses bourreaux.

25. Il serait préférable de parler de tueur à répétition, terme plus général et moins connoté sur le plan médiatique. A la rubrique « homme » d'un ancien traité de zoologie (H. Lebègue de Francillon, *Le Livre des bêtes*, Paris, 1767), on trouve : « L'homme est un tueur occasionnel qui peut devenir régulier lorsque, comme le tigre, il a humé l'acre parfum du sang humain. »

26. Cité par W. Sofsky, *Traité de la violence*, Paris, Gallimard, 1996. Je reprends les principaux éléments de son analyse du comportement sanguinaire de Gilles de Rais.

27. D. A. F. Sade, *Le procès de Gilles de Rais*, documents précédés d'une introduction de G. Bataille, Paris, Club français du Livre, 1959.

28. W. Sofsky, *op.cit*.

29. Cf. D. A. F. Sade, *Les Cent Vingt Journées de Sodome*, Œuvres complètes, t. XIII, Paris, Cercle du livre précieux, 1964.

30. Dans un article publié dans *Science* (2002, n° 296, p. 1709), M. Shiddara et B. J. Richmond montrent, à l'aide d'électrodes implantées dans le cortex cingulaire antérieur d'un singe, que l'activité de certains neurones augmente de façon graduelle selon le degré d'attente et d'anticipation d'une récompense durant la réalisation d'une tâche. Les auteurs rapprochent cette observation des lésions et de l'hyperactivité observée dans le cingulum antérieur chez les humains présentant une dépendance et une addiction à la drogue ou chez les patients souffrant de troubles obsessionnels compulsifs. « Ces sujets seraient incapables de vivre des réponses affectives normales à de futurs événements et d'exercer un contrôle volontaire sur des actions qui maximisent les bienfaits et minimisent les malfaisances. »

31. W. Sofsky, *op.cit*.

32. G. Bataille, *Les Larmes d'Eros*, *op. cit.*

33. Valentine Penrose (*Erzsébet Bathory, la comtesse sanglante*, Paris, Mercure de France, 1962) décrit une de ces séances organisées par ses complices, Darvulia, Dorko et Jo Ilona : « Darvulia descendait aux caves, choisissait les filles qui lui paraissaient les mieux nourries et les plus résistantes. Aidée de Dorko, elle les poussait devant elle dans les escaliers et les passages mal éclairés conduisant à la buanderie où sa maîtresse se trouvait déjà, rigide dans sa haute chaire sculptée, tandis que Jo Ilona et d'autres s'occupaient du feu, des liens, des couteaux et des rasoirs. Les deux ou trois jeunes filles étaient mises complètement nues, cheveux défaits. Elles étaient belles et avaient toujours moins de dix-huit ans, parfois douze ; Darvulia les voulait très jeunes, car elle savait que si elles avaient connu l'amour, c'en était fait de la bonne âme de leur sang. Dorko leur attachait les bras très serré et se relayait avec Jo Ilona pour les battre avec une baguette de frêne vert qui creusait d'affreux sillons. Parfois, la comtesse continuait elle-même. Lorsque la jeune fille n'était plus qu'une plaie tuméfiée, Dorko prenait un rasoir et incisait ici et là. Le sang jaillissait de partout, les manches blanches d'Erzsébet Bathory se teignaient de ce déluge rouge. Bientôt, elle devait changer de robe tant elle était couverte de sang. La voûte et les murs ruisselaient. Lorsque la fille, enfin, était près de mourir, Dorko avec des ciseaux ouvrait les veines des bras d'où s'écoulait le dernier sang de son corps. Certains jours, comme la comtesse était lasse de leurs cris, elle leur faisait coudre la bouche pour ne plus les entendre. »

34. F. Sironi, *Bourreaux et victimes*, Paris, Odile Jacob, 1999.

35. R. Antelme, *L'Espèce humaine*, Paris, Gallimard, 1987.

36. A. Dumas, *Les Crimes célèbres*, illustrations de Bourders, Paris, 1847.

37. J. Casanova, *Histoire de ma vie*, tome 3, vol. 5, Wiesbaden, F. A. Brockhaus, Paris, Plon, 1960.

38. W. Sofsky, *op.cit.*

39. C. Pavese, *Le Métier de vivre*, Le Seuil, Paris, 1958.

40. D'après T. Blass, biographie de Stanley Milgram sur le site www.stanleymilgram.com.

41. A. Philonenko, *op.cit.*

42. P. Descola, *Les Lances du crépuscule*, Paris, Plon 1993.

EPILOGUE

1. D. Vélasquez, *Les Lances ou La Reddition de Breda*, peinture sur toile, Madrid, Musée du Prado.

2. A. Perez-Reverte, *Le Soleil de Breda*, Paris, Le Seuil, 1999.

3. L. Ferry, *L'Homme-Dieu ou le sens de la vie*, Paris, Grasset, 1996.

4. M. Scheler, *L'Homme du ressentiment*, Paris, Gallimard, 1970.

ANNEXES

1. Le cerveau

Pour ne pas se perdre dans le cerveau : face externe (A), face interne (B) de l'hémisphère gauche d'un cerveau humain (d'après J. S. Krieg, *Functional Anatomy*, New York-Toronto, The Bkaiston Company, 1953) et face interne, vue profonde (C) (*Gray's Anatomy*, Londres, Longan Ltd, 1973).

Un profond sillon vertical (scissure de Rolando) sépare la surface externe de chaque hémisphère en une partie antérieure ou frontale dévolue à l'action et une partie postérieure ou pariétale consacrée à la perception ; plus en arrière, le cortex occipital est spécialisé dans la vision, et sous un sillon horizontal (scissure de Sylvius) le lobe temporal traite de la perception auditive tout en assurant des fonctions complexes comme la compréhension du langage. Cette présentation simpliste n'a qu'un intérêt indicatif : les fonctions et facultés mentales sont en réalité largement distribuées sur l'ensemble du cerveau et aucune localisation fonctionnelle exclusive obtenue par imagerie ne saurait conduire à une nouvelle phrénologie.

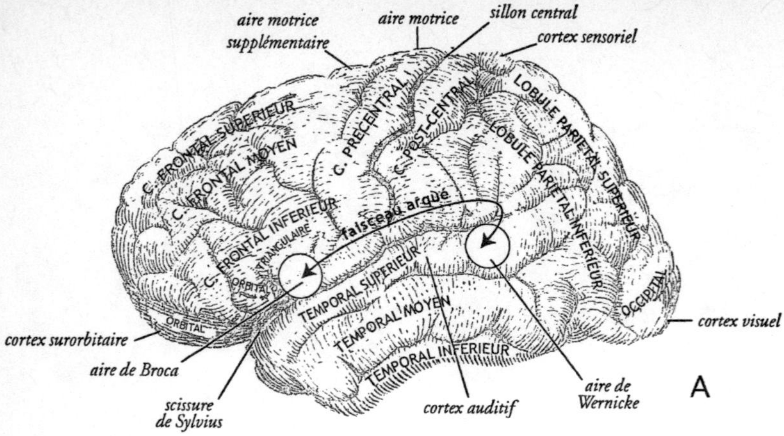
aire motrice supplémentaire
aire motrice
sillon central
cortex sensoriel
C. FRONTAL SUPERIEUR
C. FRONTAL MOYEN
C. PRECENTRAL
C. POST-CENTRAL
LOBULE PARIETAL SUPERIEUR
LOBULE PARIETAL INFERIEUR
C. FRONTAL INFERIEUR
TRIANGULAIRE
ORBITAL
faisceau arqué
TEMPORAL SUPERIEUR
TEMPORAL MOYEN
TEMPORAL INFERIEUR
OCCIPITAL
cortex visuel
cortex surorbitaire
aire de Broca
scissure de Sylvius
cortex auditif
aire de Wernicke

A

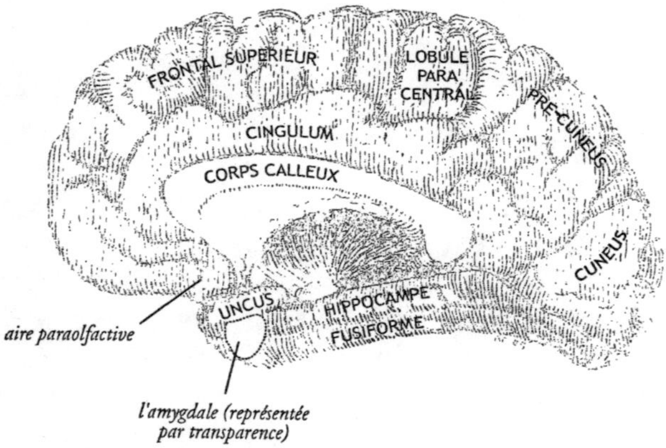
FRONTAL SUPERIEUR
LOBULE PARA CENTRAL
PRE-CUNEUS
CINGULUM
CORPS CALLEUX
CUNEUS
UNCUS
HIPPOCAMPE
FUSIFORME
aire paraolfactive
l'amygdale (représentée par transparence)

B

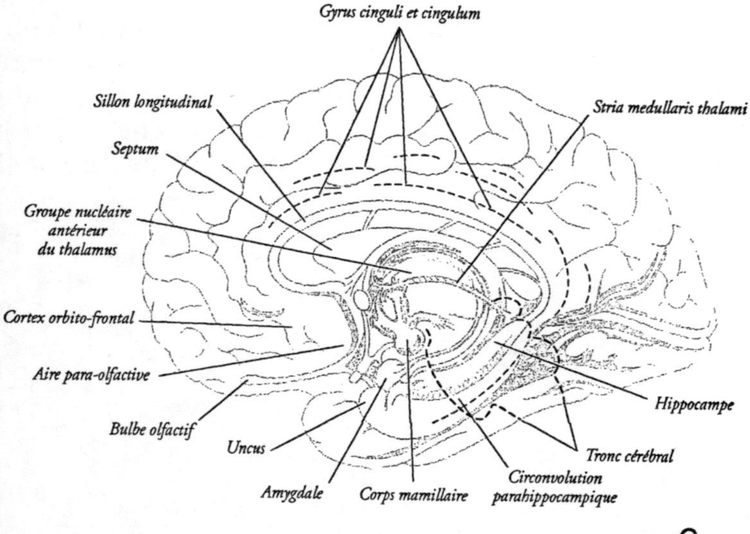
Gyrus cinguli et cingulum
Sillon longitudinal
Stria medullaris thalami
Septum
Groupe nucléaire antérieur du thalamus
Cortex orbito-frontal
Aire para-olfactive
Bulbe olfactif
Hippocampe
Uncus
Tronc cérébral
Amygdale
Corps mamillaire
Circonvolution parahippocampique

C

2. *Le mythe de Psyché*

Aucune définition n'éclaire mieux le sens de la psyché que l'histoire de Psyché telle que l'a rapportée Apulée dans l'*Ane d'or* (Apulée, *L'Ane d'or ou les métamorphoses,* trad. fr. de P. Grimal, Paris, Gallimard, 1958).

« Il était une fois, dans certaine ville, un roi et une reine. Ils avaient trois filles d'une grande beauté, mais la plus jeune appelée Psyché était d'une beauté si extraordinaire, si éclatante qu'on ne pouvait l'exprimer, ni la louer de façon suffisante à cause de la pauvreté du langage humain. » Bientôt se répandit le bruit que des gouttelettes fécondantes étaient tombées du ciel et avaient « fait germer sur la terre, et non plus sur les mers, une nouvelle Vénus qui possédait encore la fleur de sa virginité ». De partout on accourait pour l'adorer.

Irritée par ce transfert insolent vers une jeune mortelle d'honneurs réservés aux divinités, la véritable Vénus fit venir son fils Amour, « l'enfant ailé, cet étourdi fieffé dont les mauvaises façons témoignent de son mépris pour la morale publique », et le chargea de la venger en inspirant à Psyché un amour ardent pour « le dernier des hommes, un homme maudit par le sort et dans son rang, et dans sa fortune, et dans sa personne même, et si vil que, par le monde entier, l'on ne puisse trouver un être qui l'égale en misère ».

Or l'excès même de sa beauté éloignait de Psyché tous

les prétendants. Son malheureux père soupçonnant quelque malédiction consulta l'oracle d'Apollon. « Sur un rocher, tout au sommet du mont, va, roi, exposer ta fille, soigneusement parée pour un hymen funèbre. N'espère pas un gendre né d'une race humaine, mais un monstre cruel, féroce et serpentin, qui vole sur des ailes, plus haut que l'éther et qui bouleverse tout. »

Au milieu des larmes, on prépara les noces de la vierge avec la mort et un cortège funèbre l'accompagna jusqu'au rocher où on l'abandonna. Tandis qu'elle attendait, un zéphir l'emporta et la déposa sur un lit de gazon frais où elle s'abandonna à un doux sommeil. A son réveil, la belle se retrouva au seuil d'un palais enchanté offert à sa curiosité. Vins, mets, danses et chants délicieux : une voix sans corps l'invitait à succomber à ces plaisirs. A l'approche du soir, Psyché se coucha. La nuit était déjà avancée lorsqu'un léger bruit parvint à ses oreilles. Alors, craignant pour son honneur en une telle solitude, elle fut prise d'effroi, redoutant, plus que n'importe quel malheur, ce qu'elle ne connaissait pas. Mais déjà le mari inconnu, monté sur le lit, avait fait de Psyché sa femme et, avant le lever du jour, en hâte, il se retira.

Les jours et les jours se passèrent ainsi et comme le « veut la nature, la nouveauté par l'effet d'une longue habitude était devenue du plaisir et le son d'une voix désincarnée lui était une consolation dans sa solitude ».

Poussée par les conseils maléfiques de ses sœurs jalouses, Psyché brava enfin l'interdit : « Mon visage si tu le vois, lui avait prescrit l'époux, tu ne le verras plus. » Craignant de découvrir quelque monstre, elle s'arma d'un rasoir pour lui trancher le cou et dans le cœur de la nuit approcha la lampe du mari endormi. Mais « dès que la lumière eut éclairé tout le mystère du lit, elle [vit] de tous les monstres le plus charmant et le plus délicieux, l'Amour lui-même, le dieu de grâce, gracieusement étendu ». Au pied du lit étaient posés l'arc, le carquois et les flèches, « armes propices d'un dieu puissant ». Tandis que Psyché inlassablement les examinait, elle tira du carquois une des flèches et voulant en essayer la pointe sur son pouce se piqua. « C'est ainsi que l'innocente Psyché d'elle-même, est devenue amoureuse de l'Amour. » Alors enflammée à chaque instant par davantage de désir pour l'Amour, elle se pencha et s'abandonna au point qu'une goutte d'huile bouillante tomba sur l'épaule droite du Dieu. Plein de colère, il se réveilla et s'envola dans la région des nuages. Accrochée à sa jambe droite, Psyché tenta en vain d'accompagner son vol avant de retomber, épuisée, sur le sol.

Alors commença la longue errance de Psyché à la recherche d'Amour. Celui-ci blessé et malade de sa passion contrariée était retenu prisonnier par sa mère. L'histoire raconte la haine implacable de Vénus : elle fit torturer et fouetter Psyché par ses deux servantes Inquiétude et Tristesse et lui imposa d'impossibles travaux, parmi lesquels une visite aux enfers. Ces épreuves franchies par la belle Ame, Jupiter ne put lui refuser l'immortalité, transmise par une simple gorgée d'ambroisie et la légende se conclut ainsi : « Psyché passa, selon les règles, sous la puissance de l'Amour, et lorsque le moment fut venu, il leur naquit une fille nommée Volupté. »

De l'histoire de Psyché, je tirerai ce commentaire : il y est question de jalousie, de méchanceté, de colère, de violence et de mort, de désir, de curiosité (la cause première des malheurs de Psyché), de pitié (celle du Dieu Pan), de volupté bien sûr (le fin mot de l'histoire), mais de raison, jamais ! Psyché signifie le désir de l'autre sur lequel se répandent à la fois la douceur de la joie et la brûlure de la haine. Eros et Psyché peuvent jouir librement de cette « facilité de se pénétrer réciproquement » qui permet à l'homme d'aspirer à l'immortalité mettant fin à ses tourments : éternité de l'Ame qui rejoindrait ainsi l'éternité de l'Amour.

3. *William James et la théorie des émotions*

Une controverse célèbre a opposé au début du XXe siècle la théorie des émotions de James, auquel on associe souvent le nom du médecin danois Lange, et la théorie défendue par le physiologiste américain Cannon. Pour James et Lange, les perturbations viscérales et périphériques consécutives à un événement extérieur sont à la source de l'émotion ; l'expérience subjective et consciente ne fait que suivre les modifications corporelles. C'est ce que résume la formule : « Je ne cours pas parce que j'ai peur, j'ai peur parce que je cours. » Pour Cannon, en revanche, l'émotion est d'origine centrale ; elle prend sa source dans le cerveau et non dans les viscères et les muscles ; elle consiste en des sensations élémentaires qui ne peuvent être réduites et sont directement liées à la mise en jeu des centres nerveux entraînant secondairement des réponses comportementales : *je cours parce que j'ai peur.*

Les découvertes récentes de la neurobiologie, grâce notamment aux techniques d'électrophysiologie et d'imagerie cérébrale, ont rendu obsolète une telle opposition. On ne peut nier que différentes structures cérébrales soient impliquées dans le déclenchement, le déroulement et le suivi d'une émotion ; mais pourquoi enfermer le cerveau dans une confrontation stérile avec le corps ? A quoi servirait d'agir dans un monde désaffecté ? Un corps sans monde est tout aussi improbable. L'analyse de James reste, sur ces questions, d'une parfaite actualité.

Selon l'idée préconçue que se font des émotions les psychologues du XIXe siècle, nous percevrions d'abord l'objet qui les provoque, puis cette perception engendrerait dans l'âme une affection ou un sentiment qui serait l'émotion elle-même. Autrement dit, c'est l'émotion (ou affection de l'âme) qui s'exprimerait secondairement dans le corps par des modifications organiques. James affirme le contraire. « Avoir conscience d'une émotion forte, c'est avoir conscience de son expression organique » (W. James, *Précis de psychologie,* Paris, Marcel Rivère, 1932). Selon sa théorie, les modifications organiques suivent immédiatement la perception et « c'est la conscience que nous en avons, à mesure qu'elles se produisent, qui constitue l'émotion comme fait psychique ».

Selon la conception classique, « nous rencontrons un ours, nous avons peur, nous fuyons. On nous insulte, nous nous fâchons et nous frappons. » James prétend, non sans provocation, que nous avons peur parce que nous tremblons, nous sommes affligés parce que nous pleurons et fâchés parce que nous frappons : « Cet ordre, à mon avis, est beaucoup plus rationnel que l'ordre ordinaire, selon lequel nous pleurons, frappons ou tremblons parce que nous sommes affligés, fâchés ou effrayés, selon les cas. Si la perception n'engendrait pas d'états corporels, elle resterait une pure perception, pâle, décolorée et sans la moindre chaleur émotionnelle. Nous pourrions alors voir l'ours et *juger* que le mieux est de fuir ; entendre l'insulte et *juger* qu'il convient de frapper ; mais nous n'éprouverions ni frayeur, ni colère, au sens où ces mots expriment une réalité psychologique [...]. »

Et cette critique pourrait s'appliquer aux approches cognitivistes de l'émotion.

« Il est certain, poursuit James, que, grâce à une sorte d'influence physique immédiate, certaines perceptions produisent dans le corps des modifications organiques très étendues, avant que surgisse dans la conscience une émotion ou une représentation émotionnelle quelconque.

Le corps est affecté par le monde et affecte en retour la psyché dans un va-et-vient incessant entre le cerveau et les organes irrigués par le système nerveux périphérique, et les hormones. Il y a une parfaite correspondance entre l'éprouvé du corps et sa représentation. « Essayez de vous représenter par l'imagination quelque forte émotion, puis tâchez d'éliminer de cette représentation toutes les sensations des symptômes corporels de l'émotion : vous verrez alors qu'il ne vous restera plus rien d'émotionnel dans la conscience, plus le moindre élément psychique qui puisse donner corps à l'émotion proprement dite ; vous n'aurez plus devant vous qu'un état froid et neutre de perception intellectuelle. »

James conclut qu'une « émotion humaine sans rapport avec un corps humain est un pur non-être ». Il donne raison par avance aux travaux d'Ekman et de Bloch : contrairement à l'opinion répandue selon laquelle les comédiens ne ressentent pas les émotions qu'ils expriment, *feindre une émotion c'est la vivre*. Ekman explique que les mouvements organiques corollaires de l'expression physique commandée par le cerveau du comédien sont immédiatement ressentis par ce dernier, selon un mécanisme de rétroaction du corps sur le cerveau. L'étude par James des acteurs, bons artisans de la fabrication des passions, montre que si le corps produit de la passion, en retour, nous pouvons produire un corps passionné. James cite à ce propos son collègue Fechner, un illustre psychologue allemand considéré comme le père de la psychophysique qui formula notamment la loi dite de Weber-Fechner (la sensation varie comme le logarithme de l'excitation). « On peut trouver par sa propre observation écrit Fechner, que le fait d'imiter l'expression physique d'un état mental nous fait comprendre beaucoup mieux que si nous nous bornions à le contempler [...]. Quand je marche derrière une personne que je ne connais pas et que j'imite aussi exactement que possible son port et sa démarche, j'obtiens la plus curieuse impression de la sensation, telle que la personne doit elle-même la ressentir. Affecter la démarche d'une jeune femme vous met, pour ainsi dire, dans un état féminin » (W. James, *La Théorie de l'émotion*, Paris, Félix Alcan, 1903).

On a sûrement quelque difficulté à déterminer l'opération logarithmique par laquelle le grave professeur Flechner retrouve sa féminité cachée, mais on voit clairement en revanche le rôle des afférences périphériques d'origine corporelle dans la réalisation de sa subjectivité.

La théorie de James peut se résumer dans une proposition : les émotions font sentir à la psyché l'état du corps. Elles disent à celle-ci : « Sens mon corps comme il est triste ou sens comme il est joyeux. » La psyché met alors en œuvre un ensemble de processus séquentiels ou parallèles — évaluation, jugement, décision — qui parviennent ou non à la conscience du sujet. Toutes ces opérations plus ou moins secrètes de la psyché se déroulent dans ce que les frères James, le romancier et le psychologue, qualifient de *subconscient*, indifférents qu'ils sont aux théories sur l'inconscient qui naissent à la même époque. Des études récentes (P. Philippot et A. Schaefer, « Emotion and Memory », *in* T. J. Mayne et G. A. Bonnano eds., *Emotions*, New York-Londres, The Guilford Press, 2001) ont analysé les facteurs émotionnels qui déterminent la mémorisation d'événements et des conditions affectives favorisant leur rappel.

Il est vain d'opposer processus centraux et périphériques, évaluation et affect, cognition et émotion. Le monde et ses événements, le corps et ses organes, le temps et sa mémoire sont confondus dans l'état central fluctuant. James lui-même n'a jamais douté « que le déclenchement et la différenciation des émotions s'effectuent sur la base de l'évaluation de la signification d'un événement pour l'individu » (pour la lecture de James, voir l'analyse de V. Despret, *Ces émotions qui nous fabriquent*, Paris, Les empêcheurs de penser en rond, 2001). Le corps donne du sens au monde tout autant que le monde affecte le corps.

4. Quelques approches anthropologiques de l'imitation

L'imitation selon Tarde est envisagée au niveau infinitésimal des petites répétitions qui, le plus souvent à leur insu, composent les conduites humaines. Pour ce sociologue, il n'y a pas de séparation tranchée entre le volontaire et l'involontaire, le conscient et l'inconscient. « Ce qui est imité, c'est toujours une idée ou un vouloir, un jugement, un dessein où s'exprime une certaine dose de croyance et de désir qui est en effet toute l'âme des mots d'une langue, des prières d'une religion, des administrations d'un Etat, des articles d'un code, des devoirs d'une morale, des travaux d'une industrie, des procédés d'un art » (G. de Tarde, *Les Lois de l'imitation*, Paris, Kiné, 1993). L'imitation nous met dans des situations et nous fait adopter des attitudes, mais nous ne nous rendons même pas compte que c'est à elle que nous les devons, tant elles semblent provenir de notre Moi conscient.

L'imitation en provenance du passé évoque ce que Scheler appelle la « contagion affective, interindividuelle, qui s'effectue à travers le temps ; contagion à laquelle manquent totalement aussi bien la reproduction de l'expérience interne d'autrui (ce qui suffirait à annihiler la force de la tradition) que la conscience qu'il ne s'agit que d'un sentiment communiqué » (M. Scheler, *Nature et formes de la sympathie*, Paris, Payot, 1971). Le concept d'imitation chez Tarde conduit à une destitution de l'individu. Celle-ci ne se fait pas au profit d'une « superconscience » collective, mais plutôt « par en bas » au niveau des croyances et des désirs qui s'imitent et s'imitant se combinent ou s'opposent, se neutralisent ou se renforcent. L'individu est un nœud dans un tissu, un tapis social dont l'unité n'est qu'un effet de surface. Comme l'ont bien vu Deleuze et Guattari, « une micro-imitation semble bien aller d'un individu à un autre. En même temps et plus profondément, elle se rapporte à un flux, à une onde et non pas à l'individu [...]. Et qu'est-ce qu'un flux pour Tarde ? C'est croyance ou désir (les deux aspects de tout agencement), un flux est toujours de croyance ou de désir. Les croyances ou les désirs sont le fond de toute société parce que ce sont des flux " quantitatifs ", et à ce titre véritables quantités sociales, tandis que les sensations sont qualitatives et les représentations des simples résultantes » (G. Deleuze et F. Guattari, *Mille plateaux*, Paris, Les Editions de Minuit, 1980).

C'est dans la mesure où il court-circuite la psyché que Tarde s'éloigne trop radicalement de l'individu. La valeur explicative de la micro-imitation entre individus au niveau de la société peut être comparée aux interactions entre particules alimentaires de la micro-physique quantique qui déterminent statistiquement le comportement de l'ensemble mais sont incapables de rendre compte des phénomènes observables au niveau microscopique. Ce qui affecte l'être est en quelque sorte dissout dans la mimesis universelle. Le même reproche peut s'adresser à René Girard lorsqu'il considère cette dernière comme « la marque » de l'humanité (R. Girard, *Des choses cachées depuis la fondation du monde*, Paris, Grasset, 1978). Après lui, Oughourlian parle d'une force mimétique. « De même que, dans le cosmos, les planètes, les étoiles et les galaxies sont à la fois tenues ensemble et séparées par la gravitation universelle, de même la mimesis tient à la fois les humains ensemble et séparés, assure à la fois la cohésion du tissu social et la relative autonomie des membres qui le composent » (J. M. Oughourlian, *Un mime nommé désir*, Paris, Le Seuil, 1982). Cette force d'attraction exercée par le « même » s'incarne dans le désir qui engendre le moi et l'amène à l'existence par son mouvement. Il me semble toutefois que Girard s'égare en prétendant fonder « une pyschologie nouvelle, une psychologie pure, [...] débarrassée de tout biologisme » : toujours cette volonté forcenée de vouloir doter l'homme d'un esprit épargné de toute souillure corporelle.

Remerciements

Ma tendre gratitude à Lucy, ma femme, et à Félicity, ma fille, pour tout le temps qu'elles m'ont laissé leur voler pendant la rédaction de ce livre.

Mon amitié à Jean-Claude Simoën pour ses conseils d'éditeur avisé et à Claudine Béja pour sa lecture malicieuse et pertinente de mes « premiers jets ».

Ma reconnaissance à Olivier Orban pour sa confiance et son chaleureux soutien.

Merci à Hélène Hryn, la magicienne qui change mes gribouillages en tapuscrit et à Alain Pérignon pour son acuité bibliographique.

Des remerciements tout spéciaux à Aliette Armel, de la branche armée du CNP, pour son travail de relecture, sa patiente disponibilité et son intelligente critique.

A Jean-François Moueix, éclaireur en compassion.

A Robert Naquet, modèle de l'homme aimable.

A Nicole Le Douarin, pour son indulgente amitié.

A mes complices ordinaires enfin, Jacques Demotes-Mainard, Philippe Vernier, Pierre-Marie Lledo et Gilles Gheuzi.

Table

DEUXIÈME PARTIE
La contrepassion

La photocomposition de cet ouvrage
a été réalisée par
Graphic Hainaut
59163 Condé-sur-l'Escaut
pour le compte des Éditions Plon
76, rue Bonaparte
Paris 6e
en octobre 2003

Imprimé en France
Dépôt légal : octobre 2003
N° d'édition : 13684 - N° d'impression : 65482